Herbert Watterott
TOUR DE FRANCE
Live!

Vierzig Jahre Reportagen vom
berühmtesten Radrennen der Welt

1.8.06

Delius Klasing Verlag

Bibliografische Information Der Deutschen Bibliothek
Die Deutsche Bibliothek verzeichnet diese Publikation in der
Deutschen Nationalbibliografie; detaillierte bibliografische
Daten sind im Internet über »http://dnb.ddb.de« abrufbar.

2. Auflage
ISBN 3-7688-5236-9
ISBN 978-3-7688-5236-4
© by Delius, Klasing & Co. KG, Bielefeld

Schutzumschlaggestaltung: Buchholz/Hinsch/Hensinger, Hamburg
Satz: Fotosatz Habeck, Hiddenhausen
Druck: GGP Media GmbH, Pößneck
Printed in Germany 2006

Alle Rechte vorbehalten! Ohne ausdrückliche Erlaubnis
des Verlages darf das Werk, auch nicht Teile daraus, weder
reproduziert, übertragen noch kopiert werden, wie z. B.
manuell oder mithilfe elektronischer und mechanischer
Systeme inklusive Fotokopieren, Bandaufzeichnung und
Datenspeicherung.

Delius Klasing Verlag, Siekerwall 21, D-33602 Bielefeld
Tel.: 0521/559-0, Fax: 0521/559-115
E-Mail: info@delius-klasing.de
www.delius-klasing.de

Inhalt

Werner Zimmer: Grußwort 7
Einige Worte vorweg … 11
Von Radsport-Träumen am Radio zum ersten Job
beim WDR: Jugendjahre in Bensberg 20
Start in Köln, mit erzbischöflichem Segen:
Meine erste Tour de France 1965 29
Die dunkelsten Stunden der Tour: Tom Simpson stirbt am
Mont Ventoux, Fabio Casartelli am Portet d'Aspet 35
Marseille 1971: Eddy Merckx distanziert auch
Isenbügel und Watterott 45
Sturzpech für Luis Ocaña: Col de Mente 1971 53
1972: Skat mit Rosé und ein filmreifes Tortenattentat 59
Ein Zeitfahren im Nebel:
Meine erste Live-Reportage (1973) 69
Mit Walter Godefroot auf den Champs-Élysées –
und bei belgischem Bier 80
Ein Frankfurter im Gelben Trikot bringt
Deutschland zum Kochen: Dietrich Thurau 1977 92
Mysterien der Tour: Das Geisterauto (1979) 108
1987: Die Tour erreicht Berlin und den Osten 120
Sieg um Sekunden: Greg LeMond, der Mann mit dem
Triathlon-Lenker (1989) 136

Ein König aus Spanien: Miguel Indurain (1991) 151

Sein Geburtstagsgeschenk 1995 rettet das Team:
Erik Zabel setzt alles auf Grün 162

Nach 64 Jahren wieder ein Deutscher auf dem Podium:
Jan Ullrichs erste Tour de France 1996 174

Der Pirat am Galibier:
Pantani raubt Ullrich das Gelbe Trikot (1998) 181

Doping, Streik und Polizei –
eine Tour am Abgrund (1998) 190

»De Kölsche Jong« im Bergtrikot:
Marcel Wüst bei der Tour 2000 201

Die Fahndung nach dem Vogelmörder:
Die Tour de France 2003 212

Auf den Spuren der ersten Tour 1903 und andere
kulinarische Höhepunkte einer Frankreichrundfahrt 220

Pleiten, Pannen, Pantersprünge –
es läuft nicht immer wie geplant 227

Noch einmal werden die Koffer gepackt 239

Die Tour de France und ich 245

Abbildungsnachweis 247

Grußwort

Eddy Merckx hat einmal gesagt, dass nur derjenige den Radsport wirklich kennt, der selbst Rennen gefahren ist. Einer, der diesem Merckx'schen Ideal mit seinen über 40 Jahren Radsport – auch wenn er selbst kein Rennfahrer war – ziemlich nahe kommt, ist zweifellos Herbert Watterott, »die deutsche Stimme der Tour de France«, wie es im Jahre 2000 bei der Etappe nach Freiburg sogar auf den Straßen zu lesen war. Als er 1965 erstmals die Atmosphäre dieses größten mobilen Sportereignisses der Welt auf Frankreichs Landstraßen schnuppern konnte, hatte er mit seinem legendären Archiv schon den Grundstock für seinen künftigen Beruf gelegt. War es wirklich nur ein Beruf – oder war es nicht schon eher eine Berufung?

Angefangen hat alles für Herbert Watterott im Jahre 1963 als Assistent der Aufnahmeleitung beim Westdeutschen Rundfunk in Köln. Ich moderierte die ARD-Sportschau mit der Fußball-Bundesliga, für die Herbert vom Start am 24. August 1963 weg tätig war. Seine Aufgaben: Meldungen aus dem Fernschreiber abreißen, sortieren, umschreiben, weiterleiten und ähnliche Dinge. Mit diesem Material als Basis wuchs allabendlich sein Radsport-Archiv. Als er dann zwei Jahre später als Redaktions- und Reporterassistent am Start der Tour stand (ausgerechnet in Köln, im Schatten des Doms!), war das die Erfüllung seines Jugendtraumes. Seine damaligen Chefs und Kollegen – Jupp Hoppen, Fritz Heinrich, Udo Hartwig, Günther Isenbügel und ich – hatten zu dieser Zeit schon einige Rennen »in den Beinen«. Aber schon bald erwies sich Herberts Karteikarten-Archiv als unschlagbar gut sortiert. Notizen und Zeitungsmeldungen über die Großen dieser Zeit – Anquetil, van Looy, Poulidor, Gimondi, Kunde, Wolfshohl, Junkermann, Altig – Herbert hatte alles akkurat und vollständig gesammelt. Das hat sich bis heute nicht geändert: Wenn andere noch nach der *L'Équipe,* der großen französischen Sportzeitung, suchen, hat sich Herbert schon in ihre Berichte vertieft. Ein freundliches Wort an der Hotelrezeption, und Herbert ist erster Empfänger der begehrten Lektüre; sicherheitshalber und zum Ausschneiden wichtiger Artikel hat er meistens zwei Exemplare geordert. Inzwischen sind die italienische *Gazzetta dello Sport* und die belgische *Het Laatste Nieuws* dazugekommen. Herbert Watterott überlässt bei der Recherche nichts dem Zufall: Besuche im Fahrerlager, Gespräche mit den Mechanikern und Pflegern – Herbert geht stets hautnah ran. Bei den Live-Übertragungen im Ersten will er authentische Informationen in seine Rennkommentare einstreuen.

Im Jahre 1973, als Luis Ocaña die Tour vor Bernard Thévenet, dem heutigen Kollegen beim Französischen Fernsehen, gewann, durfte Herbert zum ersten Mal als Live-Reporter neben mir ans Mikrofon. Nicht gerade ein sonniger Einstieg: Es regnete pausenlos beim Zeitfahren in den Pyrenäen, Nebel und Gewitter beeinträchtigten Fahrer und Begleiter. Nur noch eine funktionstüchtige Kamera am Ziel – umso mehr kam es auf die Souveränität von uns Reportern bei unseren damals noch wortgewaltigeren Schilderungen an. Als ich bald darauf zusätzliche Aufgaben im Funkhaus des Saarländischen Rundfunks übernehmen und bei mancher Tour passen musste, war Herbert die Konstante am ARD-Mikrofon. So hat er alle fünfmaligen Gewinner erlebt: die Zeit des kühlen Rechners Anquetil ebenso wie die gesamte Ära des »Kannibalen« Merckx, die Überlegenheit des bretonischen Dickschädels Hinault, die Dominanz des spanischen »Granden« Indurain und natürlich den Rekordhalter Lance Armstrong mit seinen sieben Siegen. Auch von deutschen Erfolgen konnte Herbert Watterott in die Heimat berichten: von Didi Thuraus Gelbrausch 1977 und 20 Jahre später vom ersten Tour-Sieg eines

Deutschen, von Jan Ullrichs Triumph. Und von Erik Zabels Karriere, von seinen atemberaubenden Sprints und seinen sechs Grünen Trikots bei der Tour de France.

Herbert Watterotts Karteikasten und seine nach wie vor akribische Arbeit und Recherche haben ihm den Ruf eines »wandelnden Lexikons« eingebracht. Dass auch die Rennfahrer den Mann mit dem besonderen Timbre schätzen, liegt an diesem fundierten Fachwissen, aber auch an der nötigen Distanz, die er trotz aller Begeisterungsfähigkeit bewahrt. Und was ihn besonders auszeichnet: Er behält sein Wissen nicht für sich, sondern gibt es weiter an nachrückende Kolleginnen und Kollegen. Herberts Devise: bei den Fakten bleiben, die menschliche Seite trotzdem nicht zu kurz kommen lassen, sachlich und fair berichten. Dadurch hat er überall im Radsportlager Freunde gewonnen. Das gilt auch für unser ARD-Tour-Team. Und neben seinem ungeheuren Fachwissen hütet er noch einen ähnlich großen Schatz an Witzen und Anekdoten, mit dem er schon so manche stressige Situation aufgelockert hat. Dass ausgerechnet diese freundliche Natur einmal heftig von Tierschützern angegriffen wurde, konnte Herbert Watterott selbst am allerwenigsten verstehen: Er war der Fehlinformation eines Reiseführers aufgesessen. Sie finden die Geschichte ausführlich in diesem Buch.

Mehr als 40 Jahre Berichterstattung von der Tour de France und den Frühjahrsklassikern, den Olympischen Spielen und Weltmeisterschaften und seit einigen Jahren auch von der Deutschland-Tour – für den begeisterten Radsportmann sind diese Aufgaben niemals Last, sondern Freude, ganz im Sinne seines Wahlspruchs: Alles kommt zu dem, der warten kann.

Und wie schon bei der Premiere überlässt Herbert auch heute noch nichts dem Zufall. Denn nur wer gut vorbereitet ist, kann gut improvisieren. So ist seine Begeisterung für diesen Sport auch nach vier Jahrzehnten »eingesperrt in eine enge Reporterkabine« ungebrochen. Und es bedarf schon eines großen Kalibers, um den in all den Jahren bewährten Kommentator einmal vom ARD-Mikrofon zu verdrängen: Keinem Geringeren als Erik

Zabel war dies beim Zeitfahren bei den Olympischen Spielen in Athen vorbehalten – allerdings nur im digitalen TV-Kanal. Ansonsten hieß es wie gehabt: »Wir schalten nun um zu unserem Reporter Herbert Watterott.« Genau das tun wir auch jetzt. Erleben Sie also auf den folgenden Seiten mit ihm zusammen einmal mehr die Faszination Radsport aus allererster Hand.

Im Namen von Millionen Fans: Danke, Herbert!

Werner Zimmer

Einige Worte vorweg ...

... bevor die Klappe fällt, das rote Lämpchen aufleuchtet und die große Rückschau auf Sendung geht. Denn wie in einer guten Programmzeitschrift, einer Vorschau oder einer gelungenen Anmoderation soll der angesprochene Zuschauer (hier: Leser) doch möglichst schon einen Eindruck davon bekommen, was ihn im Folgenden erwartet. Mit etwas Glück macht er ihn aufmerksam und neugierig, erzeugt vielleicht sogar etwas wie Vorfreude.

Was also erwartet den Leser bei diesem Rückblick eines Sportreporters auf über vier Jahrzehnte Tour de France? Eine schriftliche Wiederholung der spannendsten Etappenberichte? Neue Enthüllungen über die alten Helden? Intime Einzelheiten von Kannibalen, Außerirdischen und unerbittlichen Vollstreckern?

Nein, das alles findet hier höchstens ganz am Rande statt. Auch die Fotos wollen weder die dramatischsten Episoden vergangener Jahre noch die allgemein bekannten Jubelszenen auf dem Podium in Erinnerung rufen.

In diesem Buch soll es vor allem um die persönlichen Erfahrungen und die Perspektive des Berichterstatters gehen. Es berichtet, wie aus einem jugendlich begeisterten Radsport- und Radioenthusiasten in langen Jahren ein ernsthafter und gewissenhaft vorbereiteter Reporter wurde. Es erzählt von Vorgängern und Weggefährten und von der manchmal schwierigen Aufgabe, die in sich ziemlich abgeschlossene Welt des Radsports nach außen zu vermitteln und verständlich zu machen. Es möchte einen Eindruck von dem packenden und aufreibenden Drei-Wochen-Marathon vermitteln, den die Abgesandten von Presse, Radio und Fernsehen alljährlich vollziehen, damit die Radsport-Fans in aller Welt möglichst aktuell möglichst viel von den Taten ihrer Idole bei der »großen Schleife« durch Frankreich erfahren können.

Diesem Anspruch gerecht zu werden, ist das Streben der Presseleute von Beginn der Tour im Jahre 1903 an. Aber wie und unter welchen Bedingungen diese Aufgabe zu lösen ist – das hat sich seit dem Anfang des letzten Jahrhunderts massiv gewandelt. Auch in den über vier Jahrzehnten seit meiner Tour-Premiere 1965 haben der Umfang und die Intensität der Berichterstattung noch von Jahr zu Jahr zugenommen, bis hin zur lückenlosen, aktuellen Tagesinformation von jeder Etappe durch umfassende Zeitungsartikel, spannende Radioreportagen und komplette Live-Übertragungen im Fernsehen. Kein Detail über Fahrer, Strecke und Rennverlauf bleibt heute unerwähnt.

1903, also vor über einhundert Jahren, gab es weder Radio noch Fernsehen, weder Fax noch E-Mail. Trotzdem lebte die Tour de France schon in ihren ersten Jahren von den Medien – zunächst von der Zeitung.

Im Jahr 1910, als die Tour gerade sieben Jahre alt war, trug dann ein Telefongespräch dazu bei, die Rundfahrt entscheidend zu verändern, nämlich die bis dahin recht unbekannten Bergriesen der Pyrenäen im französisch-spanischen Grenzgebirge ins Programm aufzunehmen. Kommunikation per Radio oder Fernsehen war noch Utopie. Ein junger Mann namens Alphonse Steines, ein geborener Organisator, der sich als »Quartiermeister« bereits große Verdienste um das Rennen erworben hatte, unterbreitete seinem Chef und Gründer der Tour Henri Desgrange die Idee, die Pyrenäen in die Strecke der Rundfahrt einzubauen. Desgrange erklärt seinen quirligen Mitarbeiter zwar für verrückt, lässt ihn aber auskundschaften, ob die vier Pässe Peyresourde, Aspin, Tourmalet (Altfranzösisch: Tour malet = schlechte Wegstrecke) und Aubisque tatsächlich von Menschen überquert werden können, die sich mithilfe von Zahnkränzen und einer Kette auf zwei Rädern fortbewegen.

An einem sonnigen Tag im Mai unternimmt Steines die Reise von Paris an die spanische Grenze. Er findet am Aubisque Holzfällerwege vor, die sehr schmal und von Geröll übersät sind, aber man könnte sie herrichten. Steines meldet ein Gespräch in die Hauptstadt an, und die Tour de France wird von einer Reihe von glücklichen Zufällen begünstigt: Es kommt innerhalb von wenigen Minuten eine Verbindung zustande, Tour-Gründer Henri Desgrange ist gerade in sein Redaktionsbüro gekommen, und die Verständigung ist ausgezeichnet. Desgrange lässt sich schließlich sogar überzeugen, für die Instandsetzung der Wege am Aubisque 3000 Francs bereitzustellen.

Am legendären Tourmalet kommt Steines einen Tag später mit seinem Auto auf schlechter Straße mit zahllosen Schlaglöchern nur bis drei Kilometer unterhalb der Passhöhe. Dann stoppt ihn der Neuschnee in den steilen Rampen. Steines versucht es zu Fuß, kommt vom Weg ab, verirrt sich und erfriert fast, wird aber von einem Bergführer gefunden. Nach zwölf Stunden Schlaf in Barèges am Fuße des Tourmalet bedient Steines sich nach dem Telefon eines anderen Kommunikationsmittels und setzt ein Telegramm an seinen Chef ab:

»Gut über den Tourmalet gekommen. Straße in gutem Zustand. Keine Schwierigkeiten für die Fahrer. Steines.«

Schon am nächsten Tag veröffentlicht Desgrange in seiner Zeitung *L'Auto-Velo* (später *L'Équipe*) einen Artikel, in dem er ankündigt, dass die Tour de France 1910 über die vier Berge Peyresourde, Aspin, Tourmalet und Aubisque führen wird. – Ein Telefongespräch, ein Telegramm und ein Zeitungsartikel verändern die Tour de France in ihrem ersten Jahrzehnt entscheidend.

Erst Ende der 1920er-Jahre kommt ein neues Medium dazu: das Radio. Am Anfang war das Rad – dann erst kam das Radio …

Die erste Radioübertragung von der Tour de France stammt aus dem Jahre 1929. Ausgerechnet ein Zeitungsjournalist hatte damals eine grandiose Idee. Er hieß Jean Antoine und war Redakteur bei *L'Intransigeant Match*, damals eine der größten Tageszeitungen in Paris.

Die Grundausstattung war ein Lieferwagen mit einer Kurzwellenantenne. Mithilfe eines Bambusrohres verlängerte Antoine die Antenne und revolutionierte mit dieser Konstruktion, die ausgezeichnet funktionierte, die Sportberichterstattung. Eine Zeitung schuf die Tour, ein Zeitungsjournalist die erste Radioübertragung, die auf dem gesamten französischen Hörfunknetz ausgestrahlt wurde. Um die Übertragungen noch echter wirken zu lassen und noch mehr Atmosphäre zu vermitteln, hatte Antoine Grillen am Wegesrand eingefangen und sie am Abend bei der Ausstrahlung der täglichen Zusammenfassungen seiner Reportagen zirpen lassen!

Das älteste deutsche Tondokument stammt vom 18. Juli 1952 und lagert beim Saarländischen Rundfunk in Saarbrücken. Es ist eine Aufnahme von der vorletzten Etappe der 39. Tour de France, einem Einzelzeitfahren von Clermont-Ferrand nach Vichy. Nach 63 Kilometern hieß damals der Sieger Fiorenzo Magni aus Italien.

Von Werner Zimmer existiert noch eine Radioreportage von der 54. Tour de France im Jahre 1967, als am Freitag, dem 13. Juli, die Etappe von Marseille nach Carpentras führte und der Engländer Tom Simpson am Mont Ventoux starb. Erst zwei Jahre später sind tägliche Berichte von etwa zehn Minuten Dauer für den Saarländischen Rundfunk (Europawelle Saar) und den Hessischen Rundfunk überliefert – sowie für die Hörer des Norddeutschen und Westdeutschen Rundfunks und des Südwestfunks; übrigens parallel zur Berichterstattung über den Mondflug von Apollo 11.

Und dann kam das Fernsehen. In Frankreich gab es bereits 1949 die ersten bewegten Bilder, in Deutschland 1960. Der französische Regisseur Pierre Sabbagh führte das Fernsehen mit Direktübertragungen 1952 bei der Tour de France ein, als es zum ersten Mal hinauf nach Alpe d'Huez ging. Der Sieger war der unvergessene Meister der Meister, der »Campionissimo« Fausto Coppi aus Italien. Die älteste TV-Tour-Reportage in Deutschland stammt vom damaligen Sportchef des Saarländischen Rundfunks, Jupp Hoppen, anlässlich der 50. Tour de France, die 1963 in Paris gestartet und vom Franzosen Jacques Anquetil dominiert wurde.

1965, als ich zum ersten Mal bei der Tour war, interessierte mich die Fernsehtribüne noch nicht, das war für mich »fremdes Territorium«. Als Assistent wuselte ich am Start und am Ziel herum, um alle möglichen Informationen für die Reporter Werner Zimmer, Günther Isenbügel, Fritz Heinrich und Udo Hartwig zu sammeln. Erst als ich Anfang der 1970er-Jahre als Reporterassistent neben Werner Zimmer saß, hatte ich auch einen Tribünenplatz.

Früher bauten viele flinke Hände jeden Morgen am Etappenziel eine Stahlrohrtribüne auf und abends nach der Ankunft der Rennfahrer wieder ab. Die Kommentatoren waren eingezwängt wie in einem Kaninchenstall, es zog wie Hechtsuppe, bei Regen und Wind wurden alle Unterlagen und Karteikarten nass, die technische Ausrüstung streikte, weil das Regenwasser wegen fehlender Plastikplanen oft genug in die empfindlichen Geräte lief und Störungen hervorrief. Auf diesem wackeligen Stahlrohrgerüst mit seiner dünnen Abdeckung verbrachte ich täglich viele Stunden während der Übertragungen, ein baufälliger Klappstuhl diente als Sitzfläche. Oft genug hatte ich blutige Fingernägel und Handverletzungen, weil beim Aufstehen die Hände in die Eisenscharniere gerieten. Heute sitzen wir in einem transportablen, fast vierzig Meter langen, zweistöckigen Kommentatoren-Zentrum, eine fahrbare Container-Einheit aus Aluminium, oben die Radio-, unten die Fernsehreporter aus aller Welt.

Oft hatte man schon viel Energie verpulvert, bis endlich die Verbindung zwischen dem Etapppenziel und der Heimatstation Saarbrücken hergestellt war.

»Allô, Sarrebruck, allô, Sarrebruck!« hörte ich immer wieder über den Kopfhörer die verzweifelten französischen Techniker im Ü-Wagen ins Mikrofon bellen, um eine Verbindung herzustellen. Oft vergebens oder zu spät. Nicht selten wurde die Reportage ein »Blindflug«, denn ohne Rückmeldung aus der Heimat mussten die bereits laufenden Live-Bilder kommentiert werden, damit wichtige Szenen nicht verpasst wurden.

Aber irgendwie funktionierte es dann meist doch, weil gewiefte Redakteure in der Magnetaufzeichnung Kommentare und Bilder mit viel Fingerspitzengefühl auf die gewünschte Sendelänge zusammenschnitten.

Bevor die Live-Übertragungen ins Programm genommen wurden, gab es die Zeit der kurzen Zusammenfassungen. Nach dem Zieleinlauf trafen sich die Reporter der teilnehmenden Eurovisionsländer in einem engen Schnittmobil, in dem man vor allem die Luft »schneiden« konnte. Schulter an Schulter hockten die Kollegen zusammen, starrten gemeinsam auf einen Monitor, auf dem die Bilder der Etappe liefen. Sie entschieden, welche Szenen in den Kurzbericht genommen wurden. Oft genug mussten Klaus Angermann (ZDF) und ich für die ARD intervenieren, damit auch einmal ein deutscher Fahrer in diesem Tagesbericht vorkam.

Auf dem jeweiligen Marktplatz des Zielortes, inzwischen umgeben von zahlreichen neugierigen Radsportfans, schrieb ich mir dann in Windeseile einen dürren Text auf, und pünktlich um 19.45 Uhr lief der Countdown für die Eurovisionsüberspielung des *Film d'Étape*, der Etappenzusammenfassung, die nach Saarbrücken überspielt und dort aufgezeichnet wurde. Die Sendung lief dann später im Anschluss an das Abendprogramm zwischen 22.30 Uhr und 23.00 Uhr. Waren das noch Zeiten!

Seit einigen Jahren sitze ich also wind- und regengeschützt in dem oben beschriebenen modernen »TV-Truck«, mit Ausstellfenstern, Sonnenblenden und sogar Aircondition. Trotzdem fehlt immer noch ein Stück Platz, um von optimalen Bedingungen reden zu können. Das Kommentieren ist dabei noch das Einfachste, die Gegebenheiten drum herum kosten oft die meisten Nerven. Ich schaue dabei auf zwei Monitore. Einer zeigt die Bilder des produzierenden französischen Fernsehens, auf dem anderen läuft das ARD-Programm, damit ich weiß, wann wir mit unseren Live-Übertragungen dran sind.

Über das Reporter-»Kopfgeschirr« (neuerdings »Headset« genannt) höre ich auf dem rechten Ohr den Kommentar meines jeweiligen Reporterkollegen und den Tourfunk mit allen Informationen von der Strecke. Über das linke Ohr empfange ich, was der französische TV-Reporter mit seinem Co-Kommentator, dem früheren Profi Laurent Jalabert, zum Rennverlauf sagt, um eventuelle Neuigkeiten zu erfahren. Und ich höre die Hinweise, Ankündigungen, Kommandos und Infos vom Regisseur und Programm-Redakteur aus unserem Übertragungswagen. Die Bedienung des Daten-Computers mit der Chronologie des Rennens sei nur am Rande erwähnt. Und zu all dem kommt das Kommentieren, oft über Stunden, damit die vielen Fans vor dem Fernsehschirm Fakten und Fluidum aus Frankreich genießen können.

Aus kurzen Zusammenfassungen in den Sportnachrichten der Radiostationen wurden stundenlange Live-Sendungen des Fernsehens, aus dem persönlichen Gespräch mit den Sportlern andererseits oft genug nur die Stellungnahme des Team-Pressesprechers. Und wenn in diesem Buch vergnüglich nachzulesen ist, wie Radiolegende Günther Isenbügel eine verpasste Etappenankunft aus dem Blau des Himmels heraus und in bester Karaoke-Manier über den Äther schickt, stellt sich dabei natürlich auch die Frage nach der Wahrheit dessen, was der Zuschauer hört und sieht. Beantwortet ist sie heute so wenig wie damals, denn auch die allgegenwärtige Präsenz der TV-Kameras gewährt noch lange keinen Blick hinter die Kulissen. Das bleibt – wo es denn überhaupt möglich ist – die Aufgabe und Kunst des engagierten Berichterstatters.

In den vergangenen rund vierzig Jahren seit 1965 habe ich viele Rennfahrer und Medienkollegen kommen und gehen sehen. Ich habe erlebt, dass auf den Straßen der Tour de France große Träume von Sieg und Ruhm in Erfüllung gingen. Aber auch schwere Stürze, Einbrüche und Enttäuschungen begleiteten meine Zeit als Reporter. Eddy Merckx, Bernard Hinault, Miguel Indurain, Jacques Anquetil und Lance Armstrong, die großen Dominatoren, sind inzwischen von der Bildfläche verschwunden, ihre Karrieren beendet.

Auch auf der Fernsehtribüne hat sich eine Verjüngung vollzogen. Arrivierte Reporterkollegen wie zum Beispiel die früheren Profis Alfred De Bruyne (Belgien), Luis Ocaña (Spanien) und Bernard Thévenet (Frankreich) sitzen nicht mehr am Mikrofon. Bewährte Kollegen wie Theo Mathy (Belgien), Jean Nelissen (Niederlande), Jon Mader (Dänemark) oder der bereits verstorbene italienische Star-Kommentator Adriano Dezan sind nicht mehr dabei. Von dieser Generation bin ich sozusagen der »letzte Mohikaner« dort auf der Eurovisionstribüne, der »Alterspräsident«, ein Stück Inventar aus vergangenen Zeiten.

In all den Jahren als Tour-de-France-Reporter ist mir die Bedeutung einiger Grundsätze bewusst geworden, die ich zu meiner Maxime gemacht habe:
- Es ist sehr wichtig, dass der Berichterstatter mit einer gewissen Neutralität und Distanz kommentiert, um nicht ungerecht zu werten.
- Entscheidend ist die korrekte Schilderung des Geschehens, die den Zuschauer, der sich weitab vom Rennen befindet, möglichst objektiv informiert; daneben muss eine fundierte kritische Wertung treten.
- Der Berichterstatter sollte nie übereilt und ohne entsprechenden Hintergrund urteilen oder verurteilen, sondern stets größtmögliche Fairness walten lassen. Persönliche Vorlieben und Wünsche haben im Kommentar nichts zu suchen.

Eine sachliche und doch distanziert emotionale Darstellung darf immer nur so weit gehen, dass dem Zuschauer noch genug Spielraum für seine eigene Meinungsbildung bleibt. Das gilt auch, wenn dem Reporter das Herz klopft, weil vielleicht ein bekannter deutscher Fahrer für Erfolge und Schlagzeilen sorgt.

Denn ein seriöser Mittler und Vermittler der ungeheuer spannenden Welt des Radsports zu sein – darin sehe ich die Aufgabe des Reporters in erster Linie.

Auch deshalb liegt in diesem Buch einmal der Fokus auf der Arbeit der Rundfunk- und Fernsehleute, illustriert durch das private Fotoalbum des Autors, der selbst keine spektakulären Schnappschüsse machen kann, weil er immer, wenn im Rennen etwas los ist, konzentriert am Mikrofon sitzt.

Soviel vorweg. Ich hoffe, es hat Ihre Neugierde geweckt, und Sie haben Lust bekommen, mir bei einer kleinen Reise durch die Jahrzehnte, die Tour de France und den Radsport zu folgen. Es beginnt – natürlich mit dem Anfang, denn der verantwortungsbewusste Reporter sollte stets bemüht sein, Ordnung ins Geschehen zu bringen …

Herbert Watterott

Von Radsport-Träumen am Radio zum ersten Job beim WDR: Jugendjahre in Bensberg

In der näheren und weiteren Umgebung Kölns ist es nicht schwer, mit dem Radsport in Berührung zu kommen. Das war vor sechzig Jahren nicht anders als heute. Ich wuchs in den 1940er- und 1950er-Jahren in Bensberg auf, 17 Kilometer von Köln entfernt, wo die Familie Watterott ein Haus in der Buddestraße bewohnte. Mein Vater war Einkäufer für eine große Lebensmittelkette, meine Mutter war Hausfrau. Meine Schwester Christa kam fünf Jahre nach mir dazu und komplettierte die Familie.

Wenn sich meine Schulkameraden draußen auf dem Bolzplatz tummelten und Fußball spielten, mussten sie an vielen sommerlichen Nachmittagen auf mich verzichten. Dann saß ich lieber in der Küche meines Elternhauses vor einem kleinen, knallroten Transistorradio und lauschte fasziniert den Stimmen der Radioreporter, die durch das Rauschen und Knistern des Äthers zu mir drangen. Rudi Michel, Günther Isenbügel, Udo Hartwig und Jupp Hoppen waren Ende der 1950er-Jahre die großen und berühmten Sportreporter. Sie brachten mir jeden Juli Tag für Tag die Tour de France ins Haus. Der rote Radiokasten war meine erste Begegnung mit diesem sagenumwobenen Sportereignis, das später mein Berufsleben dominieren sollte. Fernsehübertragungen gab es damals noch nicht.

Mich begeisterten die blumigen Landschaftsschilderungen, die Beschreibungen der fernen Städte und Sehenswürdigkeiten und natürlich die Reportagen über die heroischen Leistungen und gigantischen Anstrengungen der Rennfahrer. Glühende Hitze in der Ebene, Kälteeinbruch und Dauerregen in den Bergen, unmenschliche Strapazen über mehr als sechs Stunden pro Tag

– ich konnte mir all das ganz genau vorstellen, obwohl ich es noch nie gesehen hatte. Da klebte ich also förmlich am Küchentisch und kroch fast in das kleine Radio hinein. Manchmal sprang ich begeistert auf, wenn ein Deutscher vorn dabei war. Oder ich war traurig und enttäuscht, wenn einer meiner Favoriten strauchelte.

Beim konzentrierten Verfolgen der Übertragungen schloss ich oft die Augen und meist auch die Tür. Denn mein Vater hatte überhaupt kein Verständnis für meine Sportbegeisterung. Er ärgerte sich sogar über mein stundenlanges Sitzen vor dem Empfänger. Mitunter gab es handfesten Krach, den meine Mutter dann mit diplomatischem Geschick schlichten musste. »Hauptsache, der Junge ist hier«, leitete sie ihre Standardargumentation ein. »Da wissen wir, dass er nicht raucht oder andere dumme Sachen macht.«

Am Tag nach einer Reportage schnitt ich fein säuberlich alle Ergebnisse und Artikel, die ich über die Tour de France finden konnte, aus den Zeitungen aus und klebte sie sorgfältig in einen Ordner. Noch heute liegen diese lückenlosen Dokumentationen und gesammelten Werke aufeinander geschichtet im Keller. Und bis vor kurzem hörte ich zu Hause auch noch »Drohungen«, die meiner Frau Maria: »Bitte wirf doch endlich diese vergammelten Blätter und Zeitungen weg. Sonst tue ich es!« »Da ist Gefahr in Verzug«, dachte ich jüngst und lagerte aus Sicherheitsgründen das Tour-Archiv meiner Kindheit in den Keller meiner Schwester aus.

Ich beließ es jedoch nicht nur bei theoretischer Beschäftigung mit dem Radsport. Mit 19 Jahren trat ich dem Radsportclub »Staubwolke« aus Refrath bei, einem Vorort meiner Heimatstadt Bensberg im Bergischen Land. Dort bin ich bis zum heutigen Tag Mitglied. Nur die Ausfahrten ins hügelige Hinterland sind inzwischen seltener geworden. Sie dauern meist einfach zu lange. Für die Zeit nach meiner Pensionierung habe ich mir aber fest vorgenommen, mein Comeback auf dem Rennrad anzugehen. Dafür halte ich mich bis zum Herbst 2006 beim Joggen im Königsforst von Bensberg fit.

Es wird noch ein hartes Stück Arbeit, bis die Form wieder so ist wie hier Anfang der 1980er-Jahre. Im Moment bevorzuge ich Flachetappen ...

Die entscheidende Frage meiner Jugendjahre war, wie ich eine Stelle beim Radio oder Fernsehen finden konnte, um meinen in diesen Jahren entstandenen Traum, selbst Reporter zu werden, verwirklichen zu können. Von Werner Höfer, lange Jahre Fernsehdirektor beim Westdeutschen Rundfunk in Köln und Kult-Moderator des Internationalen Frühschoppens, las ich den Satz: »Wir müssen unbedingt etwas für den Nachwuchs tun. Das ist unser Kapital für die Zukunft.« Dadurch motiviert, schrieb ich regelmäßig Bewerbungen an den WDR, ohne allerdings je eine Antwort zu erhalten.

Meine Eltern waren froh darüber, denn sie waren ohnehin der Meinung, dass ich einen soliden, anständigen Beruf erlernen sollte. Und dazu zählten sie den Beruf eines Sportreporters definitiv nicht. Sie dachten nicht an Fernsehsender, sondern an Bankinstitute, Sparkassen oder Versicherungen, wenn sie sich über die Ausbildung ihres Jungen unterhielten. Ich war ein folgsamer Sohn, und nach 15 Vorstellungsgesprächen und Prüfungen bekam ich eine Lehrstelle beim Versicherungskonzern Gerling in Köln. Ich erfreute mich des schönen Ausblicks von der 12. Etage des Bürohochhauses und begann zunächst recht motiviert meine Arbeit im Büro. Aber schon bald wurde mir klar, dass ich in der Bearbeitung von Sterbefällen und Lebensversicherungen auf Dauer nicht meine Zukunft sah. Diszipliniert beendete ich meine dreijährige Lehrzeit mit bestandener Kaufmannsgehilfenprüfung. Aber das Fernweh ließ einfach nicht nach.

So erinnerte ich mich eines Tages an eine entfernte Tante, die in einem Zürcher Kaufhauskonzern als Direktorin im Management tätig war. Sie bot mir tatsächlich einen Job in der »Reklameabteilung« an. Ich hatte keine Hemmungen, von der Protektion meiner Tante zu profitieren, und fuhr unverzüglich nach Zürich in die Uraniastraße. Meine Aufgabe bestand in der Gestaltung eines umfangreichen Versandkatalogs. Das war eine vielseitige Arbeit mit Kontakten zu Fotografen, Mannequins und Studios. Ich hatte zu den Fotos begleitende Texte zu schreiben, Werbeslogans zu formulieren und den Katalog zu entwerfen. Eigentlich ging es mir prima, und ich fühlte mich durchaus wohl in meiner kleinen Wohnung in Zürich-Wollishofen, fünf Tramstationen vom Zentrum entfernt. Mir gefiel der Gedanke, für längere Zeit am Zürichsee zu leben, ganz gut.

Bis ich irgendwann in der renommierten *Neuen Zürcher Zeitung* ein Stellenangebot des Schweizer Fernsehens las. Gesucht wurde ein Assistent für die Sportredaktion! Mein fast schon in Vergessenheit geratener Jugendtraum war augenblicklich wieder präsent. Sofort schickte ich mein Bewerbungsschreiben ab, um genauso schnell enttäuscht zu werden. Die offene Stelle bekam vorzugsweise eine Person mit Schweizer Staatsbürgerschaft. »Dem Nachwuchs eine Chance«, dachte ich verbittert. Aber dann vergrößerte diese Absage nur noch meinen Ehrgeiz, den Weg in eine Sportredaktion zu finden.

Langsam verwandelte ich meine Wohnung in ein Schreibbüro. Bewerbungen gingen an alle Sportchefs der verschiedenen ARD-

Sender sowie an das Zweite Deutsche Fernsehen ZDF, das damals gerade seinen Sendebetrieb aufnahm. Ich schrieb auch an Robert E. Lembke, seinerzeit Sportkoordinator der ARD, einem Millionenpublikum in Deutschland allerdings eher als Moderator der beliebten Ratesendung »Was bin ich?« mit dem legendären Satz »Welches Schweinderl hätten's denn gern?« vertraut. Von Robert E. Lembke stammte der Ausspruch: »Radio geht ins Ohr, Fernsehen ins Auge!« Ich wollte dem Fernsehen unbedingt ins Auge schauen, und ich ließ keine Gelegenheit mehr verstreichen, um ans Ziel zu kommen.

Jeden Abend folgte nun der bange Blick in den Briefkasten. Würde mir jemand antworten? Die Zeit verging. Manche Sender schickten Absagen, die meisten reagierten gar nicht. Dann traf Post von Robert E. Lembke ein. Ich riss den Umschlag auf und überflog hastig die Zeilen. »Wenigstens keine Absage«, dachte ich zufrieden. Er empfahl mir, mich an den WDR in Köln zu wenden. Eine Tätigkeit käme ohnehin zunächst nur als freier Mitarbeiter infrage. Eine Kopie seiner Antwort schickte Lembke an den damaligen Sportchef beim WDR, Hugo Murero. Für mich war das ein erster Lichtblick.

Meine Jobsuche in Köln wurde allerdings durch einen Krankenhausaufenthalt unterbrochen. Im Bensberger Vinzenz-Palotti-Hospital musste ich mich einer Mandeloperation unterziehen. Dort lernte ich den Konditormeister des Luxusschiffs »Hanseatic« kennen. Er hatte es nicht schwer, meine Reiselust zu wecken. Nur eine Woche später fuhr ich mit 50 Mark in der Tasche nach Hamburg, um mich im Heuerbüro in der Admiralitätsstraße vorzustellen. Aber wieder hatte ich kein Glück, die von mir angepeilten Stellen in der Zahlmeisterei waren bereits besetzt. Enttäuscht fuhr ich nach Hause zurück. Es ist schon erstaunlich, welche große Rolle kleine Zufälle im Leben eines Menschen spielen, der sich gerade auf der Suche nach dem richtigen Weg durchs Leben befindet.

Denn daheim lag ein Brief vom WDR. Ich las ihn einmal, las ihn zweimal und hüpfte dann vor Freude durch die Wohnung.

»Bitte kommen Sie zu einem persönlichen Gespräch in die Abteilung Herstellungsleitung. Mit freundlichen Grüßen – Lu Schlage.« Dies schrieb mir die Produktionschefin des WDR. Mit Herzklopfen und feuchten Händen machte ich mich auf den Weg nach Köln. Ich erhielt das Angebot, als Aufnahmeleiter in der Abteilung Fernsehspiel beim Westdeutschen Rundfunk in Köln zu arbeiten. Das war nun eigentlich nicht die Aufgabe, die ich mir gewünscht hatte.

In Gedanken versunken, bestieg ich die Straßenbahn, um zurück nach Bensberg zu fahren. Die Fahrt dauerte 45 Minuten. Als ich losfuhr, war ich unsicher und traurig, weil mich das Fernsehspiel nur herzlich wenig interessierte. Als ich ausstieg, hatte ich das Angebot jedoch in Gedanken bereits angenommen. »Hauptsache, ich erhalte die Chance, beim Fernsehen zu arbeiten«, dachte ich. »Der Rest wird sich schon ergeben.«

Mein Vater war inzwischen verstorben, sodass ich allein mit meiner Mutter meine Entscheidung besprach. Sie war hoch-

So sah es aus im Studio K: Moderator Ernst Huberty, dahinter am Tisch Redakteur Paul Rott und der Autor mit Hornbrille und Fassonschnitt – alles noch in Schwarzweiß.

erfreut, dass mein Zigeunerleben der letzten Monate ein Ende haben sollte, und riet mir zu, die Stelle anzunehmen. Am 16. Mai 1963 begann meine Tätigkeit beim WDR als freier Mitarbeiter. Meine erste Produktion war das Fernsehspiel »Der Fall Sacco und Vanzetti«. Es war die Geschichte zweier Italiener, die nach ihrer Einwanderung in die USA 1927 fälschlich wegen Raubmordes verurteilt und hingerichtet wurden.

Für mich öffnete sich eine vollkommen neue Welt: die Dreharbeiten in den Filmkulissen, der Bildschnitt und die Vertonung im Studio. Das Tageshonorar betrug damals 60 DM. Ich arbeitete von Montag bis Freitag.

An den Wochenenden hatte ich also frei. Immer wieder fragte ich beim Sportchef Murero nach, ob sich nicht eine Möglichkeit für mich in seiner Abteilung böte. Irgendwann gab er meinem ausdauernden Drängen nach. Immer den Gedanken im Hinterkopf, dass ich erst einmal überhaupt beim Sport dabei sein wollte, war ich mir für keine Arbeit zu schade. Also kümmerte ich mich um die meterlangen Fernschreiben, die mit den Sportmeldungen aus aller Welt eintrafen. Für die Nachrichtenredakteure legte ich daraus nach Sportarten sortierte Mappen an, sodass sie mit einem Griff die aktuellste Meldung finden konnten.

Als »Der Fall Sacco und Vanzetti« abgedreht war, endete auch meine kurze Gastrolle beim Fernsehspiel. Ich durfte zum Sport wechseln. Für die Sportabteilung des WDR ein kleiner Schritt, für mich aber der Sprung an das Ziel meiner Kindheitsträume: Ich war endlich beim Sport gelandet.

Ich begann als Assistent bei Fußballspielen, bereitete die Unterlagen über die Mannschaften vor, machte Notizen über den Spielverlauf und holte erste Reaktionen ein. Die bekannten Fußballreporter waren damals Ernst Huberty, Dieter Adler und Arnim Basche. Vor allem in Paul Rott, der lange Jahre Chef vom Dienst der Sportschau war, hatte ich einen erstklassigen Lehrmeister. Durch ihn erlernte ich alle Grundlagen, um erfolgreich in einer Sportredaktion arbeiten zu können. Es dauerte auch nicht lange, und ich unternahm meine erste Dienstreise. Mit dem

Reporter Heinz Maegerlein fuhr ich zum Deutschen Turnfest nach Essen.

Ein spannender Augenblick war es, als am 24. August 1963 die Fußball-Bundesliga ihren Spielbetrieb aufnahm und aus einem kleinen nüchternen Studio in Köln die erste Bundesliga-Sportschau in der ARD ausgestrahlt wurde. Ich durfte als Redaktionsassistent dabei sein und musste die Ergebnisse und Tabellen »stecken«. Das bedeutete: Auf einer großen Tafel, die mit einem schwarzen Tuch bespannt war, steckte ich elfenbeinfarbene Plastikzahlen und Buchstaben in die Rillen hinein. In Windeseile entstanden die Vereinsnamen und das Tabellenbild.

Von Anfang an allerdings gehörte meine besondere Vorliebe dem Radsport. Über den Fernschreiber erhielt ich nun alle Meldungen, die ich penibel aufhob und sammelte. Damals legte ich einen Fundus an, aus dem ich heute noch schöpfen kann.

Meine erste Auslandsreise führte mich 1965 mit Ernst Huberty nach Cavaria bei Mailand zur Querfeldein-Weltmeisterschaft. Zum ersten Mal erlebte ich eine Live-Übertragung im Ausland,

Die drei von der Sportschau: Dieter Adler, Ernst Huberty und Addi Furler (von links), Moderatoren der ersten Stunde.

war beeindruckt von der Atmosphäre und drückte meinem Landsmann Rolf Wolfshohl aus Köln-Kalk die Daumen. Er holte sich die Silbermedaille hinter dem langbeinigen Italiener Renato Longo. Für ihn hatten die lokalen Organisatoren extra einen Kurs gebaut, bei dem Gräben zu überspringen waren, wo der kleinere Rolf Wolfshohl entscheidende Zeit verlor. Im selben Jahr erlebte ich dann auch meine erste Tour de France.

Start in Köln, mit erzbischöflichem Segen: Meine erste Tour de France 1965

Es kam der Tag, an dem mein Herzenswunsch in Erfüllung gehen sollte! Es war Samstag, der 22. Juni 1965, die Tour de France begann. Seit zwei Jahren war ich nun schon Redakteur beim Westdeutschen Rundfunk in Köln, und von Anfang an kümmerte ich mich dort um den Radsport. Mein Archiv war bald so gut sortiert wie kaum ein anderes. Für jeden Rennfahrer legte ich eine kleine gelbe Karteikarte an, eng beschrieben mit allen Erfolgen, aber auch mit persönlichen Daten und kleinen Geschichten, die eine Reportage interessant und unverwechselbar machen konnten. Alle Karten fanden Platz in einem Karteikasten, den meine Kollegen bald »Herberts Gehirn« nannten.

Nun stand ich 17 Kilometer von meinem Geburtsort Bensberg entfernt am Fuße des Kölner Doms und platzte fast vor Stolz: Ich hatte es geschafft! Erstmals würde ich die legendären Bergriesen der Alpen und Pyrenäen kennen lernen, dazu den Mont Ventoux in der Provence. Um meinen Hals hing eine Akkreditierung für die Tour de France mit meinem Namen – ich war am Ziel meiner Träume!

Dabei musste ich an meinen Vater denken, den Sport überhaupt nicht interessierte. Auch mein Onkel Paul hatte immer wieder gelästert: »Du willst Sportreporter werden? Das schaffst du doch sowieso nicht. Das glaube ich erst, wenn ich es schwarz auf weiß lese, wenn ich es sehe oder höre.«

Der junge Kerl aus dem Bergischen Land stand nun also auf dem Domvorplatz in Köln neben den berühmtesten Radrennfahrern der damaligen Zeit. Bisher kannte ich sie nur aus dem Radio oder der Zeitung, jetzt waren sie zum Anfassen nah: Federico Bahamontes, »der Adler von Toledo«, André Darrigade, der sich mit Rudi Altig packende Sprintduelle lieferte, Raymond Poulidor, der ewige Zweite und beliebteste Franzose, Jan Janssen, »der fliegende Holländer«, Tom Simpson, der lustige Typ aus England, Peter Post, Bahn- und Straßenspezialist zugleich, Rik van Looy, der belgische Seriensieger und Weltmeister, Julio Jiménez, der Ausnahmekletterer, und Felice Gimondi, ein junger Italiener, der im Frühjahr mit einem dritten Platz beim Giro d'Italia aufhorchen ließ.

Am Start traf ich auch vier deutsche Fahrer, die für drei verschiedene ausländische Rennställe fuhren: Dieter Puschel, »die Berliner Schnauze«, Hans »Hennes« Junkermann, den Schweiger, den Kölner Rolf Wolfshohl, auch im Querfeldeinsport ein Weltklassefahrer, und Karl-Heinz Kunde, den sie wegen seiner Kletterfähigkeiten den »Bergfloh« nannten. Kein Wunder bei 1,60 Meter Körpergröße und nur knapp 50 Kilogramm Gewicht.

Schon oft hatte ich die deutschen Tour-Teilnehmer bei ihren täglichen Trainingsfahrten im Bergischen Land an mir vorbeihuschen sehen. Jetzt hatten wir ein gemeinsames Ziel: die Tour de France mit ihrem Finale in Paris.

Erst zum dritten Mal in mehr als 60 Jahren startete das Rennen nicht in Frankreich. Dabei waren schon etliche große Städte bereit gewesen, viel Geld auf den Tisch zu legen, um den gesamten Tour-Tross für einige Tage zu beherbergen – und damit natürlich für sich zu werben. Nach Amsterdam 1954 und Brüssel 1958 war nun mit Köln im Jahre 1965 erstmals eine deutsche Stadt der Startort der Tour de France.

13 Mannschaften, 130 Rennfahrer, 4188 Kilometer vom Kölner Dom nach Lüttich, danach in und über die Alpen, hinauf auf den Mont Ventoux, dann quer durch die Pyrenäen bis zum Eiffelturm nach Paris. Wie oft war ich mit dem Finger über die Landkarte geflogen, hatte mir Städte herausgesucht und Gebirge vorgestellt! Wie oft hatte ich mir ausgemalt, wie sich die Blechlawine durch Frankreich wälzt! Jetzt war ich selbst dabei.

Im Team der Reporter war ich als »Redaktionsassistent« eingeteilt worden, aber so richtig wusste ich noch nicht, was meine Aufgaben sein sollten. Was konnte ich als Neuling tun, womit den erfahrenen Reportern helfen? Würde ich Details zu den Rennfahrern liefern können, wenn sie von mir verlangt wurden? Konnte mir mein gut sortierter Karteikasten weiterhelfen?

Zusammen mit den damaligen Reporter-Koryphäen Günther Isenbügel, Werner Zimmer, Fritz Heinrich und Udo Hartwig sollte ich drei Wochen durch Belgien und Frankreich reisen, immer an der Seite der Rennfahrer. Ich hatte extra abendliche Französischkurse besucht und mich dafür beim Lateinunterricht abgemeldet, schließlich wollte ich nicht Pastor oder Chemiker werden, sondern Reporter. Genau gesagt: Sportreporter. Die faszinierenden Reportagen aus der Provence hatte ich nie vergessen, ebenso wenig die Schilderungen des Rennens bei Hitze und Mistralwind und die Beschreibungen der mörderischen Anstiege in den Alpen und der kurvenreichen, gefährlichen Abfahrten in den Pyrenäen – all das trug ich stets in mir. Und ich träumte davon, später selbst einmal für Hörer oder Zuschauer am Mikrofon zu sitzen und ihnen in die Heimat zu übermitteln, was ich gerade erlebte.

Bis dahin sollte noch etwas Zeit vergehen, aber ein Riesenschritt war getan: Ich war bei der Tour und würde lernen, lernen, lernen. Ich war bereit, alles wie ein Schwamm aufzusaugen und nicht die kleinste Kleinigkeit zu verpassen. Alles andere würde sich dann zeigen.

»Alles kommt zu dem, der warten kann« – ein alter Wahlspruch, den ich mir schon früh zu Herzen nahm.

Am Südportal des Kölner Doms erteilte am 22. Juni 1965 Josef Kardinal Frings, der Erzbischof von Köln, allen Tour-Teilnehmern den kirchlichen Segen. Die schier endlose Karawane verließ die rheinische Metropole in den Mittagsstunden. Zuvor gaben die Sportlichen Leiter noch letzte Instruktionen, der Reklametross setzte sich langsam in Bewegung, Fernseh-, Funk- und Presseleute kauften sich am Hauptbahnhof schnell noch die neuesten in- und ausländischen Zeitungen. Nach der Vorstellung der 130 Radheroen, die sich in die 22-tägige Ungewissheit stürzen wollten, begann eine lange Korsofahrt durch die Kölner Innenstadt. Vom Dom über den Wallrafplatz, durch die Hohe Straße bis zum Militärring. Die festlich geschmückten Straßen rahmten die bunten Pulks der 13 Teams ein, die sich durch ein dichtes Spalier einer unüberschaubaren Menschenmenge bewegten. Ich genoss die Stimmung und gewann schon an diesem ersten Tag so viele Eindrücke, dass sie nur schwer bis zum nächsten Tag zu verarbeiten waren.

Am Müngersdorfer Stadion erfolgte dann der offizielle Start zur 52. Tour de France: Renndirektor Jacques Goddet, der in seinen khakifarbenen Shorts wie ein englischer Kolonialoffizier aussah, senkte die kleine, weiße, dreieckige Fahne mit dem verschnörkelten Schriftzug Tour de France – und das Rennen war freigegeben! Ich atmete tief durch. Jetzt ging es also los.

Wir fuhren an diesem Tag über Düren durch die Eifel, die Fahrer passierten den Schmittberg, bekannt vom rheinischen Frühjahrsklassiker Köln–Schuld–Frechen. Nach der Grenzüberfahrt wurden die Zuschauerspaliere immer dichter. Die meisten Belgier schauten auf ihren Landsmann Rik van Looy. In Sekundenschnelle flog das geschlossene Feld an den Menschenmassen vorüber und Lüttich entgegen. Für mich war die Fahrt im ARD-Teamwagen mit dem offenen Verdeck wie ein kleiner Triumphzug. Als wäre ich »Prinz Karneval« von Köln.

Jeder Tag brachte neue Erlebnisse, Bewährungsproben und Aufgaben für mich, den Tour-Neuling, der mit Feuereifer dabei war und durchaus merkte, dass er eine Hilfe für die erfahrenen TV- und Radioreporter der ARD war. Ich holte die Ergebnislisten bei den Pressestellen ab und besorgte jeden Morgen die wichtigsten Zeitungen wie *Gazzetta dello Sport* aus Italien, *Het Laatste Nieuws* aus Belgien und natürlich die *L'Équipe* aus dem Gastgeberland.

Am 23. Juni 1965 prangte darauf in dicken Lettern: »Rik le Roi«. Denn der Belgier Rik van Looy hatte die erste Etappe dieser Tour de France von Köln nach Lüttich gewonnen. Ich hatte über den Tagessieger schon einiges zusammengetragen und auf meinen Karteikarten notiert. Sehr zur Freude von Günther Isenbügel, der zunächst den Massenspurt in unnachahmlicher Manier mit blumigen Worten schilderte, aber dann für die anschließenden Kommentare und Zusammenfassungen etwas mehr Hintergrundinformationen über van Looy brauchte. Und genau damit konnte ich dienen. Zum ersten Mal kam mein Karteikasten zum Einsatz. Isenbügels lustige Augen leuchteten auf, als er auf die Karteikarte schaute und die Liste mit den bisherigen Erfolgen von van Looy verlas, die ich ihm entgegenhielt. Ich hatte die erste Probe bestanden. Fortan führte ich mein Archiv mit noch größerer Akribie, um mit wertvollen Details zum Gelingen der täglichen Arbeit beitragen zu können.

Ich war aber auch – ganz radsportgemäß – »Wasserträger« im wahrsten Sinne des Wortes: Zu meinen Aufgaben gehörte es, Batterien von Mineralwasserflaschen auf die Tribüne zu schleppen, um die Kollegen zu versorgen. Die tägliche Autowäsche und das Auftanken rundeten das Aufgabengebiet eines Assistenten bei seiner Tour-de-France-Premiere ab.

In diesem Sommer 1965 erlebte ich drei wunderbare Tour-Wochen mit Höhepunkten, die ich nie vergessen werde. Ebenso wenig wie die damaligen Protagonisten: Rik van Looy, der unwiderstehliche Spurtsieger in Lüttich und Lyon; Raymond Poulidor, der Zeitfahrgewinner von Châteaulin und Triumphator am Mont Ventoux; und Felice Gimondi, der unverbrauchte Italiener aus Bergamo, der drei Etappensiege herausfuhr und am Ende bei seiner Tour-Premiere mit dem Gelben Trikot in Paris geehrt wurde. Auf der Piste Municipale de Vincennes, einem Pariser Vorort, wo die Tour zwischen 1968 und 1974 siebenmal endete, hatte er zwei Minuten und vierzig Sekunden Vorsprung vor dem Franzosen Poulidor. »Poupou«, wie dieser von seinen unzähligen Fans liebevoll genannt wurde, hatte es also wieder nicht geschafft. Und das, obwohl sein Angstgegner und Landsmann Jacques Anquetil diesmal nicht dabei gewesen war. Zum achten Mal stand er nun schon auf dem Podium, aber nie ganz oben. Poulidor, der noch heute der beliebteste Rennfahrer Frankreichs ist, hat einmal gesagt: »Ich wäre nie so berühmt geworden, wenn ich die Tour de France auch nur einmal gewonnen hätte.« Mit dem Unterlegenen, dem Pechvogel, dem ewigen Zweiten hingegen fühlten die Franzosen mit.

Ich sollte neun Jahre später genau hier, auf derselben breiten, mausgrauen Zementpiste in Vincennes dabei sein, als Eddy Merckx nach seinem Sieg vor Poulidor dem Franzosen ein Gelbes Trikot schenkte, das dieser bei vierzehn Teilnahmen nicht einen einzigen Tag lang getragen hatte. »Poupou« hatte Tränen in den Augen, und auch ich musste heftig schlucken. Er war ein einfacher Mann aus dem Volk und ist es auch geblieben. Raymond Poulidor begleitet die Tour de France bis heute in der Werbekarawane und hat nichts von seiner Beliebtheit eingebüßt.

1965 landeten mit Karl-Heinz Kunde und Hennes Junkermann die besten Deutschen auf den Plätzen 11 und 25. Wir »Kölner« trafen uns zum letzten Mal in Paris. Die Profis nach 120 Stunden Fahrzeit durch Deutschland, Belgien und Frankreich auf dem Rennrad und ich als »Greenhorn« nach meiner ersten Tour. Ich schrieb damals meinem Onkel Paul eine Ansichtskarte mit besten Grüßen aus Paris: »Ich habe es geschafft!« Meine erste Prüfung auf internationalem Radsport-Parkett war bestanden. Längst war der alte Zweifler stolz auf mich. Wenn mein Vater das noch erlebt hätte …

Die berühmten ARD-Kollegen Zimmer, Isenbügel, Heinrich und Hartwig klopften mir nach rund 7000 Kilometern im Auto anerkennend auf die Schulter. Ich hatte zwar kein Gelbes Trikot gewonnen wie Felice Gimondi bei seiner Premiere, aber die Worte der Kollegen nach meinem Debüt bei der Tour de France waren mir mehr als pures Gold wert: »Junge, du hast uns unterstützt und geholfen. Du darfst im nächsten Jahr wieder mitfahren.« Das war wie ein Ritterschlag und ein »Gelbes Trikot« zugleich.

Die dunkelsten Stunden der Tour: Tom Simpson stirbt am Mont Ventoux, Fabio Casartelli am Portet d'Aspet

Auf den 13. Juli 1967 hatte ich mich ganz besonders gefreut. Der legendäre Mont Ventoux war ein absolutes Highlight im Streckenprofil meiner dritten Tour de France. Ich hatte diese schmutzig weiße Bergkuppe, die sich völlig überraschend aus der sonst eher flachen Landschaft der Provence erhebt, 1965 zum ersten Mal gesehen. Es ist ein imposantes Bild, wie dieser 2000 Meter hohe Riesenkegel in den Himmel ragt.

Zwei Jahre zuvor gewann an dieser Stelle der französische Publikumsliebling Raymond Poulidor vor dem berühmten spanischen Kletterer Julio Jiménez. Damals endete die Etappe in dünner Luft oben auf dem Gipfel, diesmal war der Mont Ventoux nur eine Durchgangsstation auf dem Weg von Marseille nach Carpentras. Eine Mammutdistanz von 235 Kilometern lag vor den Rennfahrern.

Schon am frühen Morgen war es brütend heiß. Auch die Nacht hatte zwischen den Hochhäusern von Marseille keine Abkühlung gebracht. Ich verließ das Hotel nur für ein paar Minuten, um an der Ecke einen Kaffee und ein Croissant zu bestellen, und schon war ich klatschnass geschwitzt. Das eben noch frische Hemd klebte bereits auf der Haut. Die Fahrt im Auto zum Start wurde zu einem Saunagang. Auf dem Rücksitz lagen glücklicherweise schon Ersatzhemden in ausreichender Anzahl bereit. Ich hatte noch keinen heißeren Tag bei der Tour erlebt. In der Sonne wurden mehr als 40 Grad gemessen.

Gegen Mittag wurde die Hitze unerträglich. Die Etappe hatte zunächst flach begonnen, bis dann wie eine finstere Drohung der Gipfel des Mont Ventoux am Horizont erschien. Es war kein

Schnee, was sich dort vom dunstigen Blau des Himmels abhob, sondern nacktes, ausgeblichenes Vulkangestein. Viele Dramen hatten sich hier abgespielt, manche Rennfahrerschicksale sich an diesem »kahlen Berg« entschieden, seit er im Jahre 1951 erstmals im Profil der Tour de France aufgetaucht war.

Unser Teamchef 1967 hieß Jupp Hoppen, er war Sportchef des Saarländischen Rundfunks und zusammen mit dem schreibenden Kollegen Hans Blickensdörfer aus Stuttgart der erste deutsche Journalist, der nach dem Krieg von der Tour berichtet hatte. Günther Isenbügel, Werner Zimmer, Fritz Heinrich und Udo Hartwig bildeten das Reporterteam der ARD für Hörfunk und Fernsehen. Dazu kam ich als Jüngster und »Mädchen für alles«. Mein Aufgabengebiet reichte wieder vom Sammeln neuester Informationen bis zum Besorgen erfrischender Getränke.

Die ARD war damals mit drei Motorrädern sowie einem Mercedes-Cabriolet im Rennen vertreten. Ein »Moto« (so kürzen die Franzosen treffend ab) fuhr an der Spitze des Pelotons, eins am Ende und in der Nähe des »Besenwagens«, in den die erschöpften oder erkrankten Fahrer stiegen, wenn sie das Rennen aufgeben mussten. Das dritte Moto schließlich sollte sich immer dort aufhalten, wo besonders dramatische Bilder zu erwarten waren.

Die drei Reporter wechselten sich bei ihren Aufgaben von Tag zu Tag ab. Einer berichtete für das Fernsehen, die anderen beiden bedienten den Hörfunk. An Live-Übertragungen für das Deutsche Fernsehen war damals noch nicht zu denken. Die Zuschauer daheim bekamen nur einen zehnminütigen Tagesbericht zu sehen, den das französische Fernsehen am Abend anbot. Die Reporter der einzelnen Länder und der angeschlossenen Sender saßen dann in der Nähe des Ziels oder auch auf einem Marktplatz und sprachen ihre Kommentare in der jeweiligen Landessprache. Für die Einheimischen war dieses internationale Sprachgewirr jeden Abend eine besondere Attraktion. Bei uns in Deutschland wurden diese Zusammenfassungen am Ende des Abendprogramms, also zwischen 22.30 Uhr und 23.00 Uhr (das waren noch Zeiten!), ausgestrahlt. Die Radiokollegen sammelten ihre Eindrücke den ganzen Tag lang auf ihren Tonbandgeräten und setzten das Material nach jeder Etappe im Schnittmobil des Saarländischen Rundfunks zusammen. Die Berichte, Reportagen und Kommentare wurden dann vom eigenen Übertragungswagen in die Funkhäuser nach Deutschland überspielt.

Während unsere Reporter noch im Rennen unterwegs waren, bereitete ich im Ziel schon alles für die Zusammenfassungen und Abschlusskommentare vor. Heute ist es undenkbar, mit unseren Autos in die Nähe des Fahrerfeldes zu kommen. Nur 14 Fotografen erhalten von der Tour-Direktion diese Erlaubnis für ihre Motorradpiloten. Damals aber hatte der Gigantismus die Tour de France noch nicht erobert. Wir konnten mit besonderen Akkreditierungen direkt neben dem Peloton fahren und das Feld auch überholen.

Der Pressesaal befand sich an diesem Tag im Kloster von Carpentras, dort sammelte ich alle Informationen über den Zwischenstand im Renngeschehen. Die dicken Klostermauern spendeten ein wenig Kühle, aber als sich das Feld dem Mont Ventoux näherte, füllte sich der Saal mit immer mehr Journalisten, und bald war es auch hier stickig und heiß.

Ich starrte auf kleine Monitore, auf denen die Bilder des französischen Fernsehens liefen, als der Anstieg auf den »kahlen Berg« begann. Ich lauschte dem Kommentar der Reporter des französischen Fernsehens. Das waren der ehemalige Rennfahrer Robert Chapatte, der alle Details zu Taktik und Technik erklärte und jeden Rennfahrer persönlich kannte, sowie die Nummer eins und Ikone des französischen Sportjournalismus, Léon Zitrone, der mit kritischer Distanz die Dinge einordnete und im Stil eines Kommentators bewertete. Es war ein Hochgenuss, diesem eingespielten Duo zuzuhören. Ich war beseelt von dem Wunsch, irgendwann einmal auch in dieser Position arbeiten zu dürfen und vielleicht sogar eine ähnliche Meisterschaft zu erreichen.

Es war der 13. Juli, und was nun folgte, sollte der Unglückszahl »13« uneingeschränkt würdig sein. Die Fahrt in die Hölle begann um die Mittagszeit, als die Sonne am höchsten stand und die Hitze besonders groß war. Bald hatte das Feld die Pinienwälder, deren Bäume mit zunehmender Höhe immer kleiner und kümmerlicher wurden, hinter sich gelassen. Danach brannte die Sonne unbarmherzig auf die ungeschützten Fahrer, so als wollte der Mont Ventoux den Profis einen Keulenschlag versetzen. Das Feld war in unzählige kleine Grüppchen zerfallen. Jeder kämpfte mit sich, mit dem Rad, mit der mörderischen Steigung und der sengenden Hitze. Die richtige Kulisse für das Drama, das sich oben auf diesem Geröllfelsen in der Provence abspielen sollte.

Es geschah vier Kilometer unterhalb des Observatoriums auf dem Gipfel, in einer Höhe von 1909 Metern. Unten im Ziel in Carpentras rückte ich noch näher an den kleinen Monitor heran, um auf dem flimmernden Schwarz-Weiß-Bild besser erkennen zu können, was dort vor sich ging. Ich sah einen Fahrer im weißen Trikot der britischen Nationalmannschaft aus einer kleinen Gruppe ausscheren. 1967 waren keine Werkteams am Start, sondern Nationalmannschaften. Es war der letzte Versuch der Veranstalter, sich vom Diktat der Sponsoren zu befreien – ein Versuch, der kläglich scheiterte, bald darauf waren wieder Werkteams am Start.

Keiner der Rennfahrer hatte unterhalb des Ventoux-Gipfels noch den kraftvollen sicheren Tritt, der eine gute Form und Fitness verrät. Aber der hagere, schmächtige Mann im britischen Trikot war ganz offensichtlich nicht mehr Herr seiner Sinne und Muskeln. Es war Tom Simpson, der schon einmal Weltmeister war und als bester Kletterer seines Teams galt. Er fuhr im Zickzackkurs über den Asphalt und brauchte dazu die ganze Breite der Straße. Einige Hundert Meter bewegte er sich noch und erinnerte dabei fatal an einen Betrunkenen. Dann stand er plötzlich still und fiel zur Seite um.

Ich schaute rechts und links auf die anderen Monitore, weil es aussah, als wäre das Bild angehalten worden. Aber überall waren dieselben Bilder zu sehen. Dann suchten Helfer vergeblich nach einer schattigen Stelle, wo Simpson wieder zu Kräften kommen konnte. Stattdessen hoben sie den völlig apathischen Fahrer noch einmal auf sein Rad, aber schon nach wenigen Metern brach er erneut zusammen. Diesmal verlor er völlig das Bewusstsein. Schlimmer noch: Weder die Mund-zu-Mund-Beatmung von Tour-Arzt Dr. Pierre Dumas noch die Wiederbelebungsversuche der Spezialisten im Saint-Marthe-Hospital von Avignon waren erfolgreich. Tom Simpson war tot.

Später wurde bekannt, dass er Amphetamine als Aufputschmittel eingenommen hatte. Bei der Autopsie wurde außerdem Alkohol im Blut festgestellt. Die Hitze, der Berg, das Doping, der Alkohol – das war eine fatale Mischung, die Tom Simpson das Leben gekostet hatte.

Mein Kollege Werner Zimmer war mit seinem Motorradpiloten Armin Westiner, der im wirklichen Leben Gerichtsvollzieher war, einer der Ersten an der Unglücksstelle. Mit Fritz Heinrich folgte ein zweiter ARD-Reporter wenige Augenblicke später. Mit stockender, brüchiger Stimme hielten die beiden auf ihren schweren Maihac-Tonbandgeräten fest, was sie mit eigenen Augen beobachteten. Für beide war es der bis dahin traurigste Moment ihrer vielen Einsätze als Tour-de-France-Reporter.

Inzwischen wartete ich im Arbeitsraum der Presse im Kloster des Zielorts Carpentras. Der hektische und laute Trubel verstummte augenblicklich, als der sonst so unnahbar kühle zweite Tour-Direktor Félix Lévitan den Raum betrat. Er betrat das Podium und sprach sichtlich mitgenommen mit leiser Stimme: »Der Fahrer mit der Nummer 49, Tom Simpson aus Großbritannien, ist um 17.42 Uhr im Krankenhaus von Avignon gestorben.« Für einen Moment herrschte Totenstille. Dann erfüllten den Pressesaal das Hämmern der Schreibmaschinen und das kräftige Brüllen der Reporter in die Telefonmuscheln, unterbrochen von den hellen, etwas verzweifelt klingenden Stimmen der Mädchen von der Vermittlung, die um stabile Verbindungen in alle Winkel Europas kämpften.

Am Tag nach dem Unglück, am 14. Juli, dem französischen Nationalfeiertag, ließen die verbliebenen Rennfahrer im Peloton auf der Etappe von Carpentras nach Sète einem Teamkollegen von Tom Simpson den Vortritt. Barry Hoban fuhr als Erster über die Ziellinie. Er kümmerte sich später übrigens auf ganz persönliche Weise um die Witwe Simpsons. Er hat sie geheiratet.

Der Tod hatte den Sport besucht. Ich hatte so etwas noch nie erlebt. Nach anfänglichem Zögern bemühte ich mich, Details für die Abendzusammenfassung zu recherchieren. Die Berichterstattung über das Rennen trat natürlich in den Hintergrund. Es lag Trauer über der Tour, genau das galt es auch nach Deutschland zu vermitteln. Tom Simpson war erst der dritte Todesfall seit Beginn der Tour de France 1903.

Der Franzose Adolphe Hélière aus Rennes in der Bretagne starb 1910 ausgerechnet an einem Ruhetag. Er überlebte einen Badeunfall im Mittelmeer bei Nizza nicht.

1935 stürzte der Spanier Francisco Cepeda bei Bourg d'Oisans in den Savoyer Alpen in eine Schlucht, zog sich dabei einen Schädelbruch zu und starb drei Tage später im Krankenhaus von Grenoble.

Nun Tom Simpson, den ich 1965 bei meiner ersten Tour in Köln kennen gelernt hatte und später bei meiner ersten Weltmeisterschaft im spanischen Lasarte im Baskenland wiedertraf. Obwohl er mich persönlich gar nicht kannte, durfte ich ihn so lange interviewen, bis mein Wissensdurst komplett gestillt war. Er war ein fröhlicher Mensch, vielleicht der lustigste Fahrer im ganzen Feld. Simpson, der in Belgien lebte, wurde von allen Kollegen sehr geschätzt. Besonders von seinem Freund Rudi Altig, dem er den Weltmeistertitel weggeschnappt hatte.

28 Jahre später sollte sich das nächste tragische Unglück bei der Tour de France ereignen. Am 18. Juli 1995 saß ich als Live-Reporter zusammen mit Jürgen Emig am Ziel in Cauterets, wo eine lange Pyrenäen-Etappe zu Ende gehen sollte. Es war ein strahlender Sonntag, ein großes Radsport-Volksfest fand im Grenzgebiet zwischen Frankreich und Spanien statt.

Die 15. Etappe von Saint Girons nach Cauterets begann stimmungsvoll und viel versprechend, wie 1967 die Etappe von Marseille über den Mont Ventoux. Und sie endete genauso tragisch. Dabei hatte ich mich auf diesen Tagesabschnitt ganz besonders gefreut. Endlich übertrugen wir einmal eine Bergetappe in voller Länge. Während so einer sechsstündigen Übertragung konnte man einmal richtig aus dem Vollen schöpfen, Geschichten erzählen über Rennfahrer, Land und Leute, über die Kultur und die Historie berichten und natürlich das aktuelle Renngeschehen schildern. Aber es sollte ganz anders kommen.

Wir saßen wie üblich im Ziel auf der großen Fernsehtribüne, wo die Kommentatorenplätze aufgebaut sind. Im Grunde genommen sehen wir bei der Arbeit genauso viel vom Rennen wie die Zuschauer zu Hause, nur dass deren Fernseher vermutlich um einiges größer und komfortabler sind als unsere kleinen Monitore. Wir sollten einen Tag erleben, an dem man besonders genau hinschauen musste, an dem ein besonderes Einfühlungsvermögen und eine sensible Einschätzung des Geschehens erforderlich waren.

Das Unglück geschah bei der Abfahrt vom Portet d'Aspet, die mit 17 Prozent Gefälle besonders steil ist. Alles ging blitzschnell. In einer Kurve wirbelte plötzlich Staub auf. Der Motorradfahrer mit dem Kameramann des französischen Fernsehens konnte gerade noch ausweichen und einen Zusammenprall verhindern. Um Sekundenbruchteile verpasste er mehrere Rennfahrer, die auf dem Asphalt lagen. Der Regisseur im Ü-Wagen bewies Fingerspitzengefühl und zeigte keine Nahaufnahmen. Aber die anderen Bilder reichten aus, um uns aus dem Reporteralltag einer normalen Etappe ins Unfassbare zu reißen.

Ein vielfacher Reporteraufschrei erschütterte die Tribüne: »Sturz, crash, chute, caduta!« Alle redeten durcheinander, die Kommentare überschlugen sich. Ich bemühte mich, die Situation zu erfassen, ein kalter Schauer lief mir über den Rücken, meine Stimme stockte. Ich suchte nach den passenden Worten, um das Geschehen zu beschreiben. Jürgen Emig hatte sich schneller wieder im Griff, übernahm das Mikrofon und versuchte mit ruhiger Stimme die Zuschauer zu informieren.

Wir sahen Dirk Baldinger aus Deutschland im Straßengraben liegen. Es war uns sofort klar, dass er das Rennen nicht würde fortsetzen können. Später sollte sich herausstellen, dass er sich einen Beckenschaufelbruch zugezogen hatte. Der Belgier Johan Museeuw war ebenfalls gestürzt, hatte aber anscheinend nicht so schwere Verletzungen davongetragen. Am schlimmsten erwischt hatte es einen Rennfahrer im blauen Trikot der Motorola-Mannschaft. An der Rückennummer erkannten wir den Italiener Fabio Casartelli, den Olympiasieger von Barcelona 1992. Er lag regungslos und zusammengekrümmt auf der Straße, während sich unter seinem Kopf eine Blutlache bildete.

Bei Tom Simpsons Tod 1967 hatte ich noch nicht am Mikrofon gesessen. Aber diesmal musste ich gemeinsam mit Jürgen Emig den Zuschauern erklären, dass mit dem Schlimmsten zu rechnen sei. Allmählich trafen Informationen ein, die wir über den Tour-Funk erhielten, das Spezialradio für Renndirektion, Begleitfahrzeuge und Journalisten.

So ein dramatischer Unfall lässt niemanden kalt. Man kann sich der Trauer nicht entziehen, die über dem Rennen liegt. Nur sehr sparsam kommentierten Jürgen Emig und ich die Bilder der Etappe. Hier und da ein paar Worte zur Orientierung für die Zuschauer. Wir konnten ja nicht einfach zur Tagesordnung übergehen, solange ein junger Sportler um sein Leben rang. Wir schauten uns an, verständigten uns mit Handzeichen und waren uns einig, nur das Nötigste zu erzählen. Währenddessen lief die Etappe weiter.

Ich verließ meinen Reporterplatz, lief in die erste Etage der Kommentatorentribüne, um mich bei den Hörfunkkollegen nach Neuigkeiten zu erkundigen. Aber auch hier oben wusste niemand etwas. Ich schaute nur in Gesichter, die genauso traurig und ratlos waren wie unsere. Der Tour-Funk lieferte nur noch spärliche Informationen über den Stand des Rennens. Der Franzose Richard Virenque lag seit Stunden allein in Führung. Wusste er von dem Unglück? Hatte sein Sportlicher Leiter ihn über den lebensgefährlichen Sturz eines Kollegen informiert? Ich vermutete eher nicht, weil er die Moral Virenques nicht schwächen wollte. Schließlich war ein prestigeträchtiger Etappensieg in den Pyrenäen zum Greifen nahe.

Auf der Tribüne kursierten inzwischen verschiedene Gerüchte über den Gesundheitszustand von Fabio Casartelli. Jürgen und ich waren uns einig, dass wir uns an diesen Spekulationen innerhalb der Sendung nicht beteiligen würden. Wir warteten auf seriöse Informationen und erhofften sie uns vor allem vom Tour-Funk. Der aber schwieg. Minuten wurden zu Stunden. Sollte sich die Tragödie vom 13. Juli 1967 wiederholen, als Tom Simpson am Mont Ventoux starb? Normalerweise ist die Reportertribüne ein Ort mit einem lauten, aufgeregten Sprachgewirr. Jetzt aber herrschte eine lähmende Stille, als sich endlich der Tour-Direktor Jean-Marie Leblanc zu Wort meldete. Ich machte mich auf das Schlimmste gefasst, als er zu sprechen begann.

»Meine Damen und Herren«, sprach Leblanc ganz ruhig. »Der Italiener Fabio Casartelli ist auf dem Weg ins Krankenhaus an den Folgen seiner Sturzverletzungen gestorben.« Der Tour-Direktor hatte zuvor bereits mit den Eltern und der jungen Frau Casartellis telefoniert und ihnen die erschütternde Nachricht überbracht.

Ich brauchte einen Moment, um weitersprechen zu können. Auch Jürgen Emigs Augen füllten sich mit Tränen. Jedes weitere Wort kam mir überflüssig vor. Die Zuschauer an den Fernsehapparaten benötigten jetzt keine langen Kommentare, sie waren selbst geschockt. Nach einer Pause verabschiedeten wir uns mit wenigen Worten vom jungen Rennfahrer Fabio Casartelli.

Was dann folgte, kann man am besten mit dem Wort »Chronistenpflicht« zusammenfassen. Denn das Rennen ging weiter. Richard Virenque gewann tatsächlich die Etappe und riss vor Freude die Arme in die Höhe, als er das Ziel in Cauterets erreichte. Wir trauten unseren Augen kaum. Als er aber erfuhr, dass

Fabio Casartelli verunglückt und gestorben war, bekam er einen Weinkrampf und verlor jede Freude an seinem Sieg. Den Tageserfolg widmete Virenque seinem verstorbenen Kollegen.

Empört waren wir Reporter über das Verhalten der Organisatoren, die eine Siegerehrung durchführen ließen, als wäre nichts geschehen. Die knackigen Cheerleader-Mädchen von Coca-Cola kündigten wie immer mit fröhlichem Schwung die Rennfahrer an, die als beste des Tages zu ehren waren. Das war an Geschmacklosigkeit kaum zu überbieten.

Ich verstand auch den großartigen Spanier Miguel Indurain nicht, der sich feiern ließ, als er das Gelbe Trikot des Gesamtführenden übergestreift bekam, als wäre nichts geschehen. Etwas mehr als 20 Jahre zuvor hatte Eddy Merckx sich noch geweigert, das Gelbe Trikot überzustreifen, weil er es nur durch einen schweren Sturz des Spaniers Ocaña erobert hatte. »Dieses Trikot gehört nicht mir«, sagte Merckx damals. Aber für Sentimentalitäten ist längst kein Platz mehr bei der Tour de France. Es ist eben das härteste Radrennen der Welt. In jeder Hinsicht. Indurain betrat das Podium und winkte im Gelben Trikot ins Publikum. Nur wenige Stunden zuvor war einer seiner Berufskollegen ums Leben gekommen.

Ich hatte solch einen Augenblick in damals schon 30 Jahren Tour de France noch nicht erlebt. Entsetzen und Trauer waren die vorherrschenden Gefühle. Mit wenigen, wohlgewählten Worten das Richtige zu sagen – das war die Kunst dieser Stunde für uns, die wir an den Mikrofonen saßen.

Seit dem Todessturz steht an der Unfallstelle am Portet d'Aspet ein Gedenkstein, der an Fabio Casartelli erinnert. Immer wenn die Tour diese Stelle passiert, wird angehalten und eine Gedenkminute eingelegt. Nach Adolphe Hélière, Francisco Cepeda und Tom Simpson war Fabio Casartelli der vierte Tote in der langen Geschichte der Tour de France seit 1903.

Marseille 1971:
Eddy Merckx distanziert auch
Isenbügel und Watterott

Der 10. Juli 1971 begann besonders schön. Die große Hitze des Nachmittags kündigte sich an diesem sonnigen Morgen in der südfranzösischen Hafenmetropole Marseille bereits an, aber noch war es angenehm kühl. Als ich das Fenster meines Zimmers im erstklassigen »Grand Hôtel Noailles« an der berühmten Prachtstraße La Canebière öffnete, spürte ich die frische Seeluft des Mittelmeeres. Ich schloss die Augen und atmete tief ein. »Wer mehr verlangt, ist ein Ferkel«, pflegte mein Reporterkollege Günther Isenbügel in solchen Augenblicken zu sagen, an denen er unser Berufsleben wieder einmal für besonders erfreulich befand.

Isenbügel schlief noch im Nachbarzimmer. Er war ein notorischer Langschläfer und wollte unter keinen Umständen vor 13 Uhr geweckt werden. Ein Nichtbefolgen dieser Anordnung wäre niemandem mit gesundem Selbsterhaltungstrieb in den Sinn gekommen, und mir schon gar nicht.

Ich aber, der junge, hoch motivierte Assistent, war zeitig auf den Beinen und genoss den ruhigen Morgen in vollen Zügen. Nichts deutete darauf hin, welch hektischen, ja geradezu dramatischen Verlauf dieser Tag noch nehmen würde.

Hinter uns lag der zweite Ruhetag dieser 58. Tour de France. Ich hatte ihn zu großen Teilen in einem gemütlichen Straßencafé im Vieux Port, dem alten Hafen von Marseille verbracht. Mit einem dicken Packen Zeitungen unter dem Arm hatte ich mir dort einen Platz mit Blick auf die eleganten Segeljachten im Hafen gesucht, mir ein Glas Rotwein bestellt und mich an die Arbeit gemacht. Es gab ausführliche Berichte, Kommentare und Analysen zu studieren, denn die 11. Etappe hatte am Vortag in den Alpen für eine wahre Sensation gesorgt: Bei einer Bergankunft in 1817 Meter Höhe hatte Eddy Merckx, der klare Favorit dieser Tour, die schlimmste Niederlage seiner bisherigen Karriere erlitten. Der schmächtige Spanier Luis Ocaña hatte dem übermächtigen Belgier im Zielort Orcières-Merlette nicht weniger als acht Minuten und 42 Sekunden abgenommen und zum ersten Mal das Gelbe Trikot erobert. Wir mussten sogar die Übertragungszeit für unsere Live-Reportage im Radio verlängern, weil es so lange gedauert hatte, bis der gedemütigte Belgier endlich im Ziel erschien. Nun, einen Tag später, diskutierte die französische Presse aufgeregt die Frage, ob Eddy Merckx, der Sieger der letzten beiden Jahre, diese Tour ausgangs der Alpen bereits verloren hatte.

Auch heute kaufte ich wie jeden Morgen eine Ausgabe der *L'Équipe*, der größten französischen Sportzeitung. Auf mehreren Seiten waren detaillierte Berichte darüber abgedruckt, wie die Teams den gestrigen Ruhetag verbracht hatten. Die Redakteure beschrieben, dass Eddy Merckx mit seiner Molteni-Mannschaft das Training auf drei Stunden ausgedehnt und dabei mehrmals die gefährliche Abfahrt von Orcières-Merlette in Augenschein genommen hatte. Auf diesem schwierigen, steilen Kurs würde die 12. Etappe beginnen.

Ich schenkte dieser Darstellung jedoch keine besondere Aufmerksamkeit, sondern konzentrierte mich bei der Lektüre vielmehr auf die Vorschauberichte für die heutige Etappe, die aus den Bergen hinunter an die Mittelmeerküste hierher nach Marseille führen würde, über 251 Kilometer.

Als Reporterassistent bereitete ich für meinen – noch immer schlafenden – »Chef« Günther Isenbügel alles bis ins kleinste Detail vor. Ich trug alle wichtigen Einzelheiten und Informationen zusammen, damit der »große Meister« aus dem Vollen schöpfen konnte, wenn er später eine seiner mitreißenden Radioreportagen begann. Isenbügel verstand es wie kein Zweiter, nüchterne Zahlen und Fakten in eine lebendige und spannende Schilderung zu verpacken. Der Hörer zu Hause am Radio sollte den Eindruck bekommen, er säße direkt neben der Straße und die Fahrer rasten an ihm vorbei. Damit hatte sich Günther Isenbügel schon vor vielen Jahren den Ruf eines hervorragenden Radioreporters erworben, der mit allen Wassern gewaschen war und die Hörer mit seinen Worten wirklich fesseln konnte.

Pünktlich um 13 Uhr weckte ich den Langschläfer. Müde blinzelte er unter dem »Schmetterling« hervor, wie er die Schlafbrille nannte, ohne die er nie ins Bett ging.

»Ich schlage vor, wir treffen uns in einer Stunde im Hotelfoyer«, mahnte ich Günther Isenbügel zum rechtzeitigen Abmarsch in den alten Hafen von Marseille, wo sich das Ziel befand. Ich wollte auf keinen Fall zu spät kommen.

»Alles klar, Junge«, tönte er mit kräftiger Stimme. »Kannst ganz ruhig bleiben. Heute passiert nicht viel.«

Eine knappe Stunde später fand ich mich an der Rezeption ein. Von meinem Kollegen war noch nichts zu sehen, ich hatte also noch Zeit, ein wenig mit dem freundlichen Empfangschef des Hotels zu plaudern, der ein großer Radsport-Fan war.

»Bonjour, wie verbringen Sie denn den heutigen Tag in unserer schönen Stadt am Mittelmeer?«, wollte er wissen.

»Wir berichten für die ARD von der Tour de France«, erzählte ich ihm und schwärmte vom großen Zweikampf zwischen Merckx und dem Spitzenreiter Ocaña, der auf dieser Etappe zu erwarten war.

»Oh, pardon, Monsieur«, sagte der Mann an der Rezeption vorsichtig, als wolle er mir nicht wehtun. »Sie sind schon angekommen!«

»Wie – sie sind schon angekommen?«, wiederholte ich ungläubig seine Worte.

»Oui, Monsieur, excusez-moi. Die Etappe ist bereits zu Ende.«

Mit offenem Mund starrte ich den Mann hinter dem Tresen an. Nein, oder? Das wäre ja eine Katastrophe! Dann lächelte ich. »Nicht schlecht«, dachte ich erleichtert, »beinahe hätte er mich aufs Glatteis geführt.« Aber da war er an den Falschen geraten.

Schließlich war ich ein Fachmann, ich wusste genau, wie lang Etappen waren. Ich beschloss, dem Empfangschef seinen kleinen Scherz großmütig zu verzeihen und sagte weise: »Monsieur, c'est ne pas possible.« Das konnte gar nicht möglich sein.

Doch mein Gegenüber ließ sich nicht beirren. »Hören Sie, ich habe es selbst im Fernsehen gesehen. Es war ein fantastischer Spurt einer kleinen Spitzengruppe mit Eddy Merckx und ohne Luis Ocaña. C'est vrai.« Das wäre sicher.

In meinem Kopf wirbelte alles durcheinander: Fernsehen – Eddy Merckx und Luis Ocaña – nein, Ocaña nicht – wieso eigentlich nicht? Was war passiert? »Wollen Sie wissen, wer gewonnen hat?« Was? Der Franzose sah mich freundlich an. »Der Italiener Luciano Armani.«

Längst war die attraktive Brauntönung aus meinem Gesicht gewichen, für die zahlreiche Sonnenstunden seit dem Beginn der Tour im elsässischen Mülhausen gesorgt hatten. Ich war kreidebleich. Ein letztes Mal bäumte ich mich auf. Verzweifelt zerrte ich mein Tour-de-France-Buch aus der Tasche, in dem alle Etappenstrecken und Zeitpläne penibel aufgelistet waren. »Ici, Monsieur, schauen Sie: L'arrivée est prevu pour 15.57.« Die Ankunft war für kurz vor 16 Uhr berechnet worden.

Aber es half alles nichts. Mein freundlicher Überbringer der schrecklichen Nachricht beschrieb mir noch einmal in allen Einzelheiten den genauen Zieleinlauf und wie Armani vor Merckx und Lucien Aimar, dem Tour-Sieger von 1966, die Etappe gewonnen hatte. Er vergaß auch nicht zu erwähnen, dass Luis Ocaña zwar eine Minute und 56 Sekunden, nicht aber das Gelbe Trikot verloren hatte. Und endlich ergab ich mich. Ich wusste, der Mann sprach die Wahrheit. Wir hatten die Zielankunft verpasst.

In diesem Moment kam Günther Isenbügel die Treppe herunter. Er war ausgesprochen gut gelaunt und sichtlich voller Tatendrang. »Junger Freund«, rief er, als er mich sah, »was ist denn mit dir los?« Der junge Freund, der in den letzten Minuten um Jahre gealtert war, berichtete nun resigniert von der unglaublichen

Gegen ihn hätte ich ja ohnehin stets verloren, daher habe ich mich gleich für das Mikrofon entschieden (Montage eines Radsportenthusiasten).

»Geschwindigkeitsüberschreitung« der Rennfahrer in Richtung Marseille.

Isenbügel war nicht leicht zu erschüttern. Aber als ich fertig war, hatte er einen hochroten Kopf, und er fluchte, wie ich es noch nie von ihm gehört hatte. Meine gute Erziehung gebietet mir, über Einzelheiten den Mantel des Schweigens zu breiten. Es dauerte jedoch nicht lange, bis Isenbügel sich etwas gefasst und wieder das Kommando übernommen hatte. »Wir laufen jetzt im Schweinsgalopp die ›Kanne Bier‹ hinunter.« So nannte er immer die bekannte Gehstraße La Canebière. »Und wenn die wirklich schon im Ziel sind, dann vergesse ich mich!«

Eine Drohung, die in der Regel ihre Wirkung nicht verfehlte, aber diesmal war sie in den heißen Sommerwind gesprochen. Als wir schwitzend und außer Atem das Hafenbecken erreichten, war es längst zur traurigen Gewissheit geworden: Die Streckenarbeiter demontierten bereits die Stahlrohrtribünen, und von unseren Reporterkollegen aus aller Welt war weit und breit nichts mehr zu sehen. Der einzige Mensch, der noch in der Technikzone hinter der menschenleeren Pressetribüne ausharrte, war unser Tontechniker Hans Zimmer vom Saarländischen Rundfunk.

Hans Zimmer hatte wie immer längst alle Vorbereitungen getroffen und war einsatzbereit. Während er nach uns Ausschau hielt und die Radfahrer zwei Stunden zu früh plötzlich auf die lange Zielgerade einbogen, hatte er geistesgegenwärtig das Tonbandgerät angeworfen. Dadurch verfügten wir nun über erstklassige Aufnahmen der ausgelassenen Stimmung, die während der Zielankunft im alten Hafen geherrscht hatte.

Was allerdings fehlte, war die Stimme des Reporters Günther Isenbügel. Isenbügel, der in seinem langen Reporterleben noch nie zu spät gekommen war, hatte inzwischen zu alter Größe zurückgefunden. Mit knappen Gesten und klaren Ansagen organisierte er den Fortgang des Unternehmens.

»Wasserschnabel!«, rief er scherzhaft, und damit meinte er mich. »Du läufst in den ›Salle de Presse‹ und besorgst alle Ergebnisse und Wertungen der Etappe, dann treffen wir uns im Park nebenan.«

»Was hat der Alte wohl vor?«, überlegte ich auf dem Weg ins Pressezentrum. Dort saßen noch die Kollegen der schreibenden Zunft, die ihre Berichte in die Heimat telegrafierten, und von ihnen erfuhr ich schließlich, welch unglaubliche Geschichte am heutigen Tag passiert war: Unmittelbar nach dem Start in Orcières-Merlette hatte eine Attacke begonnen, die in der hundertjährigen Geschichte der Tour de France bis heute ihresgleichen sucht. Die Molteni-Mannschaft von Eddy Merckx war mit unglaublichem Tempo den Berg auf der Route Nationale 10 hinabgerast. Angriff vom ersten Meter an. Deshalb also das auffallend genaue Studium dieser Abfahrt am Ruhetag. In seinem Team hatte Merckx mit dem Holländer Marinus »Rini« Wagtmans einen tollkühnen Abfahrtsspezialisten, der an der Spitze die Ideallinie vorgab. Der verdutzten Konkurrenz verging Hören und Sehen. Die Tachonadeln der Materialwagen, Journalistenautos und Begleitmotorräder pendelten zwischen 60 und 70 km/h, sodass in den ersten drei Rennstunden fast 180 Kilometer zurückgelegt wurden. Der Zeitplan der Etappe wurde von Eddy Merckx und seinen Leuten geradezu pulverisiert. Die Mannschaft, die vom italienischen Wurst- und Fleischfabrikanten Ambrogio Molteni gesponsert wurde, war fest entschlossen, den großen Rückstand ihres Chefs in der Gesamtwertung zu reduzieren.

Der eher vorsichtige Abfahrer Ocaña geriet dadurch in ernsthafte Schwierigkeiten. Sein Rückstand wuchs schnell auf mehrere Minuten an. Doch dann hatte der Schwager von Merckx, Joseph Bruyère, einen Defekt an seinem Rad. Der schlaue Eddy brauchte den 1,90 Meter großen Helfer und Zeitfahrspezialisten noch als Tempomacher in der Ebene und wies deshalb vier seiner Helfer an, auf Bruyère zu warten. Die restlichen Fahrer seiner Mannschaft blieben bei ihm an der Spitze. Doch durch das weiterhin horrende Tempo, das die Molteni-Mannschaft um Eddy anschlug, schafften es die eigenen Teamkollegen mit Bruyère nicht mehr, Anschluss an die Spitzengruppe zu finden. Ohne die erhoffte Verstärkung von hinten schmolz der so meisterlich herausgefahrene Vorsprung zusammen.

So kam es, dass die Spitzengruppe das Ziel in Marseille geschlagene zwei Stunden früher als erwartet erreichte. Nur knapp zwei Minuten später folgte der völlig erschöpfte Ocaña, der sein Gelbes Trikot noch einmal verteidigen konnte. Zu dieser Zeit hatte ich im Hotel gerade das gründliche Studium der Presse beendet.

Mit diesen Informationen zum Rennverlauf erschien ich zum Treffpunkt mit Günther Isenbügel. Er saß in Höhe der Zielgeraden auf einer Bank und hatte neben sich das Tonbandgerät aufgebaut. In wenigen Stunden würden die ARD-Radiosender ihre Abendsendungen ausstrahlen, und sie würden einen von Isenbügels packendsten Berichten senden, soviel war schon mal sicher.

Hans Zimmer, der Tontechniker, startete das Band mit der von ihm aufgenommenen Geräuschkulisse, ich hielt im Park die Spaziergänger auf Abstand, Günther Isenbügel schnappte sich meine Ergebnislisten und begann: »Nach 251 Kilometern von den

Alpen ans Mittelmeer fliegen die Rennfahrer nach über fünfeinhalb Stunden bei sengender Hitze hinein nach Marseille. Aufgereiht wie Perlen an einer Schnur, nehmen sie die letzten Meter im Hafenbecken von Marseille unter die schmalen, knallhart aufgepumpten Reifen, und es gewinnt ...«

Sturzpech für Luis Ocaña: Col de Mente 1971

Heutzutage sitzen wir Fernsehreporter bei der Tour de France schon im Ziel auf der großen Pressetribüne, wenn die Etappe gerade erst beginnt, und kommentieren von dort die Bilder des französischen Fernsehens. Zu Beginn der 1970er-Jahre konnten wir uns noch den Luxus erlauben, das Fahrerfeld im Auto zu begleiten, weil nur die letzten zehn Minuten jeder Etappe übertragen wurden. Erst kurz vor dem Finale fuhren wir schließlich voraus, um rechtzeitig für unsere Live-Radioreportage im Ziel zu sein.

So war es auch bei der 14. Etappe der Tour de France 1971, die von Revel nach Luchon in die Pyrenäen führte. Luis Ocaña fuhr noch immer im Gelben Trikot. Nach der Hochgeschwindigkeitsetappe nach Marseille, deren Zieleinlauf wir ja leider verpasst hatten, folgte ein Zeitfahren in Albi, bei dem Ocaña nur winzige elf Sekunden auf den Zeitfahrspezialisten Merckx verlor. So nahm er diese erste Pyrenäen-Etappe mit sieben Minuten und 23 Sekunden Vorsprung in Angriff. Ich freute mich sehr auf diese Etappe, die über drei sagenumwobene Bergriesen führte: den Portet d'Aspet, den Portillon und den Col de Mente.

Wir fuhren mit etwas Abstand vor dem Feld, in einem nagelneuen Ford Mustang. Der »Schlitten« leuchtete in der Sonne des Vormittags, die Weißwandreifen blitzten wie bei einer amerikanischen Staatskarosse. Unsere Limousine war die absolute Attraktion im langen Tross der Begleitfahrzeuge. Günther Isenbügel saß am Steuer. Fast zwei Meter groß, berührte er manchmal mit seiner »trüben Schwellung, die er auf der Schulter trug«, also mit seinem Kopf, das Dach unseres Wagens. Wilde Flüche waren meist die Folge. Aber im nächsten Moment versprühte er mit einem markigen Spruch schon wieder Frohsinn und gute Stimmung. Er hatte kurze, akkurat gekämmte, blonde Haare, trug eine randlose Brille und saß lässig, mit einer filterlosen Zigarette im Mundwinkel, in seinem Schalensitz. Als in vielen Sportwagenrennen erprobter Pilot nahm er jede Kurve flott und sportlich elegant wie der frühere Formel-1-Weltmeister Alberto Ascari. Ich hockte auf dem Beifahrersitz und versuchte, mich in den Serpentinen so gut wie möglich festzuhalten.

Meine Aufgabe war es, den Tour-Funk zu verfolgen und alles Wissenswerte über den Etappenverlauf zu notieren. Der Tour-Funk – das war ein kleiner, rechteckiger, schwarzer Apparat, der notdürftig an unserem Armaturenbrett aus feinstem Teakholz befestigt war. Aus dem Lautsprecher war die krächzende Stimme des Sprechers von »Radio Tour« zu hören. Er fuhr direkt vor dem Feld, konnte von dort das Renngeschehen bestens beobachten und versorgte auf einem speziellen Radiokanal die Mannschaftswagen, die Jury und eben auch die Journalisten mit den nötigen Informationen. Damals war »Radio Tour« die einzige Möglichkeit für uns, unterwegs etwas über den Rennverlauf zu erfahren.

Gegen Mittag änderte sich plötzlich das Wetter. Es begann zu regnen; zunächst nur ein wenig, dann immer stärker und heftiger. Windböen kamen hinzu und kündigten ein heraufziehendes Gewitter an. Auf dem rauen Asphalt der Pyrenäen-Passstraßen bildeten sich kleine Sturzbäche. Für uns war das nur unangenehm, aber für die Rennfahrer, die inzwischen einige Kilometer hinter uns die ersten Kehren des Col de Mente unter ihre leichten Laufräder nahmen, wurde es richtig gefährlich.

Günther Isenbügel starrte auf die Straße, um den Kurs zu halten. Die Scheibenwischer hatten Mühe, die Wassermassen von der Windschutzscheibe zu schieben. Über den Pyrenäen entlud sich ein infernalisches Gewitter. Im wahrsten Sinne des Wortes schlug der Blitz in die Tour ein.

Ich lauschte angestrengt, ob es neue Nachrichten aus der kleinen schwarzen Box gab. Aber lange blieb es ruhig. »Radio Tour«

meldete sich nicht. Aber plötzlich erklang ein Schrei über den Äther »Chute, chute, chute ...« Ein Sturz! Mit zitternden Fingern versuchte ich, den Tour-Funk lauter zu drehen – vergeblich. Also beugte ich mich nach vorn und presste das Ohr gegen den kleinen Empfänger, um weitere Meldungen aufzuschnappen. Ich hörte nur Bruchstücke: »... Abfahrt vom Col de Mente ... Fahrer gestürzt ... Rennarzt Dr. Dumas am Unfallort ... Luis Ocaña ...« Dann folgte eine quälende Stille, der Apparat blieb stumm. Wir auch. Sogar Kollege Isenbügel, sonst nie um einen Spruch verlegen, hatte Sendepause. Wir beendeten die schwierige Abfahrt und waren dem fürchterlichen Unwetter heil entkommen. Im Tal zwischen Col de Mente und Portillon, dem dritten und letzten Berg des Tages, stoppten wir am Wegesrand. Wir hofften dort auf einen besseren Empfang von »Radio Tour«. Viele Fragen gingen mir durch den Kopf: Was war auf der Strecke los? Wen hatte es erwischt? War der Mann in Gelb wirklich dabei? Wer war verletzt?

Endlich ertönte ein Rauschen und Krächzen im Lautsprecher. »Allô, allô, ici Radio Tour. Attention!« »Hallo, hallo – hier ist Radio Tour. Achtung, ich bitte um Ihre Aufmerksamkeit!« Es folgte eine klar verständliche Durchsage: »Auf der heutigen Etappe von Revel nach Luchon wurden die Rennfahrer auf dem Gipfel des Col de Mente von einem besonders schweren Gewitter überrascht. Verschiedene Fahrer kamen zu Fall. Unter ihnen auch der Träger des Gelben Trikots, Luis Ocaña aus Spanien. Er stürzte auf der Abfahrt in einer Spitzkehre in einen Graben, wurde außerdem angefahren. Mit schmerzverzerrtem Gesicht hat er das Rennen aufgegeben. Dr. Dumas, der Tour-Arzt, der nur wenig später an der Unfallstelle eintraf, vermutet einen Schlüsselbeinbruch und schwere Hautabschürfungen. Ocaña befindet sich nicht mehr im Rennen.«

Stumm schauten wir uns an. Diese Tour war so spannend gewesen wie seit Jahren nicht mehr. Wir hatten uns so sehr auf den Fortgang des großen Duells des tapferen Spaniers Ocaña gegen den favorisierten Belgier Merckx gefreut! Nun war es damit leider vorbei.

Luis Ocaña wurde im durchnässten, dreckverschmierten und zerfetzten Gelben Trikot mit einem Hubschrauber in das Hospital von Saint Gaudens geflogen, wo die Ärzte den Schlüsselbeinbruch bestätigten. Währenddessen fuhren wir mit unserem Ford Mustang vorsichtig über den Portillon zum Tagesziel nach Luchon, einem eleganten Thermalbad, in dem es 68 Heilquellen gegen die verschiedensten Krankheiten gibt. Schlüsselbeinbrüche ausgenommen.

Ich dachte an den Pechvogel Luis Ocaña, dessen Träume vom Tour-Sieg ein so plötzliches Ende genommen hatten. Ein schwerer Sturz und das Aus im Gelben Trikot – ich glaube, es kann für einen Radprofi kaum etwas Traurigeres geben. In der langen Geschichte der Tour kam es bis heute aber immerhin schon dreizehnmal zu einer derartigen Radsport-Tragödie.

1983 erlebte ich etwas Ähnliches beim heroischen Kampf des hageren Franzosen Pascal Simon. Auf einer Pyrenäen-Etappe von Pau nach Luchon hatte er die Führung erobert, war aber kurz danach schwer gestürzt. Simon quälte sich mit einem gebrochenen Schulterblatt unter unsäglichen Schmerzen über das Zentralmassiv auf den Puy de Dôme hinauf. Oben angekommen, fuhr er tatsächlich immer noch in Gelb. Am Abend wartete ich vor dem Mannschaftshotel auf das ärztliche Bulletin. Für die Franzosen, die eine besondere Vorliebe für die tragischen Verlierer haben, war Pascal Simon längst zum Helden geworden. Der schleppte sich trotz seiner schweren Verletzung bis zum Anstieg nach Alpe d'Huez. Dann war es vorbei. Nie werde ich das Bild vergessen, wie er in der Ortschaft La Chapelle Blanche (Die weiße Kapelle) völlig entkräftet und mit schmerzverzerrtem Gesicht vom Rad stieg. Simon hatte die Tour verloren, aber die Sympathien seiner Landsleute für immer gewonnen.

Ich erinnere mich auch gut an 1991, als Rolf Sörensen aus Dänemark in einem der vielen Kreisverkehre Frankreichs im geschlossenen Feld stürzte. Im Endspurt in Valenciennes konnte er einem

Massensturz unmittelbar vor ihm nicht mehr ausweichen und brach sich das rechte Schlüsselbein. Wir wohnten am Abend im selben Hotel wie der sympathische Däne. Nachdem er aus dem Krankenhaus zurückkam, trafen wir uns auf dem Hotelflur.

»Was für ein Pech, Rolf«, versuchte ich, ihm mein Mitgefühl auszudrücken.

»Da trägt man schon mal das Gelbe Trikot, und dann das«, erwiderte er.

»Keine Chance zum Weiterfahren?«, fragte ich vorsichtig.

»Keine Chance«, schüttelte er traurig den Kopf. »Der Arzt im Hospital hat mir das Röntgenbild gezeigt. Das rechte Schlüsselbein ist glatt durch. Damit kann keiner fahren.«

Sörensen tat mir aufrichtig Leid. Ich wünschte ihm gute Besserung und wandte mich zum Gehen.

»Ja, danke, und für Sie gute Fahrt nach Paris«, rief er mir nach. Ich meinte, einen leicht sarkastischen Unterton herauszuhören. Verdenken konnte ich es ihm nicht.

Schließlich 1998: Zum ersten Mal startete die Tour auf einer Insel, in der irischen Hauptstadt Dublin. Der Prolog-Spezialist und Weltklassezeitfahrer Chris Boardman aus Liverpool gewann den Prolog und das Gelbe Trikot, »the yellow jersey«. Viel Freude hatte er damit leider nicht. Schon auf der zweiten Etappe zwischen Enniscorthy und Cork stürzte Boardman schwer. Auf einer der typischen engen irischen Straßen prallte er gegen eine Begrenzungsmauer, zog sich Kopfverletzungen zu und musste in Gelb die Tour verlassen. Des einen Leid, des anderen Glück – Erik Zabel übernahm an diesem Abend zum ersten Mal in seiner Karriere das Gelbe Trikot.

Mich hat immer besonders berührt, wenn ein Rennfahrer gerade auf dem Gipfel angekommen war und dann durch ein Missgeschick um den Lohn seiner Arbeit gebracht wurde. 1971, bei jener Unwetteretappe durch die Pyrenäen, erlebte ich ein solches Sportlerpech das erste Mal.

Auch wenn der spanische Kletterkünstler Ocaña zwei Jahre später die Tour de France doch noch gewinnen konnte, blieb er sein Leben lang seinem Ruf als tragischer Pechvogel treu, der das Unglück geradezu magisch anzog. Ich begegnete Ocaña auch nach seiner aktiven Laufbahn immer wieder, weil er als Reporter und Kommentator für spanische Radiostationen arbeitete. Am 14. Juli 1979 hatten sich die Veranstalter der Tour zum französischen Nationalfeiertag etwas Besonderes ausgedacht. In Les Menuires in den Alpen luden sie an einem Steilhang zu einer riskanten Fahrt mit Geländewagen ein. Skeptisch besichtigte ich mit einigen Journalistenkollegen den Slalomkurs. Ich zögerte noch. Kollege Ocaña aber ließ sich nicht lange bitten und bestieg einen Jeep. Er fuhr nur wenige Meter. Kaum hatte er sich auf den Hang zubewegt, kippte sein Geländewagen auf die Seite und stürzte zum Entsetzen aller Beobachter in die Tiefe. Ocaña hatte Glück im Unglück und zog sich »nur« mehrere Knochenbrüche zu.

Später wurde er sesshaft in Mont de Marsan, im Südwesten Frankreichs. Einmal besuchte ich ihn auf seinem Weingut, um einige Flaschen seines berühmten Armagnac »Luis Ocaña« zu erwerben. Ein edler Tropfen, der reißenden Absatz fand.

Der Sturz von Ocaña am Col de Mente im Jahre 1971 sorgte übrigens noch für eine außergewöhnliche Reaktion. Nach der Etappe warteten wir vergeblich auf die Siegerehrung. Eddy Merckx, der als »Kannibale« dafür bekannt war, dass er möglichst jeden Sieg an sich riss, war vom Mitleid gepackt worden und weigerte sich, das Gelbe Trikot überzustreifen. »Dieses Trikot gehört nicht mir«, hörte ich ihn sagen. Er widmete es seinem sportlichen Gegner Luis Ocaña und ließ ihm noch am selben Abend das Maillot jaune ans Krankenbett ins Hospital von St. Gaudens bringen.

Am nächsten Morgen startete Eddy Merckx in einem neuen Gelben Trikot zur nächsten Etappe, und wir erlebten bis Paris eine überzeugende Demonstration seiner Stärke. Übrigens: Den Beinamen »Le Cannibale« hatte dem unersättlichen und siegeshungrigen Merckx ein junger Franzose namens Christian Raymond gegeben.

1972: Skat mit Rosé und ein filmreifes Tortenattentat

Wie die Tour de France untrennbar zu Frankreich gehört, ist dieses große und schöne Land auch ohne seine Vorliebe für Essen und Trinken nicht vorstellbar. Und damit meine ich nicht die Ernährung der Rennfahrer, sondern in diesem Fall das allgemeine leibliche Wohl, auch das der Journalisten. Die Tour de France ist zugleich eine »Tour culinaire«, eine kulinarische Reise für Gaumen und Augen quer durch unser Nachbarland. In den über 40 Jahren Tour de France hatte ich mit allen meinen Reporterkollegen – von Günther Isenbügel über Werner Zimmer und Jürgen Emig bis zu Hagen Boßdorf – unvergessliche Erlebnisse und Begegnungen bei Speis und Trank.

Da war zum Beispiel die »Tour de Rosé 1972«. Die Frankreichrundfahrt wurde in diesem Jahr in Angers mit einem Prolog gestartet. An der Seite der erfahrenen Kollegen Günther Isenbügel und Werner Zimmer erreichte ich die Region Pays de la Loire und stellte den beiden gleich die erste Quizfrage dieser Tour: »Wer hat vor fünf Jahren den ersten Prolog der Tour-de-France-Geschichte hier in Angers gewonnen?«

Günther Isenbügel pflegte auf solche Fragen meist mit einem Kopfschütteln zu reagieren und fügte hinzu: »Wofür haben wir dich eigentlich bei dieser Tour dabei? Du wirst mir das zu gegebener Zeit schon erzählen.«

Werner Zimmer aber hatte den Namen präsent: »José-Maria Errandonea aus Spanien holte sich vor Raymond Poulidor und Jan Janssen damals das erste Gelbe Trikot in Angers.«

»Bravo, douze points, zwölf Punkte, wie beim Eurovisions-Chanson-Wettbewerb«, benotete ich diese richtige Antwort von

»Ajax, dem weißen Wirbelwind«, wie wir Werner Zimmer oftmals wegen seiner hektischen Bewegungen nannten.

1967 hatte die Tour-Direktion dieses kurze, meist über sechs oder sieben Kilometer führende Einzelzeitfahren eingeführt, um auf der folgenden ersten Etappe bereits einen Fahrer im Gelben Trikot präsentieren zu können, was attraktiv für die Zuschauer und lukrativ für die Sponsoren war. Wir näherten uns also erneut dieser alten Hauptstadt der mächtigen Grafen von Anjou, die schon im Mittelalter 30 000 Einwohner zählte und am Fluss Maine liegt. »Abenteuerlich wie die Geschichte der Grafen von Anjou ist auch die von Angers, das zu England und zu Neapel gehörte und erst 1481 endgültig zu Frankreich kam«, las ich aus dem Reiseführer vor.

Doch Günther Isenbügel unterbrach mich unwirsch: »Ich will nicht wissen, dass das gewaltige Château von siebzehn mächtigen Rundtürmen und einer 950 Meter langen Ringmauer umgeben ist. Ich will wissen, wo der Fremde hier am besten speist und vor allen Dingen was.«

Ich hatte diese Frage schon erwartet und war vorbereitet: »Confrère, auf unserem langen Weg von Deutschland an den Atlantik habe ich doch die Restaurantführer auswendig gelernt. Ich schlage vor, wir gehen heute Abend ins ›La Terrasse‹, ein Aussichtsrestaurant, das am Zusammenfluss von Loire und Maine liegt.«

Isenbügel war noch nicht ganz zufrieden und fragte: »Was gibt es denn da zu schnabulieren?« Dann fügte er einen seiner unnachahmlichen Sprüche hinzu: »Ich habe Kohldampf wie eine siebenköpfige Raupe, und das Wasser läuft mir schon unter der Brücke zusammen.«

Als ich ihm vorlas, was auf der Speisekarte stand, leuchteten seine lebensfrohen Augen auf. Ich unterbreitete folgenden Vorschlag: »Es gibt einen großen Fischteller mit fangfrischem Aal, Hecht, Lachs und anderen Süßwasserfischen oder Schnecken, dazu einen kühlen Anjou-Wein aus dieser Region.«

Das stellte ihn endlich zufrieden, und er steuerte flugs die Pressestelle an, um alle Unterlagen zu holen, die wir für die Tour brauchten – also Startlisten, das Buch mit den Streckenplänen, und den Tour-Radioempfänger zum Abhören des Streckenfunks. Zum Abschluss unserer Stippvisite im »Salle de Presse«, der Arbeitsstätte der Journalisten aus aller Welt, bekamen die Reporter vom örtlichen Touristikverband eine Kiste Rosé d'Anjou, einen köstlichen Roséwein aus der Region, geschenkt.

Günther Isenbügels Begeisterung hielt sich allerdings in Grenzen, denn Alkohol trank er nicht, er war ein begeisterter Milchtrinker. Werner Zimmer und ich sahen uns aber schon mit einem Glas Rosé in der Hand vor einem der nächsten Landhotels auf einer Bank sitzen und diese Spezialität genießen. Ich wollte Isenbügel diesen erfrischenden Wein etwas schmackhafter machen und fragte ihn: »Lieber Milchtrinker Isenbügel, wie stellst du dir eigentlich die Entstehung des Roséweins vor?«

Er baute sich vor mir auf und antwortete mit entschlossener Stimme: »Junge, ich will nicht wissen, wie der Rosé rosé wird, sondern ich brauche was zwischen die Kauleisten!« Damit wollte er sagen, dass er Hunger hatte.

Ich aber wollte mein Winzerwissen an den Mann bringen: »Rosé wird erzeugt, indem der Most von roten Trauben sofort abgepresst wird. Daher wird der Wein nur rosa, weil die Farbe aus der Beerenhaut nicht herausgelöst wird.«

Dann fügte ich noch an: »Der frühere Bundeskanzler Konrad Adenauer hat einmal gesagt: ›Es hindert uns keiner daran, von Tag zu Tag klüger zu werden.‹ Ich hoffe, wir können dich während der Tour noch für den Rosé begeistern.«

Beim Abendessen überredeten wir den mittlerweile gesättigten Kollegen zunächst einmal zu einem gepflegten Skat, womit er auch einverstanden war. Aber wir knüpften an seine Zusage eine Bedingung: »Wir möchten dabei mit dir auf eine gute gemeinsame Tour de France anstoßen und uns beim Kartenspiel eine oder auch mehrere Flaschen Rosé d'Anjou einverleiben.«

Nach dem Prolog-Zeitfahrsieg von Eddy Merckx aus Belgien verließen wir Angers in nördlicher Richtung nach St. Brieuc, ans Meer. Wir transportierten unsere Kiste Rosé d'Anjou im Kofferraum unseres Wagens von Etappe zu Etappe. Der köstliche Tropfen war natürlich nur gut gekühlt ein Genuss. Abends im Hotel war ich deshalb dafür verantwortlich, die Weinflaschen in die Badewanne oder ins Bidet zu legen, damit sie im kalten Wasser die entsprechende Temperatur hatten.

Jeden Abend sollte das große Kartenspiel beginnen. Doch die jeweiligen Regionen, durch die wir mit der Tour de France reisten, boten reichlich Essensspezialitäten und vorzügliche Weine an, sodass wir nach dem Essen »vollgestopft wie Strümpfe« waren und es nicht zum verabredeten Skat kam, zunächst nicht. Die Tage vergingen, und wir kamen einfach nicht zu unserer Skatrunde. Morgens musste ich deshalb die »Rosé-Pullen« wieder einsammeln und erneut im Kofferraum verstauen. Am Abend wiederholte sich das ganze Ritual.

Zwei Tage vor dem Ende der Tour war es so weit. Wir hatten in Auxerre unser Quartier in einem Hotel der Mittelklasse, in dem es nur noch ein Zimmer gab. In diesem »Tanzsaal« standen drei Betten. Nach kurzer Beratung nahmen wir das Zimmer.

Ich versuchte noch zu protestieren: »Wenn wir zu dritt in einer Bude grunzen, bin ich derjenige, der die ganze Nacht nicht schlafen kann, weil Günther mit seiner Schnarcherei komplette sibirische Wälder zersägt.«

Der schlug einen Kompromiss vor: »Wenn du einverstanden bist mit dieser Dreibetthöhle, dann fege ich mir im Gegenzug mit euch den Rosé d'Anjou rein.« Ich zögerte nicht lange und war einverstanden: »Das ist ein Wort.«

Werner Zimmer nickte, und so sahen wir doch endlich die Gelegenheit gekommen, unseren Skat zu spielen und dazu den »Schüttelwein« zu trinken.

Es war ein bunter und fröhlicher Abend. Günther spielte mit jedem Glas Rosé besser, verwechselte zwar mit zunehmender Spielzeit »Gustav mit Gasthof«, stellte neue Spielregeln auf, indem er mit lallender Stimme rief: »Wenn der König weg ist, fällt der Bube auf die Dame«, und verwechselte die Karten. »Je suis pläng«, sprach er dann Französisch mit rheinischer Aussprache. »Ich bin voll wie eine katholische Kirche zu Ostern«, nuschelte er und schoss wie eine Granate ins Bett. Für den Milchtrinker hatte der Roséwein fatale Folgen. Was für ein Glück, dass wir am kommenden Tag frei hatten. Aber die Kiste Rosé d'Anjou hatten wir endlich vernichtet.

Eine eher unangenehme Erinnerung verbindet mich mit drei Kuchenspezialitäten aus der Provence: mit Tarte tropézienne, einer runden Cremetorte aus Mandelmakronen, Eiern, Orangenschalen und Sahne; Tarte au megin, einer Quarktorte; und Tarte aux fruits, einem Obstkuchen.
 Ich war ebenfalls 1972 mit Günther Isenbügel in seinem schon erwähnten silbergrauen Ford-Mustang-Cabriolet unterwegs von Orcières-Merlette nach Briançon, in die höchstgelegene Stadt Europas. Dieses »Schlachtschiff« besaß wirklich allen Komfort: Weißwandreifen wie bei den Superschlitten von Elvis Presley, Edelholzlenkrad, Chromleisten im Cockpit und bequeme Ledersitze.
 Auf der Route Nationale 94 über Gap und Guillestre in Richtung Briançon mussten wir auch den kleinen Ort La Roche-de-Rame passieren. Dort gab es ein winziges Hotel mit einer hervorragenden, landesweit bekannten Konditorei und einer Gartenterrasse, auf der man in der Bergsonne der Hochprovence sitzen und es sich bei Kaffee und Kuchen so richtig gut gehen lassen konnte. Dieses Örtchen hatte in den Anfängen der Tour-Berichterstattung durch den Hörfunk der ARD der damalige Team- und Sportchef Jupp Hoppen vom federführenden Saarländischen Rundfunk in Saarbrücken entdeckt.
 Meist fuhr »Maître Djüppe« dem Tour-Tross voraus, um Land und Leute zu erkunden. Seine Schilderungen in diversen Magazinsendungen der ARD-Radiosender sollten die Hörer auf die nachfolgenden Rennreportagen einstimmen. Er beschrieb seine

Erlebnisse in besonders blumiger Sprache und brachte so die Zuhörer auf den Geschmack, Orte und Regionen vielleicht im nächsten Urlaub selbst zu besuchen. Er lieferte schon damals spannende Reiseberichte aus allen Winkeln Frankreichs. Bis heute wird der »ARD-Ratgeber Reise« vom Saarländischen Rundfunk produziert, gesendet und von meinen Tour-Kollegen Thomas Braml moderiert.

Nach einigen »Wartezeiten« in einer Autoschlange hatte sich Günther Isenbügel auf der schmalen Landstraße an vielen Ausflüglern und Radsport-Enthusiasten vorbeigekämpft, dabei fuhr er immer vorsichtig und mit Übersicht. »Du gehst kein Risiko ein, das finde ich prima«, bemerkte ich anerkennend.

Als früherer aktiver Sportwagenfahrer in der Grand-Tourismo-Klasse gab er mir eine seiner Weisheiten mit auf den Weg: »Wo immer du nicht einsehen kannst auf der Straße, darfst du nicht auf die Überholspur gehen. Ein eiserner Grundsatz, den du am Steuer immer beherzigen musst.«

Wir erreichten optimistisch und guter Dinge den kleinen, malerischen Ortskern von La Roche-de-Rame. Es war alles wie früher, hier schien die Zeit stehen geblieben zu sein. Die Terrasse des Hotels war voller Menschen, alle aßen Kuchen, und auf den zwei Fensterbänken standen drei frisch gefertigte Torten aus der Provence. Günther entdeckte sie und freute sich wie ein kleines Kind auf die süßen Schlemmereien: »Wenn die Kuchen noch so gut sind wie vor zehn Jahren, dann genehmige ich mir mindestens drei Stücke, bis ich platze und als Hängebauchschwein wieder im Auto sitze.« Mit Kuchen und Süßspeisen konnte man ihn nachts aus dem tiefsten Heilschlaf holen, ohne dass er grantig wurde.

Bei dieser Gelegenheit fiel mir ein Streich ein, den ich ihm vor Jahren einmal gespielt hatte. In der Nacht hatte ich seinen Bestellzettel für das Frühstück an der Zimmertür um einen Posten erweitert. Ich schrieb zusätzlich auf: zwei große Portionen Crème brûlée – eine beliebte Süßspeise aus Eiern, Zucker, Milch und Schlagsahne, im Ofen gebräunt. Es gab keine Rückfrage oder

Reklamation von ihm, also musste er sie anstandslos aufgegessen haben.

Kaum waren wir wieder auf der Strecke, begann er ein Ratespiel: »Rate mal, was ich heute Morgen beim Frühstück auf meinem Zimmer gegessen habe?«, schnalzte er mit der Zunge. Ich tat ahnungslos.

»Die Küche hat es heute ganz besonders gut mit mir gemeint und zwei Portionen der ›brüllenden Creme‹ zusätzlich, ganz ohne Bestellung, auf das Tablett gestellt. Lecker, lecker, das macht schon am frühen Morgen einen schlanken Fuß, nach dem Motto: Drei Minuten im Mund und danach drei Wochen auf der Hüfte.«

Wir parkten in La Roche-de-Rame direkt vor der kleinen Treppe, die zum Eingang des Hotels führte. Nachdem die Leute auf der Terrasse unseren »wild gewordenen Clubsessel«, wie Isenbügel seine feudalen Autos immer bezeichnete, gebührend bestaunt hatten, stiegen wir aus dem Ford-Mustang-Cabriolet aus und begaben uns in Richtung Rezeption.

»Ich versuche die Besitzerin der Pension zu fragen, ob sie für uns noch zwei Zimmer hat. Dann können wir im Ort bleiben, uns zunächst einmal ausführlich auf die Terrasse setzen und Kuchen essen. Das wäre mir sehr gemütlich im Mund«, kündigte er an.

Im winzigen Foyer dieser Pension herrschte reger Betrieb, ein fröhliches Ausflugs- und Touristentreiben, Stimmengewirr drinnen und draußen. Die Chefin des Hauses war sehr beschäftigt, das sah man auf den ersten Blick. Günther aber lag auf der Lauer, um einen günstigen Moment abzupassen, wenn die groß gewachsene, hagere Frau hinter einem ihrer schnell gesprochenen Sätze einen Punkt machte.

Endlich. »Madame, avez-vous des chambres?«, fragte Günther ganz höflich nach zwei freien Zimmern.

»Un instant, un instant, Monsieur!« Einen kleinen Moment sollten wir noch warten, bekamen wir eine knappe Antwort.

Isenbügel verzog ein wenig das Gesicht. Die Zeit verging, und mehrfach wiederholte sich die Situation. Er erneuerte nun mit zunehmend drängenderer Stimme seinen Zimmerwunsch, und die Chefin sprach so schnell, dass sie sich fast selbst ins Wort fiel: »Un instant, un instant, Monsieur, j'arrive, ich komme gleich.« Plötzlich bemerkte ich, wie Günther die Zornesröte ins Gesicht stieg. »Jetzt habe ich die Faxen gleich dicke«, stieß er hervor und gab mir kurze, prägnante Anweisungen, die fast wie Befehle klangen.

»Du gehst jetzt schon mal nach draußen, setzt dich ins Auto, lässt den Motor an, behältst den Fuß auf dem Gaspedal, öffnest die rechte Wagentür und postierst unseren ›Feuerstuhl‹ so, dass ich schnell hineinspringen kann. Und pass genau auf, wenn ich die Rezeption verlasse, hast du verstanden?«

»Ja, ja, ja«, stotterte ich schon vor Aufregung.

»Dieser Drachen hinter der Rezeption macht hier einen Aufstand und behandelt mich wie einen dummen Jungen. Wenn Jupp Hoppen wüsste, was aus seinem Lieblingscafé geworden ist, würde er sich auf der Stelle im Grab herumdrehen«, näherte sich Isenbügels Erregung dem Siedepunkt.

In diesem Augenblick, nach quälend langer Wartezeit, rief die Hotelchefin ihm nur kurz zu: »Monsieur, ich habe keine Zimmer mehr für Sie, es tut mir Leid.«

Günther explodierte und kündigte mir vor Zorn und Enttäuschung bebend an: »Dann tut es mir eben auch Leid, wenn ich mir jetzt einen Jugendtraum erfülle.« Was nun folgte, wäre den Tortenschlachten in den Stummfilmen der beiden Komiker Stan Laurel und Oliver Hardy würdig gewesen.

»Sieh zu, dass du Land gewinnst«, spornte Isenbügel mich an. »Setz dich an den Quirl.« So bezeichnete er in seiner Spezialsprache das Lenkrad. Da saß ich also am Steuer und harrte der Dinge, die da kamen.

Augenblicke später schoss Günther Isenbügel aus dem Hotelflur heraus auf die Terrasse, schlug einen Haken nach rechts, baute sich vor den drei Torten auf, spreizte die langen Finger und haute mit seinen riesigen Händen so kräftig in die schmackhaf-

Mein Tour-Ausweis von 1972 – glücklicherweise trug ich ihn nicht um den Hals, als wir inkognito flüchten mussten.

ten Torten, dass es nur so spritzte. Im Nu waren die Fensterscheiben und die in der Nähe sitzenden Gäste voller Sahnespritzer, Früchteteilchen und Zuckerguss. Entsetzte Schreie, vor allem von den Damen in ihren eleganten Sonntagskleidern, gellten über die Terrasse. »Sie sind wohl verrückt, hauen Sie ab, ich rufe die Polizei«, hörte ich ein Riesengeschrei aus der Rezeption des Hotels. Was für eine schöne Bescherung! Mir stockte der Atem.

Günther Isenbügel sprang mit verschmierten Händen mit einem Satz ins Auto und schrie: »Gib Gas und nww!« Nichts wie weg also. Bei einem Autorennen hätte ich die Konkurrenz mit meinem Blitzstart spielend distanziert. Wir rasten wie bei der Rallye Monte Carlo dem Ortsausgang entgegen.

»Sauber gemacht«, lobte mich der Tortenkiller für unseren geglückten Fluchtversuch. Er hielt zunächst während der hektischen Fahrt die Hände aus dem Autofenster. So blies der Fahrtwind ihm die Kuchenreste von den Fingern.

Als wir aus der »Gefahrenzone« geflüchtet waren, hielten wir am ersten Brunnen, und er beseitigte mit klarem, kaltem Gebirgswasser die letzten Spuren seines »Kuchenüberfalls«. Ich warf mir einige Hände Wasser ins Gesicht, musste mich abkühlen, denn vor lauter Aufregung war mein Kopf rot wie ein Feuermelder geworden. Als mein Blutdruck wieder normal war, wurden mir allerdings zwei Dinge klar: Erstens hatten wir mit dieser Aktion das Bild des Deutschen im Ausland nicht gerade »versüßt«. Zweitens konnten wir uns in diesem Hotel für die nächsten Jahrzehnte nicht mehr sehen lassen.

Ein Wunsch blieb an diesem aufregenden Sonntagnachmittag allerdings unerfüllt, so musste ich leider feststellen. »Was ist los?«, fragte Günther Isenbügel, der meine enttäuschten Blicke bemerkte. »Ich habe einen Bärenhunger und hätte liebend gerne einige Stücke dieser provençalischen Torten probiert…«

Ein Zeitfahren im Nebel:
Meine erste Live-Reportage (1973)

»Der Sieger der 59. Tour de France heißt Eddy Merckx aus Belgien«, klang die Stimme von Pierre Schori im Sommer 1972 klar und deutlich durch die Lautsprecher. Der langjährige und erfahrene Streckensprecher aus dem Elsass rief zur Siegerehrung in Paris. Zum vierten Mal in Folge hatte der Wallone Merckx die Konkurrenz beherrscht. Dieses Mal betrug sein Vorsprung vor dem Zweiten Felice Gimondi aus Italien ganze zehn Minuten und einundvierzig Sekunden. Eine kleine Radsport-Welt trennte die beiden Stars. Aber es gab noch einen anderen Sieger an diesem 23. Juli 1972 – und das war ich.

Unsere kleine ARD-Crew hatte ihre dreiwöchige Tour durch Frankreich beendet. Als sich die Kollegen von Hörfunk und Fernsehen in Paris noch auf ein Gläschen zusammensetzten, nahm Werner Zimmer mich zu später Stunde beiseite: »Na, Junge, macht es dir noch Spaß, wie ein Vagabund von Stadt zu Stadt zu ziehen?«

Ohne zu zögern gab ich meine Antwort: »Aber selbstverständlich! Es ist für mich immer wieder aufs Neue ein Erlebnis, fremde Städte und Menschen zu sehen, französisch zu sprechen und überhaupt Frankreich zu genießen!«

Das war für mich völlig klar. Weniger klar war mir, worauf Werner Zimmer hinauswollte, als er augenzwinkernd hinzufügte: »Und willst du denn im nächsten Jahr bei der 60. Ausgabe wieder mit von der Partie sein?«

Was für eine überflüssige Frage! »Natürlich, Werner! Wenn ihr mich wieder wollt, stehe ich pünktlich zur Abreise wieder auf der Matte.« Immer noch wusste ich nicht, was Werner Zimmer mir eigentlich sagen wollte.

»Du bist jetzt schon fast ein ganzes Jahrzehnt mit uns unterwegs«, sagte er, und wurde dabei etwas ernster. »Ich denke, es ist höchste Zeit, dass du etwas mehr gefordert wirst. Bei der Jubiläumsausgabe im kommenden Jahr sprichst du mit mir zusammen deine erste Live-Reportage. Traust du dir das zu?«

Ich traute meinen Ohren nicht. Dieses überraschende Angebot musste ich erst einmal verdauen. »Ist das dein Ernst?«, fragte ich zur Sicherheit noch einmal nach.

»Das wird schon klappen«, lachte Werner Zimmer in seiner lockeren saarländischen Art. »Hast doch ein Jahr Zeit für deine Vorbereitung. Musst dir aber deinen Kölner Singsang abgewöhnen.« Sagte es und wandte sich wieder dem feiernden ARD-Team zu.

Neben Eddy Merckx hatte also auch ich in Paris etwas gewonnen. Ich hatte einen Sieg errungen, so empfand ich es zumindest. Ein wichtiger Schritt zu meinem größten beruflichen Traum stand bevor: Ich sollte Live-Reporter werden!

Damit aus diesem Plan möglichst rasch Realität werden konnte, kaufte ich mir sofort nach meiner Rückkehr ein älteres, gebrauchtes Tonbandgerät. Ich begann eifrig damit, alle möglichen Radioreportagen aufzunehmen.

Besonders oft hörte ich den Mitschnitt eines Spiels im Fußball-Europapokal der Landesmeister zwischen dem FC Bayern München und Ajax Amsterdam. Die Namen der großen Spieler waren Beckenbauer, Breitner, Müller und Maier auf der einen sowie Cruyff und Neeskens auf der anderen Seite. Diese Reportage spielte ich so oft ab, dass ich sie schließlich fast auswendig konnte.

Außerdem belegte ich einen Fortbildungskurs für »die freie Rede im Journalismus«. Am Ende dieses Lehrgangs musste jeder Teilnehmer eine Probereportage vortragen. Es klappte schon ganz gut! Mein Selbstbewusstsein wuchs. In jeder freien Minute warf ich das Tonband an und übte vor mich hin, mal als stiller Zuhörer, mal als engagierter Sprecher. Ich sprach Probereportagen, die ich mir später anhörte, um meine Stärken und Schwächen zu erkennen. Und wenn ich einmal eine Pause machte, dann dachte ich an meine ersten journalistischen Schritte vor zehn Jahren zurück, als ich zum WDR nach Köln kam.

Schon als Jugendlicher träumte ich davon, Sportreporter zu werden und die Welt zu bereisen. Nicht Feuerwehrmann oder Lokomotivführer, nein Sportreporter zu werden, das war mein größter Wunsch. Ohne zu ahnen, wie viele Klippen und Hürden es zu überwinden galt, faszinierte mich diese Vorstellung von Anfang an.

Große Reporter-Koryphäen waren meine Vorbilder. Herbert Zimmermann, der geniale Schilderer (im Radio!) des Endspiels um die Fußball-Weltmeisterschaft im Berner Wankdorf-Stadion zwischen Deutschland und Ungarn, das die Mannschaft von Bundestrainer Sepp Herberger mit 3:2 gewann. Legendäre Formulierungen wie »Toni, du bist ein Fußballgott!« oder »Rahn am Ball. Er könnte schießen. Rahn schießt. Tor, Tor, Tor!!!«, aber genauso »Aus! Das Spiel ist aus! Deutschland ist Weltmeister!« – all diese Formulierungen vergaß ich nie.

Auch Kurt Brumme nicht, der mit seiner markanten Stimme die Boxkämpfe früherer Jahre übertrug, diese großen Fights wie etwa Heinz Neuhaus gegen Dan Bucceroni, den Stier aus Utah. Oder Hein ten Hoff gegen Karel Sys aus Belgien. Und natürlich die unvergessenen Kämpfe von Cassius Clay. Er beschrieb sie mit seiner bildhaften Sprache so treffend, dass man sich das spannende Geschehen im Ring so gut vorstellen konnte, als säße man selbst daneben.

Es folgten Ernst Huberty und Rudi Michel, die wichtige Fußball-Länderspiele bei den großen Turnieren zu Sternstunden des Fernsehens machten. Huberty kommentierte das »Jahrhundert-Spiel« bei der Fußball-Weltmeisterschaft 1970 in Mexiko, als Deutschland im Halbfinale Italien mit 3:4 nach Verlängerung unterlag. Und Rudi Michel war der Reporter bei den drei WM-Endspielen 1966 in England, 1974 in Deutschland und 1982 in Spanien.

Und dann war da auch noch Günther Isenbügel, der Motorsport- und Radsport-Spezialist. Bei seinen Reportagen war ich derart gefesselt, dass ich versuchte, keine Sekunde zu verpassen. Er war ein Meister des Wortes, der fantasievoll fabulieren konnte und trotzdem die Aktualität nie vergaß.

Das waren die berühmten Reporter meiner Jugendzeit. Denen galt es nachzueifern.

1963 hatte ich den ersten Schritt in die richtige Richtung getan, als ich zum Westdeutschen Rundfunk gekommen war und in der Sportredaktion Fernsehen zumindest an den Wochenenden das Metier erlernen konnte. »Was nützt es, wenn ich ein Mikrofon in der Hand halte, aber gar nicht weiß, was sich hinter den Kulissen abspielt«, dachte ich, und versuchte, mich auf allen möglichen Gebieten nützlich zu machen: Fußball-Tabellen ausrechnen, Fernschreiben sortieren und Nachrichten schreiben. Bald fuhr ich als Redaktionsassistent zu großen Sportveranstaltungen mit und lernte bekannte Reporter aus nächster Nähe kennen.

Den ersten Moderatoren der Sportschau schaute ich gebannt über die Schulter: Ernst Huberty, Dieter Adler, Addi Furler, Karl Senne und Werner Lux waren die Männer der ersten Sportschau-Stunde.

Abteilungsleiter Sport war damals Hugo Murero. Er teilte auch die Reporter ein. Lange Zeit wagte ich es nicht, ihn nach einer Probereportage zu fragen, weil ich eine Absage oder gar ein mitleidiges Lächeln befürchtete. Aber irgendwann machte ich mir den bewährten Grundsatz zu Eigen, dass man das Unmögliche wollen muss, um das Mögliche zu erreichen.

Zu einem ersten Förderer wurde Ernst Huberty, mit dem ich Samstag für Samstag auf die Dächer der Stadien kletterte, um über die Bundesliga zu berichten. Da oben befanden sich damals die Beobachtungs- und Arbeitsplätze der Reporter und ihrer Assistenten. Dort führte ich das Protokoll der Filmaufnahmen und schrieb alle Szenen des Spiels in eine Liste, die so genannte Shotliste. Anhand dieser Aufzeichnungen fertigte Huberty zusammen mit einer Cutterin den Spielbericht. Von all diesen Einsätzen nahm ich etwas mit, und allmählich weitete sich der Blick. Die Jahre vergingen, und ich lernte von Tag zu Tag dazu.

Den zweiten Schritt in die richtige Richtung tat ich am 22. Juni 1965. An diesem Tag wurde ich als Redaktions- und Reporter-Assistent zu meiner ersten Tour de France mitgenommen. Sie begann ausgerechnet vor dem Kölner Dom, unweit meiner Heimatstadt Bensberg.

Zwischen 1963 und 1973 sendete das Deutsche Fernsehen abends lediglich zehnminütige Tageszusammenfassungen vom größten und schwersten Radrennen der Welt. Um diesen täglichen Kurzbericht zu produzieren, trafen sich die Reporter der teilnehmenden Eurovisionsländer in einem kleinen, stickigen Übertragungswagen des französischen Fernsehens. Dort entstand der Etappenfilm. Ein Techniker rollte dann per Knopfdruck das Magnetband mit der Aufzeichnung der jeweiligen Tagesetappe hin und her. Die Auswahl der Ausschnitte erfolgte nach Mehrheitsentscheidung der anwesenden Reporter. Als junger Hüpfer musste ich mich bei dieser aufwändigen Montage meistens mit einem Stehplatz auf zwei Treppenstufen begnügen.

War der Bericht endlich fertig gestellt, stolperte ich aus dem miefigen Schnittmobil und schnappte nach Luft. Dann erklärte ich unserem Reporter Werner Zimmer den Inhalt des Kurzbeitrages und erläuterte ihm anhand des detaillierten Protokolls die ausgewählten Szenen. Vor der Überspielung nach Deutschland wurde der Bericht ein einziges Mal zur Probe vorgeführt, und die Kommentatoren konnten sich mit den ausgewählten Rennbildern vertraut machen.

»Das möchte ich auch einmal ausprobieren«, dachte ich oft, wenn ich Werner Zimmer bei der Arbeit als Reporter beobachtete. Als könnte er meine Gedanken lesen, sagte er eines Tages zu mir: »Schau dir das alles aufmerksam an. Dann bist du bald derjenige, der sich kurz vor zwanzig Uhr auf einen Marktplatz setzt, um die Bilder der Tour de France zu kommentieren.« Werner Zimmer hatte schon so viele Reportagen gesprochen, nun machte er mir Mut. Das würde er doch nicht tun, wenn er nicht von mir überzeugt wäre?

1971 saß ich im schweizerischen Mendrisio auf der Tribüne und schaute mir die Rad-Weltmeisterschaften auf der Straße an. Damals gab es noch zwei Rennen, je eines für Amateure und Profis. Eddy Merckx holte sich den Titel der Berufsradfahrer, der Franzose Regis Ovion wurde Weltmeister der Amateure. Auf dem fünften Platz landete übrigens der Kölner Dieter Koslar, der leider bereits verstorben ist.

Am darauf folgenden Wochenende sollte es zur großen Revanche beim Dortmunder Union-Rennen kommen. Bei dieser Traditionsveranstaltung in der Westfalenmetropole sollte ich schließlich meinen ersten eigenen Filmbericht abliefern. Mein damaliger WDR-Kollege Lothar Scheller half mir den ganzen Tag, von den Aufnahmen am Start angefangen, über die Auswahl der wichtigsten Rennszenen bis zu den Interviews im Ziel. Gemeinsam formulierten wir den Text. Der Bericht wurde vor der Ausstrahlung synchronisiert. Ich saß im Sprecherraum und war ziemlich aufgeregt. Prompt unterliefen mir einige Versprecher. »Kein Problem«, beruhigte mich der erfahrene Kollege. »Das machst du gleich noch einmal, bis alles zum Bild passt und korrekt ist.« Nach mehreren Versuchen war ich endlich fertig. Der Bericht ging nicht gerade als Meisterwerk in die Fernsehgeschichte ein. Aber ich hatte ordentliche handwerkliche Arbeit abgeliefert.

»Der Bericht war in Ordnung«, lautete die kurze Kritik vom WDR-Sportchef in unserer Redaktionssitzung am nächsten Tag. Viele Worte wurden nicht gemacht. Das war das höchste Maß an Anerkennung für einen Neuling. Ich war zufrieden.

Meine Mutter, meine Schwester und meine Freunde bereiteten mir einen regelrechten Empfang. »Wir haben dich gehört«, sagten sie stolz. »Und du hattest nicht einen einzigen Versprecher!« »Wenn die wüssten«, dachte ich, »wie viele Anläufe ich tatsächlich gebraucht habe.« Ich verriet es ihnen nicht. Ich hatte meine ersten fünf Minuten im Deutschen Fernsehen abgeliefert. Viele Hundert Stunden sollten noch folgen.

Schritt für Schritt entwickelte ich mich weiter, nie mein Ziel aus den Augen verlierend, dass ich ein Live-Reporter werden wollte. Bei der folgenden Tour im Jahre 1972 bekam ich weitere Aufgaben übertragen. Werner Zimmer, der seit seinem Einsatz bei den Olympischen Spielen 1964 in Tokio über eine immense Ruhe und Erfahrung verfügte, überraschte mich nach der ersten Tour-Woche mit den Worten: »Ab der neunten Etappe in Colomiers bei Toulouse übernimmst du nicht nur den Bildschnitt, sondern auch den Kommentar!«

Ich war sprachlos.

»Machst du Späße?«, fragte ich nach einer längeren Pause.

»Auf keinen Fall. Wird Zeit, dass du zeigst, was du kannst«, meinte Werner. »Das schaffst du schon!«

Ich begann mit einem mulmigen Gefühl in der Magengrube, wurde dann aber ruhiger, und bald kam richtige Freude bei der Arbeit auf. Und irgendwie erfüllte ich meine neue Aufgabe wohl zur allgemeinen Zufriedenheit.

Nach dem Ende der Tour konnte ich ein positives persönliches Fazit ziehen. Es folgten die Olympischen Sommerspiele in München, und schon war das Jahr 1972 vorbei. Wieder war ich einen wichtigen Schritt vorangekommen.

Am 30. Juni 1973 fuhr unsere kleine ARD-Mannschaft in der Besetzung Isenbügel, Zimmer und Watterott zum Tour-Start ins Seebad Scheveningen nach Holland. Bevor es richtig losging, unternahm ich noch einen ausgiebigen Strandspaziergang. Tausend Gedanken gingen mir durch den Kopf.

Ausgerechnet an einem Freitag dem 13. sollte ich meine Feuertaufe als Live-Reporter erleben und an der Seite von Werner Zimmer kommentieren. Diese 12. Etappe war ein Einzelzeitfahren, eine willkommene Gelegenheit, umfangreiche Informationen und Details über die Rennfahrer in die Reportage einfließen zu lassen. Werner Zimmer zeigte in der Auswahl dieser Debüt-

Etappe seine ganze Fürsorge, denn ein Zeitfahren ist übersichtlicher und weniger hektisch für den Reporter. Normalerweise ist immer nur ein Rennfahrer im Bild zu sehen, die Startreihenfolge steht vorher fest. Kein Grund zur Aufregung also. Aber das war leichter gesagt als gelebt.

Von Tag zu Tag wurde meine innere Anspannung größer. Ich überprüfte alle Karteikarten, auf denen die Informationen über die wichtigsten Rennfahrer notiert waren, ergänzte alle aktuellen Ergebnisse und bekam Ansporn von Günther Isenbügel: »Du bist doch nicht auf den Mund gefallen, dir fällt doch immer etwas ein, selbst wenn ich dir deinen Karteikasten klauen würde.« Sicherheitshalber hütete ich das Fahrerarchiv trotzdem ab sofort wie meinen Augapfel, ließ es nicht mehr aus den Augen und schleppte »mein Gehirn« jeden Abend mit auf mein Hotelzimmer.

Die Alpen lagen inzwischen hinter uns, nun warteten die mausgrauen Bergrücken der Pyrenäen. Drei schwere Etappen über die steilen Anstiege der Pyrenäen mit Zielankünften in Pyrenées 2000, Luchon und Pau würden die Gesamtwertung komplett durcheinander wirbeln. Als »Vorspeise« aber hatten die Organisatoren noch ein Einzelzeitfahren von Perpignan nach Thuir eingebaut. Am Vorabend fuhren wir nach dem Zielspurt im Badeort Argelès-sur-Mer schon einmal zum Startort Perpignan und von dort auf der 28 Kilometer langen Zeitfahrstrecke hinaus nach Thuir, wo wir in einer gemütlichen Pension übernachteten.

Gerade bei einer Prüfung im Kampf gegen die Uhr ist für einen Radsport-Reporter die Streckenkenntnis von besonderer Bedeutung. So kann man während der Reportage auf viele Details wie Kurven, Straßenbelag oder Windrichtung eingehen. Ich war froh und dankbar, dass ich vor meiner Feuertaufe diese Zusatzinformationen erhielt.

Es war deutlich kühler dort oben als im Tal oder an der Mittelmeerküste. Der Himmel war voller Wolken, aber es regnete wenigstens nicht. Das sollte sich am kommenden Tag ändern, zumindest nach der Prognose der Wettervorhersage.

Auf meinem Hotelzimmer, einer einfachen Stube im Chalet-Stil mit holzverkleideten Wänden, bereitete ich mich auf den großen Tag vor. Alle Arbeitsunterlagen waren längst präpariert, als ich mich aufs Bett legte und versuchte, mir den morgigen Tag vorzustellen. Ich wollte gerade das Licht löschen, als Günther Isenbügel an meine Tür klopfte. Er schaute mich an und fragte: »Na, Junge, bist du sehr nervös?«

»Ja, schon«, stammelte ich. Isenbügel trat ins Zimmer, musste sich dabei bücken, um mit dem Kopf nicht an den Türrahmen zu stoßen.

»Komm, wir drehen noch eine Runde und genießen die frische Bergluft«, schlug er vor. »Es wird dir gut tun, deine müden Gehwarzen noch etwas zu bewegen«, sagte er mit seiner unnachahmlichen Vorliebe für ausgefallene Formulierungen.

»Wir trinken noch ein kühles Bier«, meinte er. »Dann fallen wir in die Kojen, und dein großer Auftritt kann kommen.«

»Wie? Keine Milch, sondern Bier?«, fragte ich erstaunt. Isenbügel trank sonst keinen Alkohol.

»Einmal ist keinmal«, lachte er. »Danach kann ich besser schlafen und die Miete abgrunzen.«

Das Rezept des Altmeisters half. Das Bier machte auch mich angenehm müde. Ich schlief wie ein Murmeltier und träumte von den Pyrenäen.

Ich lag noch im Bett, als mich von draußen der Lärm der lokalen Werbesprecher weckte. Sie heizten bereits seit dem frühen Morgen die Stimmung der Zuschauer an. Immerhin handelte es sich um den größten Tag der Stadtgeschichte von Thuir, einem verschlafenen Nest, das durch die Ankunft der Tour de France für einen Tag aus seiner Lethargie gerissen wurde.

Ich stand auf und schaute aus dem Fenster. Augenblicklich steigerte sich meine normale Nervosität in helle Aufregung. Es war eindeutig einer dieser Tage, die man besser komplett im Bett verbringt. Ein feiner, dichter Nieselregen fiel vom Himmel. Die Gipfel der Pyrenäen waren nur schemenhaft zu erkennen. Alles war grau in grau. Die Berge wurden verschluckt von einem endlosen, tief hängenden Wolkenmeer.

In meinem Kopf lief eine gedankliche Kettenreaktion ab: schlechte Sicht im Gebirge. Keine Flugerlaubnis für die Hubschrauber des französischen Fernsehens. Keine Live-Bilder von der Strecke. Keine TV-Übertragung. Keine Premiere als Reporter! – Eine Horrorvorstellung.

Aber es half alles nichts, ich nahm meine Arbeitsunterlagen und lief zum Ziel. Dort traf ich Werner Zimmer, der gelassen und ruhig blieb. So ziemlich das Gegenteil von mir. »Alles halb so wild«, meinte er. »Weniger reden ist ohnehin mehr. Das schaukeln wir schon.« Feuchte Hände hatte ich dennoch, als wir unseren Platz auf der Reportertribüne besetzten. Auf einem kleinen Arbeitstisch konnte ich meine Unterlagen ausbreiten und den Karteikasten abstellen. Vor uns stand ein Schwarz-Weiß-Monitor. Aber darauf war kaum etwas zu sehen. Schemenhaft tauchten die Fahrer einzeln aus dem Nebel auf und huschten Sekunden später über den Zielstrich. Obwohl es unaufhörlich regnete, lehnten wir uns weit aus dem Fenster, um die Rennfahrer an ihren Trikots zu erkennen.

Die Sendung begann, und es klappte erstaunlich gut. Mit jeder Minute wurde ich ruhiger, und am Ende konnte sich unsere Schilderung der Etappe unter diesen widrigen Bedingungen durchaus hören lassen. Wir konnten jeweils nur die letzten Meter kommentieren, die jeder Fahrer zurücklegte. Ein Blick auf Trikot oder Startnummer, ein zweiter Blick auf die mitlaufende Uhr – dann ein kurzer Kommentar zum Abschneiden des Rennfahrers. Mein Anteil am »Gesamtkunstwerk« war natürlich geringer als der Werner Zimmers. Denn Wissen ist die eine Seite, Routine am Mikrofon aber die andere. Ich erzählte also die Fakten über die Profis. Werner Zimmer ordnete das Ganze ein, bewertete den Rennverlauf und rundete mit geschliffener Wortwahl die Reportage ab.

Der Etappensieger dieses Zeitfahrens über 28 Kilometer mit der Ankunft in Thuir war der Spanier Luis Ocaña, der seine

Ambitionen auf den Gesamtsieg untermauerte und das Gelbe Trikot bis Paris nicht mehr auszog. Zweiter wurde der Franzose Raymond Poulidor vor Joaquim Agostinho. Der Portugiese sollte später auf tragische Weise ums Leben kommen. Bei einem kleinen Rennen in seiner Heimat lief ihm ein Hund ins Rad. Agostinho stürzte, zog sich einen Schädelbasisbruch zu und starb wenige Tage später.

Ich hatte meine erste Etappe bei der Tour de France am Mikrofon überstanden. Man konnte wohl in der Reitersprache sagen: »Ohne Fehler in der Zeit und ohne Zeitstrafe wegen Verweigerns vor dem Hindernis.« Dieses Hindernis bestand aus Nebel und sorgte für schlechte Sicht. Ich sollte in den folgenden Jahren noch so viele Etappen übertragen, ohne Nebel und bei Sonnenschein, aber diese Premiere wird für immer unvergessen bleiben.

So wie mir Werner Zimmer vor der Reportage auf die Schulter geklopft hatte, wiederholte er dies auch nach der Unwetteretappe.

Als ich am Abend wieder im Bett lag, fiel mir der Ausspruch des Schriftstellers Graham Greene ein, der einmal sagte: »Das Neue wird in Schmerzen geboren.« In der Tat, diese Etappenreportage war eine durchaus schwierige Geburt.

Mit Walter Godefroot auf den Champs-Élysées – und bei belgischem Bier

Für mich als Fernsehberichterstatter war es zwar schon die elfte Tour-Teilnahme, aber doch auch eine Premiere, wie für alle anderen Begleiter der Tour. Im Jahre 1975 hatten sich die Organisatoren mit dem Renndirektor Jacques Goddet an der Spitze eine neue Attraktion ausgedacht: Das Ziel der letzten Etappe – und damit auch die Siegerehrung der Tour – sollte erstmals auf den Champs-Élysées liegen, auf dieser großen und berühmten Prachtstraße von Paris.

Bei der ersten Frankreichrundfahrt 1903 hatte der Erfinder und Gründer der Tour de France, Henri Desgrange, das Ziel in den Pariser Vorort Ville d'Avray, unmittelbar vor das Restaurant *du Père Auto* gelegt, wo am 19. Juli 1903 von sechzig Startern gerade einmal 21 wackere Ritter der Landstraße ankamen.

Von 1904 bis 1967 endete die Schlussetappe stets im Parc des Princes, im Prinzenparkstadion. Aber das altehrwürdige Velodrom war morsch geworden, war viel zu klein und musste abgerissen werden. Also begaben sich die Veranstalter auf die Suche nach einer neuen Zielankunft.

Auf der Piste Municipale de Vincennes, im Südosten der Stadt gelegen, gab es auch eine Radrennbahn mit einer Zementpiste. Hier erreichten die Tour-Helden von 1968 bis 1974 insgesamt siebenmal den letzten Zielstrich einer Tour de France. In dieser Zeit endete die Tour dreimal mit einem Einzelzeitfahren und viermal mit einer Sprintankunft.

Ich kann mich noch gut an die besondere Atmosphäre auf der breiten, grauen Zementpiste erinnern. Die uralten Tribünen waren immer bis auf den letzten Stuhl besetzt, und wie bei einem Marathonlauf, wo die Läufer schließlich durch das Tor die

Aschenbahn oder die Tartanpiste im Stadion erreichen, kamen die Rennfahrer aus dem schwarzen Loch der Zufahrt heraus auf die Radrennbahn »geschossen«. Damals waren das tolle, begeisternde Kämpfe um den letzten Tagessieg einer Tour. Die Zuschauer waren meist in dunkle Anzüge gekleidet, trugen Krawatte oder Fliege, und die Frauen sorgten nicht selten mit den neuesten Kreationen der Pariser Modeschöpfer für Aufsehen.

Unzählige Male war Jacques Goddet, der Nachfolger von Henri Desgrange als Tour-Direktor, bei den Verantwortlichen der Pariser Stadtverwaltung vorstellig geworden, um die Genehmigung für eine Zielankunft auf den Champs-Élysées, auf der teuersten Meile der Welt, zwischen Place de la Concorde und dem Arc de Triomphe, zu bekommen.

Wie oft hatte ich mit Günther Isenbügel während unserer vielen gemeinsamen Reisen darüber diskutiert und von den Champs-Élysées geträumt, aber bisher war diese Vision reine Träumerei gewesen. »Ich kann mir gut vorstellen, wie das gesamte Feld zum Massenspurt ansetzt, dem Ziel entgegenfliegt und ich als rasender Reporter am Mikrofon diese nervenaufreibende Phase schildern kann«, freute ich mich auf die vielleicht einmal eintretende Herausforderung.

Die Antwort des erfahrenen Kollegen kam prompt: »Ja, ja, Junge, das mag schon sein. Aber dann habe ich als Radioreporter bei der breiten Straße das Problem, den Sieger nicht zu kennen, weil du gleichzeitig die Fernsehreportage machst und wir getrennt auf der Tribüne sitzen.« Beim besonders heiklen Massensprint hatte Günther Isenbügel mich immer noch gern an seiner Seite. Er schätzte mein gutes Auge, meine Fähigkeit, in Bruchteilen von Sekunden den Sieger und möglichst auch noch die Platzierten richtig zu erkennen.

Nach langen und zähen Verhandlungen gab 1975 der Bürgermeister von Paris, Jacques Chirac, der heutige Staatspräsident Frankreichs, endlich nach. Seit damals wird das »Nationalheiligtum« Champs-Élysées an zwei Tagen im Jahr abgeriegelt: am

14. Juli (dem französischen Nationalfeiertag) für die große Militärparade und am letzten Sonntag im Juli für die Ankunft der Tour de France.

Erstmals saß ich also wie die anderen Fernsehreporter auf den Champs-Élysées. Die zugige Stahlrohrtribüne wurde wie an jedem Etappenziel vorher installiert, und als Sitzgelegenheiten dienten, wie schon seit Jahren, die wackligen, grün gestrichenen Biergartenklappstühle. Da hockten wir nun, die Radiokollegen im Obergeschoss und wir Fernsehkommentatoren zu ebener Erde, also Kollege Isenbügel oben und ich darunter. Und wir hofften beide, den »richtigen« Sieger zu erkennen. Das ist an diesem Ort gar nicht so einfach, denn die Prachtstraße ist immerhin siebzig Meter breit.

Eine unbeschreibliche Stimmung schlug mir entgegen, als ich auf die Tribüne kletterte. Rund 500 000 begeisterte Zuschauer aus Paris und aller Welt warteten auf Bernard Thévenet im Gelben Trikot. Acht Jahre nach Roger Pingeon war endlich wieder ein französischer Tour-Sieg zum Greifen nahe. Am Ende bezwang Thévenet den etwas in die Jahre gekommenen Eddy Merckx mit fast drei Minuten Vorsprung.

Es gab nicht viel zu berichten über diesen 163 Kilometer langen Schlussabschnitt. Alle Ausreißer blieben meist in Sichtweite des wachsamen Feldes, in dem alle Sprintstars und Siegesanwärter vertreten waren. Jeder »Störenfried« dieses harmonischen Rennverlaufs wurde unverzüglich wieder eingefangen.

Jedes Mal, wenn sich ein einzelner Fahrer oder eine kleine Gruppe aus dem Staub machte, kramte ich in meinem Karteikasten mit den Rennfahrerporträts und Siegerlisten, notierte alles Wissenswerte und war so zu jeder Zeit bereit.

»Jibb mich mal datt Blatt hoch, damit ich mich datt abschreiben kann«, rief Isenbügel dann in seinem selbst erfundenen Dialekt, mit sprachlichen Elementen vom Niederrhein, aus der Aachener Kante und aus seinem Geburtsort Ratingen bei Düsseldorf. Nach diesem »Notenaustausch« zwischen Radio und

Fernsehen waren wir wieder beide auf dem neuesten Stand der Dinge und hatten alles im Griff.

Die schnellsten und aussichtsreichsten Sprinter im Feld hatte ich mit Siegen und anderen Details auf einem Extrablatt notiert. Gerben Karstens aus Holland sowie Rik van Linden und Walter Godefroot, beide aus Belgien, gehörten zum engen Favoritenkreis.

Das Feld erreichte tatsächlich in geschlossener Formation die Champs-Élysées. Es wurde also immer wahrscheinlicher, dass eine schnelle Auffassungsgabe und ein gutes Auge gefragt waren, wollte ich bei einem Massenspurt den richtigen Sieger erkennen.

Immer wenn die Fahrer an meinem Sprecherplatz vorbeifuhren, versuchte ich probeweise eine Schilderung und flüsterte leise vor mich hin. Die Kollegen rechts und links von mir schauten mich etwas verwundert an. Die letzte Runde kam unweigerlich näher und näher. Wie von Geisterhand dirigiert, schob sich das Feld am Place de la Concorde zusammen, und es kam zum *Sprint royal,* wie die Franzosen sagen, zum »königlichen Sprint«. »Peloton groupé, tutti in gruppo, geschlossenes Feld«, riefen die Reporter 500 Meter vor dem Ziel in ihre Mikrofone. Jetzt musste ich ran, kein Zögern war mehr erlaubt. Hinschauen, Stellung beziehen und schildern.

Das Mikrofon fest in der Hand, legte ich los: »163 Kilometer sind fast vorüber, wer gewinnt die 22. Etappe dieser Tour de France? Ganz dicht beisammen, Lenker an Lenker, rasen die Profis auf die Champs-Élysées. In Windeseile kommt die bunte Fahrerschlange immer näher, und die Helfer versuchen ihre Sprinter in den günstigen Windschatten zu nehmen. Der Belgier Rik van Linden, gut zu erkennen an seinem Grünen Trikot des bisher Sprintbesten, stürmt als Erster auf die Zielgerade, er hat schon drei Etappen bei dieser Tour gewonnen.«

Ich war fast gerettet, van Linden war immer noch vorn. Aber es fehlten noch wenige Meter. Ich kommentierte weiter: »Der kleine, untersetzte Belgier ist wieder eingeholt, eine Masse von rhythmisch tretenden Beinen sowie hin und her wiegenden Körpern kommt immer näher. Links Gerben Karstens aus Holland, rechts der schlaue Fuchs Walter Godefroot, lange hat er gewartet und clever bemerkt, dass sich van Linden auf der ungewöhnlich breiten, leicht ansteigenden Zielgeraden verschätzt und zu früh den Spurt begonnen hat. Van Linden zu früh im Wind, und wie eine Lokomotive stampft nun Godefroot auf dem historischen Pflaster an allen vorbei. Godefroot gewinnt die erste Ankunft auf den Champs-Élysées!«

Am liebsten wäre ich von der Tribüne gesprungen, um ihm zu gratulieren. Ich brüllte hinunter auf die Straße: »Glückwünsche! Super! Klasse!« Er nickte nur mit dem Kopf, war total kaputt, aber glücklich und im siebenten Radsport-Himmel. Er rief zurück: »Unglooflijk, bedankt Herbert.« Aus dem Flämischen ins Deutsche übersetzt bedeutete das: »Unglaublich, danke, Herbert.«

Für Walter Godefroot war es ein toller Abschluss seiner Tour-Karriere. Siebenmal war er am Start gewesen, dies war der zehnte und letzte Etappensieg für ihn. Außerdem war er Belgischer Straßenmeister, gewann Bordeaux–Paris, die Flandernrundfahrt, Paris–Roubaix, Lüttich–Bastogne–Lüttich und »Rund um den Henninger Turm« in Frankfurt. Aus dem fernen Tokio brachte er von den Olympischen Spielen eine Bronzemedaille im Straßenrennen mit. Rund 130 Siege in der Jugend und als Amateur sowie 150 Erfolge als Profi errang der gebürtige Genter. Eine wahrhaft stattliche Bilanz.

Fünf Jahre zuvor hatte ich den bulligen Flamen so richtig in seinem Element erlebt. Ihm ging der Ruf eines eisenharten Kämpfers voraus, der weder sich noch die Gegner schonte. Wenn Walter die »Landeklappen« ausfuhr, in der Radfahrersprache sind damit die Ellbogen gemeint, mit denen er sich in den oft gefährlichen und waghalsigen Spurts Bewegungsfreiheit verschaffte, musste sich die Konkurrenz warm anziehen.

1970 konnte ich wegen einer Grippe erst einige Tage später zur Tour anreisen. Weit weg von meinem Heimatort Bensberg lag die Stadt, die ich erreichen musste, Lisieux in der Bretagne. Meine

Reise mit dem Zug führte von Köln nach Paris, dort musste ich umsteigen. Dann fuhr ich mit einem Bummelzug in die bretonische Hauptstadt Rennes weiter. Die »Weltreise« endete fast zeitgleich mit der Etappenankunft in Lisieux.

Ich kämpfte mich mit meinem Koffer und dem Archiv durch die Straßen und engen Gassen von Lisieux und wollte unbedingt den Zielspurt miterleben. Ich schwitzte wie ein Klavierspieler, bis ich endlich alle Absperrungen und Umleitungen überwunden hatte. Kaum hatte ich an der Zielgeraden meinen Koffer abgestellt, vernahm ich schon die ohrenbetäubenden Signale und das Hupen der Werbekolonne. Dann kam die Motorradstaffel der Begleitpolizei, das Fahrerfeld konnte also nicht mehr weit sein. Ich hatte gerade einen brauchbaren Platz an der Straße ergattert, da kam auch schon die bunte Meute ins Ziel. Unwiderstehlich rang Godefroot seine Konkurrenten nieder und siegte vor seinen Landsleuten Roger De Vlaeminck und Herman van Springel. Noch heute habe ich zu Hause ein Foto von dieser Zielankunft, damals noch mit einem simplen Fotoapparat geknipst. Diesmal war es kein Spurt mit Haken und Ösen, zu überlegen war Walter Godefroot bei seinem vierten Etappensieg.

Beobachtet hatte ich den Belgier mit der Boxernase bei unzähligen Rennen seit 1965, als ich mit dem Radsport auf Reisen ging und er ins Profilager gewechselt war. Ich hatte seitdem seine Siege und Niederlagen erlebt und später kommentiert. Aber eine engere persönliche Beziehung begann und wuchs erst, nachdem er seine Berufsfahrerkarriere beendet hatte und Sportlicher Leiter wurde. Nach weniger erfolgreichen »Lehrjahren« bei Mannschaften wie Ijsboerke, Capri-Sonne, Lotto und Weinmann lieferte der ruhige Mann aus Drongen bei Gent mit dem deutschen Team Telekom in den 1990er-Jahren sein Meisterstück ab.

Sein freundliches, höfliches und seriöses Auftreten änderte sich auch nicht, als 1996 mit seinem Kapitän Bjarne Riis der erste Däne die Tour de France (in einem deutschen Rennstall) gewann. Auch für Walter Godefroot war das natürlich ein Riesenerfolg, den er mit der Mannschaft und dem gesamten Personal feierte. Doch er flippte nicht aus, sondern genoss diese Stunden in stiller Freude und mit seinem verschmitzten Lächeln.

Zwanzig Jahre nach seinem letzten Tour-Etappensieg in Paris trafen wir uns nach den vielen Siegerehrungen im berühmten Restaurant Fouquet's in unmittelbarer Nähe des Arc de Triomphe, und ich konnte ihm ausführlicher gratulieren und mit ihm sprechen als 1975, als ich ihm meine Glückwünsche nur zurufen konnte.

Nur ein Jahr später folgte der nächste Höhepunkt unter seiner Führung als Sportlicher Leiter. Der erste Sieg eines Deutschen bei der Tour war perfekt, diesmal stand Jan Ullrich im Mittelpunkt, und wieder hatte Walter Godefroot mit Geduld, Erfahrung und Fingerspitzengefühl seine Mannschaft zu einem großen Sieg gelotst.

Viel Zeit verbrachten wir beide zusammen, viele Dinge erlebten wir beide zur gleichen Zeit bei der Tour de France, er als Rennfahrer und später als Sportlicher Leiter, ich als Redakteur und Reporter. Eine Zeit, die wir uns später gern wieder ins Gedächtnis riefen, vor allem die berauschenden Tage, als seine Kapitäne das Gelbe Trikot bis nach Paris trugen.

Auf Godefroot konnte ich mich immer verlassen, er hielt, was er versprach, und seine Worte hatten Gewicht. Bei einer der vielen Austragungen des flämischen Eintagesklassikers Flandernrundfahrt war ich ohne Anmeldung und ohne gebuchtes Hotelzimmer ins Mannschaftsquartier des Team Telekom nach Gent gefahren. Als er erfuhr, dass ich noch ein Nachtquartier suchte, ging er ohne viel Worte zu machen an die Rezeption und besorgte für mich ein Zimmer.

Selbstverständlich war das nicht. Die meisten Mannschaften liebten es, wenn sie unter sich blieben und nicht ständig von Journalisten beobachtet wurden. Nachdem ich bei einem ausführlichen Gespräch von ihm alle nötigen Informationen über die Taktik für das schwere Rennen am nächsten Tag bekommen hatte, erhielt ich am Vorabend der Ronde van Vlaanderen, wie die

Flamen ihr Radsport-Monument nennen, noch einen ganz speziellen Nachhilfeunterricht in einer anderen Disziplin.

Nach dem Abendessen wollten wir in lockerer Runde noch ein wenig zusammensitzen und plaudern. Ich war durstig und fragte Walter Godefroot: »Welches Bier kannst du mir denn empfehlen?«

»Das musst du ›gesamst‹ sehen und einige Biersorten probieren, dann merkst du wie ›unterscheidlich‹ der Geschmack und die Stärke der Marken sind«, antwortete er in seinem lustigen, flämisch-deutschen Sprachgemisch. »Gesamst«, also im Zusammenhang sehen, und »unterscheidlich«, das sollte unterschiedlich bedeuten, waren seine Vorbemerkungen, bevor er sofort eine klare Trinkreihenfolge festlegte. So wie er sich vor jedem Rennen vorbereitete, so bestimmte er nun den Ablauf der Bierstaffel, gab aber vorher noch den Hinweis: »Wir haben bei uns in Belgien 115 Brauereien und etwa 500 verschiedene Sorten Bier. Da ist keines das ›selbste‹, jedes schmeckt anders. Aber heute Abend will ich dir eine kleine Auswahl schmackhafter Biere empfehlen.«

Gesagt, getan. »Westmalle, Trappiste, Leffe, Hoegarden, Chimay, Ostmalle und Duvel trinken wir«, kündigte er mit leuchtenden Augen die ersten Biere an. »Danach sehen wir weiter.«

Soweit kam es aber nicht. Nach dem zehnten Bier drehte sich alles in meinem Kopf, ich hatte Schlagseite, erzählte einen Witz nach dem anderen, sehr zur Freude der Anwesenden am Tisch. Ich weiß nicht mehr genau, wie ich ins Bett gekommen bin. Als ich am nächsten Morgen wach wurde, sah ich die »Schleifspur« meiner Kleidungsstücke im Zimmer, und langsam dämmerte es mir. Drei Tabletten linderten die grausamen Schmerzen in meinem Schädel. Ich hatte einen Kopf »wie eine Eckkneipe«. Ein schwacher Trost war die Tatsache, dass ich bis zur Übertragung in Ruhe auf meinem Reporterstuhl in der Sprecherkabine verweilen konnte, während Walter Godefroot am Steuer des Telekom-Materialwagens über die zahlreichen Kopfsteinpflastersteigungen fahren musste. Das tat vermutlich viel mehr weh. Ich verfluchte diesen »flandrischen Drecklappen und Klootzak« und war froh, dass er meine Gedanken nicht lesen konnte. Beim nächsten Mal lasse ich mir etwas richtig Teuflisches einfallen, um mich zu revanchieren, so nahm ich mir vor. Es blieb jedoch beim Vorsatz.

Zur Bekanntschaft und Freundschaft kam im Laufe der Jahre uneingeschränktes Vertrauen hinzu. Walter Godefroot erklärte mir Hintergründe und taktische Winkelzüge im Rennen, beschrieb die aktuelle Form seiner Rennfahrer, damit ich die Leistungen entsprechend bewerten konnte.

Es kam nicht oft vor, dass er Journalisten während des Rennens in seinem Mannschaftswagen mitnahm. Neben ruhigen Phasen während einer Etappe gab es auch Situationen im Rennen, die ganz schön knifflig und brisant waren. Da konnte der Gemütsmensch Godefroot auch einmal ausrasten, wenn nicht alles nach Plan und Wunsch verlief. Während einer Etappe, die ich nicht live im Fernsehen übertrug, konnte ich endlich einmal aus nächster Nähe hinter dem Feld erleben, was für eine Hektik entstehen konnte, wenn es regnete oder die Fahrer bei großer Hitze sehr viel trinken mussten.

Der Sportliche Leiter ist dann ständig gefordert, hat fast keinen ruhigen Moment und muss ein exzellenter Autofahrer sein, wenn er über den Tour-Funk zu einem seiner Fahrer gerufen wird. Der Augenblick, in dem Walter aus dem Pulk der hintereinander fahrenden Materialwagen ausscheren musste, kam mit dem Kommando: »Achtung, Achtung, Wagen Telekom ans Feld wegen Defekt von ›Üllrich‹ (oder ›Sabell‹)!« So sprach der Radio-Tour-Sprecher die deutschen Namen Ullrich und Zabel aus. Schon 1977 gab es in dieser Hinsicht viel zu lachen, wenn aus Dietrich Thurau plötzlich »Didi Türoo« wurde.

Vorbei an Zuschauerspalieren und dem jagenden Feld musste Godefroot Nerven wie Drahtseile haben, um die »Flucht« nach vorn ohne Kollision zu überstehen. Hatte er seinen Rennfahrer erreicht, der mit defektem Laufrad am Straßenrand wartete, sprang er zeitgleich mit dem Mechaniker aus dem Auto. Während der Mechaniker das neue Laufrad einsetzte, konnte Walter schnell einige Worte mit seinem Schützling wechseln und schob ihn dann wieder ins Rennen hinein. Handgriffe, die tausendmal geprobt waren, wie bei einem Boxenstopp in der Formel Eins.

Damit ist die Arbeit eines Sportlichen Leiters aber noch lange nicht getan. Seit einigen Jahren sind die Fahrer per Funk mit dem Sportlichen Leiter verbunden, es ergibt sich so die Möglichkeit, durch schnelle Anweisungen auf die jeweilige Rennsituation sofort reagieren zu können. Jede Menge Trinkflaschen sind pro Tag erforderlich, gefüllt mit Wasser, Cola und Elektrolyt-Getränken, um den hohen Schweiß- und Salzverlust auszugleichen. Also wieder rein ins Feld zum jeweiligen Fahrer, der etwas braucht. Ein nervenaufreibender Job, der abends nach dem Rennen weitergeht mit Interviews, Stellungnahmen zur Etappe und der Fahrerbesprechung.

Walter Godefroot konnte konsequent sein, auch wenn es zu seinem Nachteil war. Ich erinnere mich an eine Situation im Jahr 1971, als am 8. Juli die legendäre Etappe von Grenoble nach Orcières-Merlette in den Alpen den grandiosen Sieg des Spaniers Luis Ocaña brachte, der den führenden Belgier Eddy Merckx mit acht Minuten und zweiundvierzig Sekunden Vorsprung besiegte und erstmals in seiner Laufbahn das Gelbe Trikot übernahm. Walter fuhr damals in der Peugeot-Mannschaft, hatte Reifenschaden, aber sein Materialwagen mit dem Sportlichen Leiter Gaston Plaud am Steuer war gerade bei einem Teamgefährten.

Günther Isenbügel und ich kamen, hinter dem Feld fahrend, an Godefroot vorbei und hielten an. »Was ist passiert?«, fragte ich Godefroot, der wie ein Häufchen Elend an der Böschung hockte. »Seit über zehn Minuten warte ich hier auf meinen Materialwagen«, schimpfte er. Dann hielt endlich der Mannschaftswagen des italienischen Salvarani-Rennstalles, bei dem Godefroot im Jahr zuvor gefahren war, und er bekam von seinen alten Kumpels ein Laufrad und konnte endlich die Fahrt fortsetzen. Eine Hilfe, die nicht selbstverständlich war. Ich wünschte ihm viel Glück für die restlichen Kilometer. Kurz darauf hatte Godefroot wieder einen Defekt, befand sich zu dem Zeitpunkt allein und unmittelbar vor dem Besenwagen am Ende der Karawane. Sein zweiter Materialwagen war inzwischen durch seinen Sportlichen Leiter Gaston Plaud zu einem anderen Fahrer dirigiert worden. Im Besenwagen saß sein inzwischen ausgeschiedener Landsmann Roger De Vlaeminck, sah Walter und gab ihm sein Rad.

Bei der schweren Bergankunft verfehlte der Belgier das Zeitlimit nur um lumpige dreißig Sekunden und wurde aus dem Rennen genommen. Ich wartete oben am Ziel, bis der letzte Fahrer kam und der Besenwagen auftauchte. Godefroot war stinksauer und schnaubte vor Wut. Zu seinem französischen Teamchef Gaston Plaud war er wenig freundlich.

»Gratuliere dir, das war ein Meisterstück! Ich bin nur einen Punkt von Grünen Trikot des besten Sprinters entfernt und hätte es nach dem Ruhetag auf der Etappe nach Marseille erobern können, und du schickst den eigenen Wagen zu einem anderen, nämlich einem Franzosen!«

Plaud wollte beruhigend einwirken und versprach zur Rennleitung zu gehen, um eine Ausnahmegenehmigung zur Weiterfahrt zu erreichen: »Ich gehe sofort zum Tour-Direktor Jacques Goddet und regele die Sache.«

Aber Godefroot entledigte sich noch einmal seiner ganzen Enttäuschung: »Mach, was du willst, ich habe die Schnauze voll und fahre nach Hause.« Das war Walter Godefroot. Auch wenn es zu seinem Nachteil war, blieb er konsequent, stand zu seinem Wort und verließ die Tour vorzeitig. Ich konnte seine Enttäuschung verstehen und wollte noch etwas sagen, aber was und wie?

»Viel Glück und gute Heimreise nach Belgien«, war alles, was mir in diesem Moment einfiel. Günther Isenbügel versuchte ihn noch aufzumuntern: »Komm mit uns nach Marseille, da trinkst du mit Herbert einige Gläser Rotwein, und ich freue mich auf ein Glas kalte Milch. Dann sieht die Welt schon wieder anders aus.«

Walter lächelte gequält und bedankte sich für das Angebot. Er blieb noch bis zum nächsten Tag im Hotel und reiste dann nach

Belgien zu seiner Frau Michele nach Flandern. Einfach nur auf der Terrasse sitzen und kein Rennrad mehr sehen, danach stand ihm der Sinn.

Noch oft wird sich Walter Godefroot an Niederlagen und schwere Stunden erinnern. Aber unauslöschlich bleiben sicher die beiden Tour-Triumphe durch Bjarne Riis 1996 und Jan Ullrich 1997 in seinem Gedächtnis haften. Er wird sich als Fahrer an seinen Spurtsieg auf den Champs-Élysées 1975 erinnern. An derselben Stelle feierte er über zwanzig Jahre später erneut, diesmal als Sportlicher Leiter und Manager. Nicht zu vergessen der Gesamt-Weltpokalsieg 2000 von Erik Zabel und die Goldmedaille von Jan Ullrich im Straßenrennen bei den Olympischen Spielen 2000 in Sydney.

Ich fahre im Jahre 2006 meine 41. Tour de France, und Walter Godefroot verließ zum Saisonende 2005 die internationale Radsport-Bühne nach einundvierzig Jahren als Rennfahrer sowie Sportlicher Leiter und Manager. Nach sieben Jahren als Profifahrer bei der Tour hat er 2005 zum 26. Mal die Geschicke seines Teams aus dem Hintergrund geleitet. Walter Godefroot wird 2006 nicht mehr dabei sein, aber unser privater und vertrauensvoller Kontakt wird bestehen bleiben. Ich kann ihm nur von Herzen zurufen: »Lieber Walter, danke für diese aufregende Zeit! Lass uns nicht traurig sein, dass sie vorbei ist, sondern uns immer wieder über das freuen, was wir erlebt haben.«

Ein Frankfurter im Gelben Trikot bringt Deutschland zum Kochen: Dietrich Thurau 1977

Günther Isenbügel, Jürgen Emig und ich verließen Saarbrücken an einem Dienstag, um die mehr als 1000 Kilometer weite Reise nach Fleurance anzutreten. Das ist ein kleiner Ort im Südwesten Frankreichs, in dem die Tour de France 1977 beginnen sollte. Vor uns lag eine fast vierwöchige Abenteuerreise quer durch Frankreich, mit Abstechern nach Spanien, Deutschland und Belgien.

»Wir fahren aber nicht den ganzen Riemen an einem Tag«, maulte Isenbügel. Er schlug einen Stopp auf halber Strecke vor, damit wir uns in einem gemütlichen Restaurant an die französische Küche gewöhnen könnten.

»Gesagt, verkündet und getan«, übernahm er die Beantwortung seines Vorschlags gleich selbst. Widerspruch war zwecklos. Die Pause planten wir in Vienne an der Rhône, südlich von Lyon, wo sich der Tempel des Augustus und der Livia erhebt, erbaut in römischer Zeit im Jahre 25 nach Christus. Dort entdeckten wir ein Hotel mit geschichtsträchtigem Namen: »Pyramide«. Das war genau der richtige Ort für die erste Rast und ein vorzügliches Abendessen.

Am nächsten Tag führte uns der zweite Abschnitt unserer Fahrt über die A 7 nach Valence, durch die Nougat-Stadt Montélimar bis Orange. Dann nahmen wir den Abzweig auf die A 9 über Nîmes, Montpellier bis Narbonne und fuhren weiter, vorbei an Carcassonne, bis nach Toulouse auf der A 61. Ich hatte das Gefühl, bereits mindestens die doppelte Anzahl an Tagen unterwegs zu sein, so viele Eindrücke galt es zu verarbeiten, so viele verschiedene Landschaften und Sehenswürdigkeiten hatten wir schon gesehen.

Ohne Zeitdruck genossen wir drei die weitere Anfahrt zum Startort der Tour. Mit Ruhe und Gelassenheit nahmen wir bevorzugt kleinere Straßen, nachdem wir die Autobahn verlassen hatten. In dieser Gegend war ich vorher noch nicht gewesen: kaum besiedelt, vereinzelte Dörfer, bewaldete Bergketten, goldgelbe Kornfelder. Der Duft nach Blumen, Kräutern und Wiesen stieg in die Nase. Eine fast menschenleere Landschaft, auf die der Isenbügel-Spruch zutraf: »Hier finden sie uns erst nach der nächsten Schneeschmelze.«

Am frühen Mittwochabend erreichten wir Fleurance, ein kleines Städtchen in der Gascogne, zwischen Toulouse und den Pyrenäen gelegen. Der Ort hatte knapp 6000 Einwohner und einen überaus agilen und wohlhabenden Bürgermeister namens Maurice Messegué. Dessen größter Traum bestand darin, die Tour de France zu sich und seinen Fleurantinern zu holen. Dafür musste er damals 750 000 Francs bezahlen, das wären heute gute 100 000 Euro, wovon er den größten Teil aus eigener Tasche berappte. So gehen Träume in Erfüllung.

Nach kurzer Suche fanden wir unsere bescheidene Herberge mit kleinen, einfach eingerichteten Zimmerchen. »Wir wollen hier ja keine Wurzeln schlagen«, meinte Jürgen Emig, als wir das Gasthaus betraten. Die Herberge war kein Vergleich zum noblen »Pyramide« vom Vortag, aber das war uns für die zwei Nächte ganz gleichgültig.

Während ich noch meine Koffer auf mein Zimmer schleppte, hörte ich bereits den Kettenraucher Günther Isenbügel vor sich hin schimpfen: »Du lieber Gott, erst die vielen Stufen, und dann hängen mir auch noch die Füße aus dem Bett heraus!« Die knappen Liegen in den Zimmern waren viel zu kurz für den langen Kerl. Er war fast zwei Meter groß.

Zum Abendessen versammelten wir uns mit unserer Gastgeberfamilie, die bereits in Trainingsanzügen am Tisch saß, als wir erschienen. Auf diesen Tisch kam alles, was die einheimische Küche hergab. Das Zimmer kostete mit Halbpension knapp 30 Mark, da konnte man nicht meckern. »Das ist doch wie nachgeschmissen«, stürzte sich Günther Isenbügel auf die Vorspeise. Und es wurde ein sehr gemütlicher und fröhlicher Familienabend.

Die Tour begann am 30. Juni. Das war ein Donnerstag und eine große Ausnahme. Denn der traditionelle Starttag ist ein Samstag. Wegen der vielen Transfers zwischen den Ziel- und Startorten der Etappen gab es zwei Ruhetage. Deshalb hatte man beschlossen, die Tour 1977 zwei Tage früher zu beginnen. Der ARD-Hörfunk hatte tägliche Kurzberichte geplant, im Fernsehen waren zunächst keine Live-Sendungen vorgesehen. Lediglich am Wochenende sollten Kurzberichte in einer Länge von fünf Minuten als Etappenüberblick gesendet werden.

So fuhren wir als »normale Zuschauer« nach Fleurance, um den Prolog, also das Eröffnungszeitfahren, über fünf Kilometer zu verfolgen. Zwei Stunden vor dem Start des ersten Fahrers trafen wir Dietrich Thurau, der die Strecke auf dem Rennrad besichtigte. Schon von weitem erkannte ich den langen Frankfurter im schwarz-gelb-roten Trikot seines Raleigh-Rennstalls. Begleitet wurde er von seinem Sportlichen Leiter Peter Post, der am Steuer des Materialwagens saß. Als Thurau uns erkannte, bremste er ab, kehrte zu unserem ARD-Auto zurück und hielt an.

»Ach, hallo«, war seine typische Begrüßung.

Jürgen Emig hatte seit Thuraus Wechsel ins Lager der Berufsfahrer schon einige Filme über ihn gedreht. »Alles im Lot, Didi?«, fragte er ihn vertraut.

»Ich hab alles im Griff«, antwortete Thurau kurz und knapp.

»Wie groß ist deine Aufregung vor dem ersten Tour-Start?«, fragte ich ihn.

Selbstbewusst kam die Antwort: »Bei mir ist alles okay. Ich fühle mich in guter Form, habe auch gut geschlafen. Es kann also losgehen.«

Thurau schaute kurz zu seinem Sportlichen Leiter, der bereits zur Weiterfahrt drängte. »Der Rundkurs mit seinen acht Kurven liegt mir«, rief er uns noch zu. »Ich versuche mir jetzt die Ideallinie zu merken, denn in den Kurven kann man einige Sekunden gewinnen. Jetzt muss ich aber weiter.« Sprach es und düste schon davon.

Am Start trafen wir das kleine Häuflein deutscher Berichterstatter: Helmer Boelsen von der *Frankfurter Rundschau*, ein intimer Kenner der bisherigen Laufbahn Dietrich Thuraus. Dann Hartmut Scherzer von der *Frankfurter Abendpost*, wie Thurau zum ersten Mal bei der Tour dabei. Ulfert Schröder gehörte dazu, ein vielseitiger Sportjournalist, der als freier Mitarbeiter für einige deutsche Zeitungen tätig war. Schließlich Klaus Angermann und Christian Posselt vom Zweiten Deutschen Fernsehen ZDF. *Der Spiegel* war durch Dr. Hans Halter vertreten, der unter dem Titel »Das kann doch nicht gesund sein« über die Drei-Wochen-Rundfahrt eine Artikelserie schrieb. Mit uns waren das also insgesamt neun Journalisten. Nur neun. Alle anderen deutschen Zeitungen, selbst die *BILD*-Zeitung, glänzten durch Abwesenheit.

Ein beliebtes Spielchen unter den Reportern war es, den Ausgang der Etappe zu tippen. Dabei ging es weniger um große Wetteinsätze als vielmehr um den Spaß an der Prognose. Ich tippte auf den Niederländer Knetemann, der bereits exzellente Ergebnisse in Zeitfahrprüfungen erzielt hatte. Auf Dietrich Thurau hoffte ich zwar, hielt ihn aber für einen klaren Außenseiter.

Dietrich Thurau startete als 82. von einhundert Teilnehmern. Nach einer stilistisch einwandfreien Fahrt setzte er sich zunächst an die Spitze. Das war nicht schlecht, aber die namhaften Favoriten sollten noch folgen, deshalb maßen wir seiner Führung keine große Bedeutung bei. Thurau kam nach der Zieldurchfahrt direkt auf uns deutsche Journalisten zugefahren. Sein Sportlicher Leiter Peter Post gesellte sich dazu und meinte: »Toll, Didi – dich überholt keiner mehr. Glaub es mir.« Wir schauten uns etwas skeptisch an.

Für einen Augenblick stellte ich mir vor, Thurau könnte tatsächlich den Prolog gewinnen. Eine fürchterliche Vorstellung.

Wir hatten keine Kamera. Es war keine Sendung geplant. Wir hatten keine Übertragungsleitung in die Heimat. Was tun? Aber noch war es nicht so weit.

Etwas später stand jedoch fest, dass der schlaue Fuchs Peter Post Recht behalten sollte. Thurau gewann mit vier Sekunden Vorsprung vor meinem Tipp Knetemann und mit acht Sekunden vor seinem großen Idol Eddy Merckx. Die Sensation war perfekt: Der Jüngste war der Schnellste an diesem Tag! Zur Belohnung erhielt Dietrich Thurau das Gelbe Trikot. Acht Jahre nach Rudi Altig trug endlich wieder ein deutscher Rennfahrer das Maillot jaune. Einen besseren Auftakt bei seiner ersten Tour-Teilnahme konnte Thurau sich gar nicht wünschen!

Während der Siegerehrung wartete ich hinter der kleinen Bühne und erwischte den überglücklichen Dietrich Thurau noch für einen Moment: »Ich freue mich sehr für dich, Didi, das hat ja prima geklappt.« Für Thurau war es auch eine Revanche für die Niederlage bei seinem Lieblingsrennen »Rund um den Henninger Turm« am 1. Mai in seiner Heimatstadt Frankfurt, als ihm Teamgefährte Gerard Knetemann den Sieg vor der Nase weggeschnappt hatte. Alle freuten sich mit diesem charmanten Blondschopf. Aber keiner ahnte, dass dieser Tag der Beginn eines Radsport-Booms sein würde, wie ihn Deutschland noch nie erlebt hatte.

Die Kollegen von der schreibenden Zunft spurteten in den Pressesaal, um die Sensation in die Heimat zu melden und überschwängliche Artikel zu verfassen. Ich besorgte mir eine freie Telefonleitung, um die Kollegen der Tagesschau-Redaktion in Hamburg zu informieren. Aufgeregt schlug ich ihnen vor, sich einen Ausschnitt vom französischen Fernsehen zu besorgen. Den Kontakt hatte ich in aller Eile bereits hergestellt. Der verantwortliche Redakteur ließ sich dann 25 Sekunden aus Paris überspielen, die in der Tagesschau um 20 Uhr gezeigt wurden. Mehr Filmmaterial hatten die französischen Kollegen ohnehin nicht gedreht. Thurau gehörte nicht zu den favorisierten Fahrern, die bei der Bildauswahl berücksichtig wurden.

Der Autor zwischen 1944 und 2006. Ob an der Spitze oder im Windschatten: Der Radsport hinterlässt seine Spuren. Oder ist es doch nur die Zeit?

Aller Anfang ist schwer: auch Kabeltragen will gelernt sein. Beim Deutschen Turnfest in Essen 1963 mit Moderator Heinz Maegerlein (»Hätten Sie´s gewusst?«).

Ein Geschenk des Himmels: Interview mit dem »blonden Engel« Dietrich Thurau im Gelben Trikot bei seiner Tour-Premiere 1977. Rechts im Anschnitt: Kollege Helmer Boelsen, ein Großer der schreibenden Zunft (rechte Seite oben).

»Wo ist Watterott?« … hier unsichtbar als Fotograf für die Hut-Mode-Parade der Tour 1967 in Metz: Werner Zimmer schon im Gelb-Fieber, daneben Matthias Horch (Technik) und die beiden Reporter Udo Hartwig und Fritz Heinrich (von rechts nach links).

Auf dem Asphalt oder im Gelände – der Reporter immer auf der Fährte von »Le Loup« (der Wolf, so nannten ihn die Franzosen gern), Rolf Wolfshohl, Tour-Etappensieger, Gelbes Trikot und Querfeldein-Weltmeister.

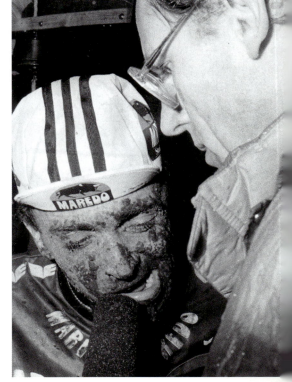

Heiße Fragen nach einer »Fango-Packung« im Regen an den Querfeldein- und Straßen-Champion Klaus-Peter Thaler.

»Achtung Kamera, das ist ein tolles Motiv ...« – vor dem Start der Deutschland-Rundfahrt 1980.

Dem Nachwuchs eine Chance: Moderator der Sportschau am Freitag (ARD) und von »Sport im Westen« (WDR-Fernsehen) 1979 (ganz oben).

Kamera läuft … Klappe: Hans Hindelang vor dem Start der Deutschland-Rundfahrt 1980.

Erster Ost-West-Dialog im fernen Japan mit Uwe Am, bei der Straßenweltmeiste schaft 1990 in Utsunomiy. (rechte Seite oben).

...at sich nie verändert: Deutsches Tour-Urgestein Udo Bölts, Rekordmann mit zwölf ...ahmen, jeweils bis nach Paris.

Gleich beginnt die Live-Sendung. Wo steckt denn nur der Reporter (oben)?

Macher und Meister … Beifall von Veranstalter Eugen Rösinger für den Dänischen Meister und Tour-Sieger 1996 Bjarne Riis beim Telekom-Grand-Prix in Karlsruhe.

Als mich am Abend ein Anruf aus Hamburg erreichte und ich erfuhr, dass in der Hauptausgabe der Tagesschau tatsächlich bewegte Bilder von dieser Tour-Sensation gezeigt worden waren, durchströmte mich ein warmes Glücksgefühl – Reporterfreuden.

Am darauf folgenden Tag trat ich meine Rückreise nach Köln an, um den Fünf-Minuten-Bericht für die Sportschau vorzubereiten. Er sollte in Köln beim WDR geschnitten und vertont werden. Dies wäre vor Ort in Pau zu kompliziert gewesen. In dieser Stadt endete die erste Etappe, ein superschwerer Abschnitt durch die Pyrenäen über die legendären Bergriesen Aspin, Tourmalet und Aubisque. Die erste Hochgebirgsetappe dieser Rundfahrt.

Jürgen Emig blieb in Frankreich, versorgte die Radiostationen der ARD mit Kurzberichten und mich über eine spezielle Kommandoleitung mit allen Informationen zum Rennverlauf. Ich saß in Köln in der Magnetaufzeichnungszentrale und fasste dort die wichtigsten Szenen des Rennens zusammen. Es entstand ein Bericht über die nächste denkwürdige Leistung Thuraus.

Merckx und er fielen bereits am Aspin, dem ersten Berg des Tages, aus der Gruppe der Favoriten zurück, kämpften sich aber gemeinsam wieder heran und gehörten schließlich einer Spitzengruppe mit 14 Rennfahrern an, die in Pau um den Sieg sprinteten. Mein Originalkommentar in der Sportschau hörte sich dann so an:

»Dietrich Thurau ist der einzige Deutsche in dieser Gruppe. Kann er das Gelbe Trikot verteidigen? Wer gewinnt diese schwere Etappe nach 253 Kilometern? Schnelle Leute sind dabei wie die beiden Franzosen Pierre-Raymond Villemiane und Jacques Esclassan. Die letzten 200 Meter, Thurau noch klug im Windschatten. Mit der größten Übersetzung aller Fahrer, die vorne sind. Das ist seine Spezialität, einen großen ›Puffer‹ zu treten. Und Didi kommt, kommt immer näher. Thurau gewinnt seine zweite Etappe. Nicht zu fassen!

Tageserfolg und weiter das Gelbe Trikot auf den Schultern von Dietrich Thurau. Zum ersten Mal in der Geschichte der Tour de France gewinnt ein Deutscher eine Pyrenäen-Etappe!«

Nach der Reportage saß ich nass geschwitzt in der kleinen, stickigen Sprecherkabine im Kölner Studio. Einen Augenblick musste ich tief durchatmen. Dann raste ich nach Hause, duschte kurz und setzte mich ans Telefon. Ich wollte Dietrich Thurau in seinem Hotel erreichen. Und wirklich: Ich hatte Glück. Der Frankfurter Junge war gerade erst vom Abendessen auf sein Zimmer zurückgekehrt, als sein Telefon klingelte.

Ich musste ihn nur antippen, und schon sprudelte es aus ihm heraus: »Das war wirklich der schwerste Tag meiner Karriere. Der Tourmalet war schrecklich, Herbert«, sagte er, als würde er die Qualen noch einmal nacherleben. »Dann kamen wir aber zurück zur Spitzengruppe. Ich hätte nie gedacht, dass ich die schnellen Franzosen und vor allem Eddy Merckx besiegen könnte.« Thurau war überglücklich.

Ich wünschte ihm eine gute Nacht und versprach: »Wir sehen uns übermorgen am Atlantik!« So machte ich mich wieder auf den Weg von Köln zurück zur Tour de France.

Der Tour-Direktor Jacques Goddet schrieb am Montagmorgen danach in seinem täglichen Leitartikel: »… dieses Temperament, dieser Fahrstil, dieser jugendliche Elan und Jubel …, der junge Deutsche ist mit einem Riesenappetit über diese Tour hergefallen …« Die Aufregung in Frankreich war groß, aber sie war nichts gegenüber der Begeisterung, die Dietrich Thurau in seiner Heimat ausgelöst hatte.

Noch am Sonntag hatten die Programmplaner in der ARD-Zentrale in München mit neuen Überlegungen begonnen. Als ich am Montagmorgen auf dem kleinen Flugplatz von Seignosse-le Penon, einem Badeort am Atlantik, 30 Kilometer nördlich von Biarritz, gelandet war, erreichte mich die überraschende Nachricht: Die Etappe am Nachmittag sollte live im Ersten Programm übertragen werden. Das nannte ich eine kluge, flexible und richtige Entscheidung und war natürlich begeistert!

Nach dieser ersten Live-Übertragung von der Tour de France 1977 in der ARD folgte der nächste Paukenschlag. Das erste längere Zeitfahren am See von Bordeaux brachte ein spannendes Duell: langjährige Erfahrung gegen jugendliche Unbekümmertheit, Eddy Merckx gegen Dietrich Thurau. Wie beim Prolog in Fleurance besichtigte Thurau vorher akribisch die Strecke und war anschließend durchaus optimistisch: »Die Distanz von 30 Kilometern kommt mir entgegen, auch der tellerflache Kurs liegt mir«, erzählte er locker und entspannt. »Da kann ich meine geliebten großen Gänge fahren.«

»Wenn du hier gewinnst, dann musst du mir in aller Ruhe auf deinem Hotelzimmer ein langes Interview für die Sportschau geben«, rang ich ihm ein Versprechen ab.

»Abgemacht«, willigte er mit erstaunlichem Optimismus ein. »Ich will hier in Bordeaux in meiner Spezialdisziplin um den Sieg kämpfen«, sagte er nicht nur mir, sondern geradezu jedem, der es hören wollte.

Das Ergebnis ist Geschichte: Thurau fünfzig Sekunden vor Eddy Merckx! Die Laufbahn des großen Belgiers schien sich ohne Chance auf einen weiteren Tour-Sieg dem Ende zu nähern. Dritter wurde Gerard Knetemann, der 65 Sekunden zurücklag. Ich jubelte am Mikrofon und Thurau auf dem Siegerpodest. Er hatte den dritten Etappensieg innerhalb einer Woche errungen.

Die Welle der Begeisterung in Deutschland wurde immer größer. Ob am Kiosk, an der Tankstelle, in den Kneipen oder im Supermarkt, unzählige Menschen zeigten plötzlich Interesse am Radsport und hasteten früher von der Arbeit nach Hause, um die mittlerweile täglichen Tour-Übertragungen in der ARD nicht zu verpassen. Auch die französische Sportzeitung *L'Équipe* überschlug sich förmlich, erfand immer neue Schlagzeilen für die Titelseite. »Der blonde Engel, voller Anstrengung und doch mit großer Eleganz« war da zu lesen oder: »Thurau, Rouleur de charme«. Ein Vergleich mit dem unvergessenen Schweizer Stilisten Hugo Koblet, der mutig, aber durchaus angebracht war. Der Frauentyp Koblet hatte stets einen Kamm in der Trikottasche, kämmte sich vor dem Start und unmittelbar im Ziel. Sein Haar war kurz geschnitten, glänzte elegant vom Haargel und rundete das Erscheinungsbild dieses Modellathleten ab. Der junge Thurau war genauso.

Noch am Abend nach seinem Sieg im Zeitfahren rief ich ihn an. Ich beglückwünschte ihn, vergaß aber auch nicht, ihn an unsere Interview-Verabredung zu erinnern. Didi Thurau hielt sein Wort: »Morgen ist der erste Ruhetag«, sagte er. »Nach dem Training und der Massage können wir uns gegen 16 Uhr im Hotel treffen. Passt dir das?« Ich war begeistert, wünschte eine gute Nacht und legte erleichtert den Hörer auf. Inzwischen hatten nämlich viele deutsche Zeitungen Reporter zur Tour de France geschickt und akkreditiert. Der Belagerungszustand nahm zu und Thuraus freie Zeit entsprechend ab.

Pünktlich erschien ich am Nachmittag mit Kameramann und Tontechniker in Thuraus Zimmer. Auf den ersten Blick war zu erkennen, dass er ein Ordnungs- und Sauberkeitsfanatiker war. Der junge Mann erschien immer mit blank geputzten Rennschuhen, war nie ungekämmt oder unrasiert. Wie aus dem Ei gepellt, verkörperte er auch äußerlich den Siegertyp schlechthin. Er wartete geduldig, als wir unsere Kameratechnik aufbauten und nahm sich Zeit für ein rund zwanzigminütiges Interview.

Wir sprachen über Gott und die Welt, seine Ziele in der weiteren Zukunft und seine Ambitionen bei dieser Tour.

»Ich bin erst der siebte Deutsche im Gelben Trikot seit 1903«, errechnete er schnell. Rudi Altig, Karl-Heinz Kunde und Rolf Wolfshohl hatte er selbst noch kennen gelernt. Kurt Stöpel, Erich Bautz und Willi Oberbeck kannte er nur vom Erzählen.

»Bis zum 15. Juli will ich unter allen Umständen das Gelbe Trikot verteidigen, denn an diesem Tag kommen wir nach Freiburg auf deutschen Boden. Das wäre das Größte.« Man sah ihm seine Vorfreude und Entschlossenheit förmlich an.

Unser Kamerateam drehte noch einige Bilder vor Thuraus Hotel, wo er das Material kontrollierte und seine Rennmaschine begutachtete.

Ich bedankte mich, klemmte mir die Kassetten mit dem wertvollen Inhalt unter den Arm und ging stolz mit meinem Exklusivmaterial aus dem Hotel.

Es wäre eine Sünde, Bordeaux zu verlassen, ohne bei Guy Lapébie gewesen zu sein, dessen Bruder Roger 1937 die Tour de France gewonnen hatte. Es war zu einer Tradition geworden, dass wir einen Abstecher ins vorzügliche Restaurant »Chez Lapébie« unternahmen, um mit den alten Haudegen und Radsport-Veteranen, die sich jeweils am Tag einer Etappenankunft in Bordeaux trafen, ausgiebig und leidenschaftlich zu diskutieren. Viele waren sogar bereit, Wetten anzunehmen, dass Dietrich Thurau die Tour de France gewinnen würde. Und zwar nicht irgendwann einmal, sondern bereits in diesem Jahr. Zu so einer Wette fehlte mir aber doch die Zuversicht. Allerdings hatte noch nie ein Neuling innerhalb von sechs Tagen drei Etappen gewonnen und einen solch erstklassigen Eindruck hinterlassen.

Da war es fast schade, dass die Leistungen eines anderen Deutschen nicht so sehr im Blickpunkt standen. Klaus-Peter Thaler, Querfeldein-Weltmeister und schnell im Spurt, war wie Thurau zum ersten Mal bei der Tour dabei und gewann am 10. Juli die Etappe in der bretonischen Hauptstadt Rennes. Thaler holte sich ein Jahr später sogar als achter Deutscher das Gelbe Trikot, als er beim Mannschaftszeitfahren zwischen Evreux und Caen mit seiner TI-Raleigh-Formation siegte.

Der Tour-Tross erreichte dann Charleroi in Belgien, und wir bereiteten uns allmählich auf die »Thurau-Festspiele« auf deutschem Boden vor. Immer wieder kam das Echo aus der Heimat, dass eine ähnliche Stimmung und Begeisterung herrsche wie am 4. Juli 1954, als Deutschland im Berner Wankdorf-Stadion durch den 3:2-Sieg über Ungarn Fußball-Weltmeister wurde. Dietrich Thurau schien sich an den täglichen Rummel gewöhnt zu haben, blieb immer noch erstaunlich gelassen und ruhig. Die Rennfahrer sollten mit einem Flugzeug von Charleroi nach Mülhausen gebracht werden und weiter per Auto nach Freiburg fahren. Dort sollte die Tour nach diesem Transfer fortgesetzt werden. Auf dem Flughafen nutzte ich die Chance, mit meinem Kameramann ein paar Bilder aufzunehmen und noch kurz drei Takte mit dem Mann in Gelb zu reden.

»Ich verspreche dir, Didi, in Freiburg lasse ich dich in Ruhe.«
Er schaute mich fragend an: »Warum?«

»Ich weiß, wie sehr du dich auf Deutschland freust«, sagte ich zu ihm. »Aber ich glaube, es wird die Hölle für dich. Du wirst froh sein, wenn dieser Abstecher ins Badische vorbei ist und du wieder auf dem Rad in Richtung Besançon nach Frankreich rollst.«

»Meinst du wirklich, dass es so schlimm wird?«, fragte er noch einmal ungläubig.

»Du wirst sehen, das ist der pure Stress«, versuchte ich, ihn ein wenig auf den Trubel vorzubereiten.

Es kam tatsächlich so, wie ich es vermutet hatte. Jede spektakuläre Bergetappe verlief ruhiger als der anschließende Ruhetag in Freiburg. Und das am 14. Juli, dem französischen Nationalfeier-

Dietrich Thurau im Glück: Die deutschen Radsport-Freunde bereiten ihm in Freiburg einen triumphalen Empfang.

tag. Tausende von Fans belagerten das Freiburger City-Hotel. Ausgerechnet im Zentrum der Stadt im Breisgau hatten die Organisatoren Didi Thurau ein Zimmer zugewiesen. Ein stickiger, kleiner Raum, in dem er nicht einmal durchatmen konnte. Das Zimmer war so klein, dass man die Tür öffnen musste, wollte man sich die Jacke ausziehen. Darum war Thurau froh, als er 24 Stunden später zur nächsten Etappe, einem Rennen über 46 Kilometer in Freiburg, wieder auf dem Rad saß und sich im Spurt nur den beiden belgischen Sprintstars Patrick Sercu und Rik van Linden geschlagen geben musste.

»Das Goldkind ist über den Rhein gekommen, und jetzt wollen alle Blätter bis zum ›Lahrer hinkenden Boten‹ ihr Interview«, beschrieb der unvergessene Stuttgarter Tour-Journalist Hans Blickensdörfer das damalige »Gelbfieber« um den jungen Mann aus Frankfurt-Schwanheim. Thurau 15 Tage in Gelb, 15 Tage im Brennpunkt der Medien.

Die ARD hatte wegen seiner Erfolge bei den Direktübertragungen eine unglaublich hohe Sehbeteiligung. Am Wochenende lief in der Sportschau ein Rückblick über den bisherigen Verlauf der Thurau-Tour. Die interessantesten Rennbilder mixte ich mit Ausschnitten aus dem langen Interview, das ich in Bordeaux mit Didi Thurau geführt hatte. Die Zuschauer konnten nicht genug bekommen von dem jungen Mann, der so urplötzlich ins Rampenlicht gefahren war.

Wir kamen zurück nach Frankreich, und Dietrich Thurau fuhr immer noch im Gelben Trikot. Die Live-Übertragungen wurden fortgesetzt, als die Alpen sich schließlich vor den Rennfahrern aufbauten. Wie würde sich der Tour-Neuling im Hochgebirge schlagen? Derart lange Anstiege kannte er nur von den Schilderungen älterer Kollegen oder aus dem Fernsehen.

Am 17. Juli standen gleich zwei Halbetappen auf dem Programm. Zunächst ging es von Thonon-les-Bains am Genfer See hinauf zum Wintersportort Morzine. Die Favoriten schonten sich auf diesem Teilstück für den Nachmittag. Denn ihre Gedanken richteten sich bereits auf das schwere Bergzeitfahren über vierzehn Kilometer in das »Krähennest« Avoriaz, 1833 Meter hoch gelegen.

Ich traf Didi Thurau am Morgen in Thonon-les-Bains bei der Einschreibkontrolle. Wir hatten uns seit Charleroi nicht mehr gesprochen. »Ich fühle mich nicht mehr so frisch wie vor Freiburg«, gestand er offenherzig. »Das ganze Theater und dieser Trubel haben doch ganz schön genervt. Du hattest Recht.«

Ich wollte seine Einschätzung der beiden Teiletappen wissen. »Am Morgen werde ich nur im Feld mitrollen«, sagte er. »Meine Mannschaft muss aufpassen, dass mein Gelbes Trikot nicht in Gefahr gerät. Ich möchte so gut wie möglich meine Kräfte sparen für den Nachmittag.«

»Du kennst den Anstieg nach Avoriaz gar nicht«, fragte ich nach. »Ist das nicht ein Nachteil?«

»Nein, denn die steilsten Stellen werde ich mir noch anschauen, damit ich weiß, welche Gänge ich fahren muss«, blieb Didi Thurau optimistisch.

Aber seine Kräfte reichten nicht mehr. Im Bergzeitfahren verlor Thurau nach 15 Tagen sein Gelbes Trikot. Ich saß da auf meinem Kommentatorenplatz und musste diesmal nach vielen Tagen des Jubels seine Niederlage beschreiben. Thurau wurde nur 15. des Zeitfahrens. Im Interview nach dem Rennen war vom Strahlemann Didi nichts mehr zu sehen. Er war sichtlich deprimiert über den Verlust des Gelben Trikots. Aber Thurau, ganz Profi, erklärte mit deutlichen Worten seine schwache Leistung: »Ich hatte mir überlegt, die Zeitfahrstrecke im Training abzufahren. Aber mit den Übersetzungen fühlte ich mich nicht wohl auf den vierzehn Kilometern. Im Rennen habe ich mich dann offenbar verschätzt. Ich fand keinen Rhythmus und verlor sehr, sehr viel Zeit. Schade, das Gelbe Trikot ist erst einmal weg.«

Der neue Spitzenreiter hieß Bernard Thévenet aus Frankreich, der zwei Jahre zuvor bereits die Tour gewonnen hatte. Elf Sekunden hinter ihm lag Thurau auf Rang zwei. Der Rest des Rennens bis Paris ist schnell erzählt. Einen Tag nach dem desolaten Zeitfahren gewann der schnelle Didi zwar in Chamonix seine vierte Etappe, aber die Kräfte gingen ihm nun aus. Einen weiteren Tag später verlor er auf den Serpentinen nach Alpe d'Huez fast dreizehn Minuten.

Am Schlusstag in Paris siegte Thurau in einem kurzen, sechs Kilometer langen Zeitfahren auf den Champs-Élysées. Etappensieg Nummer fünf.

Dietrich Thurau holte sich das Weiße Trikot des besten Jungprofis und wurde bei seiner ersten Tour gleich Fünfter. Vor ihm lagen nur Thévenet, Thuraus Teamkapitän Hennie Kuiper aus den Niederlanden sowie die Kletterkünstler Lucien van Impe aus Belgien und Francisco Galdos aus Spanien. Erst hinter Thurau folgte sein großes Idol Eddy Merckx.

Die Franzosen hatten den jungen Deutschen in ihr Herz geschlossen wie kaum einen anderen Sportler aus dem Nachbarland zuvor. Beim Abschlussempfang in Paris sagte Jacques Chirac, der damalige Bürgermeister der französischen Metropole und heutige Staatspräsident von Frankreich: »Seit Konrad Adenauer hat keiner mehr für die deutsch-französische Freundschaft getan als Dietrich Thurau.« – den die Franzosen immer »Dietrisch Türoo« aussprachen.

Ob er enttäuscht war oder genervt, oder ob er doch einfach nur erschöpft war nach rund 4000 Kilometern, Dietrich Thurau erschien im Ziel nicht zum verabredeten Interview mit der ARD. Das empfanden wir als schlechten Stil. Nur sein Kapitän Hennie Kuiper stand uns Rede und Antwort. Der Niederländer zuckte nur mit den Schultern und konnte uns das Fernbleiben von Dietrich Thurau auch nicht erklären.

Jürgen Emig, der das Interview mit Kuiper geführt hatte, konnte sich einen kurzen Kommentar nicht verkneifen. Er wandte sich direkt an Thurau: »Es gibt eine alte Weisheit, lieber Didi, die du dir für deinen weiteren Weg merken musst: Man sollte zu Menschen, die man beim Aufstieg trifft, freundlich sein. Man könnte sie beim Abstieg wieder treffen.«

Nach der Tour tingelte Dietrich Thurau von Termin zu Termin. Er nahm alles mit, was an Angeboten von Rennveranstaltern und Geschäftsleuten auf den Tisch flatterte. Er verdiente in dieser Zeit sehr viel Geld, schlug aber viele gut gemeinte Ratschläge in den Wind. Selbst im Winter startete er bei zu vielen Sechstagerennen und vernachlässigte dabei seinen Formaufbau für die nächste Saison.

Den Erfolg von 1977 konnte Dietrich Thurau nie wiederholen. Er wechselte nicht weniger als siebenmal den Rennstall. Bei der Tour de France ging er noch fünfmal an den Start, ohne seine Triumphfahrt in Gelb jemals wiederholen zu können. 1979 wurde er noch einmal Zehnter der Gesamtwertung, danach schied er viermal aus. Das Kapitel Tour de France hatte sich für ihn erledigt.

Die gesamte Karriere von Dietrich Thurau empfinde ich als eine lange Reihe verpasster Gelegenheiten. Zweimal verpasste er haarscharf den Weltmeistertitel auf der Straße. 1977 in San Christobal im fernen Venezuela ließ er völlig überflüssig kurz vor dem Ziel einen Tritt aus und verlor den Spurt fast ohne Gegenwehr gegen den Italiener Francesco Moser. 1979 im holländischen Valkenburg verlor er kurz hinter dem berühmten Cauberg die Nerven. Er fuhr aus einer Verfolgergruppe als Erster dem enteilten Franzosen André Chalmel hinterher, und Jan Raas, der ehemalige Kartoffelprüfer aus Amsterdam, fing Thurau noch auf dem Zielstrich ab und eroberte das Regenbogentrikot.

Wenigstens die Deutschland-Tour, 1979 wieder ins Leben gerufen, gewann er einmal zur großen Freude seiner immer noch zahlreichen Fans.

Noch einmal haben wir später etwas gemeinsam unternommen. Nach der Tour de France drehte ich im Rahmen der Reihe »Sport kritisch« für das 3. Programm des Westdeutschen Rundfunks einen Halbstundenfilm mit dem Titel »Die Goldene Pedale – Tatsache oder Märchen?« Der Film sollte während der Tour 1978 ausgestrahlt werden.

Didi Thurau nahm sich genügend Zeit für die Dreharbeiten,

wie seinerzeit in Bordeaux nach dem Sieg im Zeitfahren. Wir drehten an diversen Orten im In- und Ausland, unter anderem auf Fuerteventura, einer der Kanarischen Inseln, wo er mit seiner Freundin Urlaub machte.

Im Sommer 1988 organisierte Dietrich Thurau in der Frankfurter City sein eigenes Abschiedsrennen. Viele alte Konkurrenten und ehemalige Teamgefährten kamen in die Stadt am Main. Wir erlebten gemeinsam den stimmungsvollen Abschied eines hochtalentierten Rennfahrers, der sein Potenzial wohl nie komplett ausgeschöpft hat.

Vielleicht lesen wir den Namen Thurau in Zukunft aber wieder in diversen Siegerlisten, wenn seine Söhne Björn und Urs ihr großes Talent weiterhin unter Beweis stellen können. Björn fährt Rennrad, Urs spielt Tennis. Und hoffentlich schaffen es die beiden Jungs dann, die Fehler ihres Vaters zu vermeiden.

Mysterien der Tour:
Das Geisterauto (1979)

Was haben der Giro d'Italia und die Tour de France gemeinsam? Beide Radrennen sind große Landesrundfahrten, die drei Wochen dauern, rund 3500 Kilometer lang sind und über die höchsten Berge der betreffenden Länder führen. Beim Giro sind es die Abruzzen und Dolomiten, bei der Tour türmen sich die Berggiganten der Alpen und Pyrenäen auf.

Es gibt aber noch eine andere Gemeinsamkeit – zumindest für alle, die nicht mit dem Fahrrad unterwegs sind: Für beide Rennen über 21 Etappen benötigt man ein robustes, leistungsfähiges und vor allem zuverlässiges Auto. Tausende Fahrzeuge transportieren den großen Tross der Organisatoren und Helfer, der Werbekarawane und Journalisten. Es gehört seit Jahren zu meinen schlimmsten Albträumen, in irgendeiner entlegenen, menschenleeren Gegend mit einer Panne liegen zu bleiben oder den Schlüssel zu verlieren oder im Auto zu vergessen. Um wenigstens dieses Risiko etwas zu mindern, hatte ich mir angewöhnt, für unser Auto jedes Mal einen Zweitschlüssel anfertigen zu lassen. Bekamen wir also einen neuen Mietwagen für Tour oder Giro, führte mich die erste Fahrt unverzüglich zum Schlüsseldienst. Mit einem zweiten Schlüssel in der Tasche fühlte ich mich gleich bedeutend sicherer.

So war es auch 1979, als der Giro d'Italia in der toskanischen Metropole Florenz begann. Die Strecke führte zunächst in den Süden nach Neapel, dann nach Potenza in der Provinz Basilicata und erreichte im kleinen verschlafenen Fischerdorf Vieste in Apulien ihren südlichsten Punkt. Nach drei Wochen ging der Giro traditionell in Mailand in der Lombardei zu Ende.

Für die ARD-Sportschau am Wochenende produzierte ich vor 25 Jahren bunte Wochenrückblicke. Dazu wurden die Bilder des Rennens gemischt mit Beobachtungen am Streckenrand und Interviews mit den Fahrern. Mich begleitete ein Kamerateam des Westdeutschen Rundfunks aus Köln, unser langjähriger tollkühner Motorradfahrer Jupp »Giuseppe« Grohs und als privater und radsportbegeisterter Fan Walter Rellecke, mit dem ich im Radsportverein »Staubwolke« Refrath seit vielen Jahren meine Runden durch das Bergische Land drehte.

Damals bekamen wir von der Presseabteilung des Toyota-Werkes in Köln einen knallroten Wagen zu günstigen Konditionen zur Verfügung gestellt. Wieder wurde ich mit besonderer Sorgfalt und Gründlichkeit den Eigenschaften gerecht, die meinem Sternbild Jungfrau zugeschrieben werden. Als Sicherheitsfanatiker ließ ich mir wie üblich vor Beginn der Rundfahrt einen zweiten Schlüssel anfertigen.

Die Italienrundfahrt endete mit einem Doppelsieg für die Gastgeber – Giuseppe Saronni gewann vor Francesco Moser. Für unser Team verlief der Giro ohne Probleme. Es gab keinerlei Notfälle, den zweiten Autoschlüssel benötigten wir kein einziges Mal. Aber wir sollten noch viel Spaß mit ihm bekommen, was am Ende des Giro natürlich noch kein Mensch ahnte.

Ich brachte das Auto zur Toyota-Zentrale zurück, wo es in der Pressestelle bereits sehnsüchtig erwartet wurde. Eine Frau Heuser empfing mich mit bangen Blicken und voller Ungeduld: »Ist alles okay? Gab es einen Unfall? Müssen wir etwas reparieren?«, fragte sie mich.

Ich war froh, das Italien-Abenteuer ohne Schramme überstanden zu haben und entgegnete: »Was ist los? Warum sind Sie so aufgeregt?«

Ich machte ihr ein Kompliment für den pannenfreien, zuverlässigen Wagen und gab ihr einen Schlüssel zurück. Da hellte sich ihr Gesicht auf.

»Da bin ich aber erleichtert«, seufzte sie. »Wissen Sie, Ihre Kollegen von der Presse haben schon vor Monaten genau dieses knallrote Auto für die Tour de France reservieren lassen. Die Herren wollen bereits in den nächsten Tagen vorbeikommen und den Wagen abholen.«

Alles war also in Ordnung. Die Kollegen von der schreibenden Zunft, die von mir scherzhaft und gar nicht böse gemeint »Zeilenschakale« genannt wurden, konnten die Tour mit der »roten Rakete« in Angriff nehmen.

Die beiden Kollegen waren Helmer Boelsen, Sportredakteur und Stellvertretender Ressortleiter bei der *Frankfurter Rundschau,* und Hartmut Scherzer, Sport-Redaktionsleiter bei der *Abendpost-Nachtausgabe* in Frankfurt/Main. Die beiden hatten noch einen Freund des Radsports dabei: Ottmar Groh, einen früheren Torwart des Fußballclubs Offenbacher Kickers, der auch verschiedene Vereine in der Hessenliga trainiert hatte.

Die Tour de France wurde 1979 im kleinen Örtchen Fleurance gestartet, genau wie zwei Jahre zuvor. Dieses Dorf war so winzig, dass es so wenige Telefonapparate in dem Örtchen gab, dass man mit zweistelligen Nummern auskam. Da wurden natürlich wunderschöne Erinnerungen wach. 1977 war es schließlich Dietrich Thurau, der beim Prolog für eine Sensation gesorgt, das Gelbe Trikot übernommen und es 15 Tage lang nicht mehr ausgezogen hatte. Ins Programm der ARD wurden kurzfristig Live-Übertragungen aufgenommen. In Deutschland gab es nur noch ein Thema: die Tour de France und ein Deutscher in Gelb. »Didi«, wie ihn bald alle nannten, holte sich fünf Etappensiege und beendete die Tour als bester Jungprofi im Weißen Trikot als Fünfter.

Daran dachte ich, als ich zwei Jahre später mit meinem Kollegen Jürgen Emig wieder in Fleurance einfuhr. Und ich hatte einen Autoschlüssel in der Tasche, der uns noch viel Freude bringen sollte. Aber die drei Tour-Wochen standen erst einmal unter dem bewährten Motto: »Alles kommt zu dem, der warten kann.« Denn nachdem ich Jürgen Emig vom zweiten Schlüssel in meiner Hosentasche erzählt hatte, reifte langsam eine Idee heran, was wir damit anstellen könnten.

»Was willst du denn noch mit diesem Schlüssel?«, machte sich Emig zuerst einmal lustig über meinen Sicherheitsfimmel. »Das ist doch sehr kollegial von mir«, antwortete ich augenzwinkernd. »Wenn unsere Kollegen ihren Schlüssel verlieren sollten, dann können wir sofort als Retter aushelfen.« »Wir könnten ihnen allerdings auch einen kleinen Streich spielen«, begann sich unsere Fantasie zu regen.

Helmer Boelsen und Hartmut Scherzer waren zwei überaus honorige Kollegen, die wir seit vielen Jahren bei den Radsport-Veranstaltungen trafen. Aber das sollte uns doch nicht daran hindern, etwas Schabernack zu veranstalten. Wir überlegten, welcher lustige Streich sich anbieten würde.

Ich erinnerte mich daran, dass vor zwei Jahren bei der Premiere der Tour in Fleurance alle Pressevertreter als Geschenk der Region eine große Flasche der besten Armagnac-Marke Montesquieu bekamen. Unsere Idee war, die Jungs aus Frankfurt ein wenig zu verwirren, indem wir diese Flaschen mit dem edlen Tropfen zur »vorübergehenden Aufbewahrung« aus ihrem Kofferraum entwendeten. Unser Pech war nur, dass es 1979 keine Pressegeschenke gab. Die Region Gascogne war kurz zuvor wie benachbarte Landstriche auch von einer furchtbaren Überflutung heimgesucht worden. Völlig berechtigt hatte man die Geschenke deshalb gestrichen.

Wir dachten nach und grübelten. Erst wollten wir ihnen schwere Steine in den Kofferraum legen. Aber das war uns dann zu anstrengend. Dann wollten wir das Auto ans andere Ende des Ortes umsetzen, während die Kollegen sich in der Pressestelle akkreditierten. Aber dieser Streich schien uns dann doch zu herb, schließlich wollten wir die sympathischen Kollegen nicht schon vor Beginn der Tour in Panik versetzen. Wir waren uns einig: Es sollte etwas Pfiffiges sein, ein kleiner Gag, der Verwunderung, etwas Verwirrung und viel Spaß auslösen sollte. Aber zunächst fiel uns nichts ein.

So vertagten wir die ganze Sache erst einmal, fuhren durch die Pyrenäen nach Bordeaux, dann am Atlantik entlang, wir erreichten St. Brieuc, die Heimatregion des späteren Tour-Siegers Bernard Hinault, passierten mit Deauville und Le Havre weitere Orte am Meer. Aber auch auf unserem Weg durch die Bretagne und die Normandie fiel uns immer noch nichts Tolles ein. Doch unsere Zeit würde noch kommen, da waren wir sicher. Und tatsächlich sollte es nicht mehr lange dauern, bis der Geistesblitz einschlug.

Wir erreichten die »Hölle des Nordens« in Roubaix. Didi Thurau hatte sich viel vorgenommen, wurde aber nur Etappenzweiter hinter seinem belgischen Teamgefährten Ludo Delcroix vom Ijsboerke-Rennstall. Nach der Etappe gab es viel Gesprächsstoff, und der Zufall wollte es, dass wir Reporter von der ARD im selben Hotel in Lille wohnten wie die Kollegen Boelsen und Scherzer. Unsere Chance war da! Wieder begannen die grauen Zellen zu arbeiten. Wieder suchten wir nach der zündenden Idee.

Nachdem wir unsere Zimmer im Hotel bezogen hatten, suchten wir am Grande Place von Lille, dem Zentrum der nordfranzösischen Kulturhauptstadt, nach einem Restaurant. Wie bestellt trafen wir die Kollegen und verabredeten uns zum Essen. Ein lauer Sommerabend ließ die lange »Schüttelfahrt« über die Kopfsteinpflaster im französischen Kohlerevier, befahren in jedem Jahr auch beim Klassiker Paris–Roubaix, schnell in Vergessenheit geraten. Bei mehreren »Tangos«, einem erfrischenden Getränk aus hellem Bier und einem Schuss Grenadine, genossen wir den Abend unter Kollegen. Hartmut Scherzer verließ mit dem Hinweis auf seine plötzlich eintretende Müdigkeit bald die lockere Runde und verabschiedete sich ins Hotel.

»Wir sehen uns morgen beim Frühstück«, sagte er noch zu seinem Mitfahrer Helmer Boelsen. Da schoss es mir plötzlich durch den Kopf. Ich hatte die Idee gefunden, nach der wir seit Tagen gesucht hatten. Nach einem kurzen Austausch viel sagender Blicke verließ ich das Lokal durch den Lieferanteneingang und stürzte zum Hotel. Unmittelbar vor dem Eingang standen die beiden Autos hintereinander auf der rechten Straßenseite. Ich kramte aufgeregt meinen Toyota-Zweitschlüssel hervor, startete das Auto der Kollegen, drehte eine Runde und stellte das Fahrzeug genau gegenüber auf der anderen Straßenseite ab. Ich war gespannt, was nun passieren würde.

Schnell lief ich zurück ins Restaurant, wo man sich bereits wunderte, wo ich so lange geblieben war. »Liebe Kollegen«, entgegnete ich beiläufig. »Die Tangos treiben einen an den Ort, den auch der Kaiser zu Fuß aufsuchen muss.« Wir bestellten die Rechnung, bezahlten und verschwanden aus dem Lokal. Ich musste nun ein paar Witze erzählen, um die ganze Aufmerksamkeit des Kollegen Boelsen auf mich zu ziehen, damit er das umgesetzte Auto nicht schon jetzt bemerkte. Es gelang.

Am nächsten Morgen erst entdeckte Helmer Boelsen beim Gang zum Zeitungskiosk das Auto auf der anderen Straßenseite. Beim Frühstück der beiden Kollegen ging es hoch her.

»Erst erzählst du was von Müdigkeit, und dann bist du noch mitten in der Nacht auf der Pirsch«, rüffelte er Hartmut Scherzer.

»Was redest du denn für einen Quatsch«, antwortete der. »Ich hab gesagt, ich gehe ins Hotel. Und genau das habe ich getan.«

»Warum gibst du nicht zu, dass du noch um die Häuser gezogen bist«, legte Helmer Boelsen nach.

»Weil ich es nicht bin.« Hartmut Scherzer wurde langsam sauer. »Was willst du eigentlich von mir?«

»Das Auto steht doch auf der anderen Seite«, sagte Boelsen jetzt. »Ist doch nicht schlimm, dass du noch unterwegs warst. Aber zugeben kannst du es wenigstens.«

»Das glaub ich nicht«, sagte Hartmut, sprang auf und lief vor das Hotel. Helmer Boelsen hinterher. Tatsächlich. Das Auto stand auf der gegenüberliegenden Straßenseite. Ganz offensichtlich war es bewegt worden. Unsere aufgebrachten Kollegen stürzten zu ihrem roten Toyota, öffneten Türen und Kofferraum und durchsuchten das Fahrzeug. Schreibmaschinen, Archivmaterial, Tour-Unterlagen, Lederjacken, alles war an seinem Platz.

Auto verschoben, nichts entwendet – das war unbegreiflich für unsere verblüfften Kollegen. Was waren denn das für Diebe? Diese unerklärliche Situation veranlasste Hartmut Scherzer, der in

Tour 79 fährt mit — Abendpost Nachtausgabe

Etappen-Tagebuch

erz Brüssel. — „Halbzeit" bei der Tour de France — für uns zumindest. Zwei Wochen waren wir in Brüssel schon unterwegs, und erst in zwei Wochen rollt die Tour de Paris ein und aus. 3 827 km hat der Tacho im Toyota bereits drauf, die Taschen mit der sauberen Wäsche sind leer, die Tüten mit der schmutzigen bersten; der erste Waschtag läßt sich nicht länger hinausschieben.

Manches hat sich geändert gegenüber der Thurau-Tour vor zwei Jahren. Diesmal ist nicht der linke, sondern der rechte Arm brauner. Das liegt am Sonnendach. Obwohl wir nicht weniger im Auto sitzen und die gute französische Küche abends nach getaner Arbeit nicht minder genießen, muß der Gürtel (noch) nicht weiter geschnallt werden. Das liegt wohl an den dreißig Liegestützen, die ich mir als tägliches Tour-Training vor dem Frühstück auferlegt habe.

Didi Thurau ist zugänglicher geworden, womit ich die äußeren Umstände meine. Ohne Gelbes Trikot wird er nicht pausenlos von Reportern gejagt und ständig umzingelt. Er entwickelt eine bemerkenswerte Persönlichkeit. Er, dem nachgesagt wird, er denke zuerst nur an sich, überläßt seinem Domestiken den Tagessieg. „Das hätte doch blöd ausgesehen, wenn ich Ludo Delcroix nachgefahren wäre.".

Schlagfertig ist er auch geworden. Didi Thurau nach dem ersten Sieg seiner Mannschaft: „Gott sei Dank, jetzt ist der Willy Jossart hoffentlich nicht mehr so nervös." Didi Thurau zu den hartnäckigen Reportern, die ihn tagtäglich beim Etappentip auf den ersten Platz setzen: „Heute könnte es klappen. Ich bin windschlüpfriger geworden, denn ich habe mir die Haare schneiden lassen." Didi Thurau über die deutschen Journalisten, die nach seinem Einbruch in den Pyrenäen die Tour wieder verlassen haben: „Da schreiben sie, ich würde oft zu früh resignieren. Sie geben aber noch viel früher auf."

Heute in Metz fährt auch Helmer Boelsen nach Hause, am Samstag in Les Menuires in den Alpen ist für Othmar Groh die Tour zu Ende. Das Training beim FC Hochstadt ruft.

Aufregendes am Rande des Rennens hat es bisher nicht gegeben. Es ist bislang bei jenem Schrecken in Lille geblieben, wo morgens unser Tour-Toyota verschwunden war und sich hundert Meter entfernt auf der anderen Straßenseite wiederfand, völlig beschä-

Tour-Rätsel

digt und fest verschlossen. Die Kollegen von der ARD können bezeugen, daß der Toyota noch um Mitternacht direkt hinter ihrem Wagen stand, dort, wo wir ihn vorschriftsmäßig geparkt hatten.

Wie kommt der Wagen auf die andere Straßenseite? Dieses Rätsel wird wohl nie mehr gelöst werden. Da nur ich einen Zündschlüssel besitze, werde ich verdächtigt, Schlafwandler zu sein, der nach Mitternacht wieder aufstand und bei der Tour noch eine „Spritztour" machte.

Hartmut Scherzer berichtet in der Frankfurter Abendpost-Nachtausgabe *von den rätselhaften Begebenheiten.*

seiner Zeitung ein Tour-Etappentagebuch verfasste, zu einer Kolumne mit dem Titel »Tour-Rätsel«. Wir bekamen ein Belegexemplar geschenkt.

Jürgen Emig und ich hatten unser Ziel erreicht, wir waren hocherfreut über unseren gelungenen Gag. Die beiden Frankfurter Zeitungskollegen gingen allerdings ab sofort etwas distanzierter miteinander um. Jeder suchte nach des Rätsels Lösung, fand sie aber nicht. So blieb ein Rest Misstrauen gegenüber dem Mitfahrer. Für Gesprächsstoff war also in beiden Autos gesorgt. Im ARD-Fahrzeug tüftelten wir beiden Täter bereits an der nächsten Aktion.

Nur zwei Tage später war der gesamte Tour-Tross in der belgischen Hauptstadt Brüssel versammelt, es stand ein Einzelzeitfahren auf dem Programm. Die Stadt platzte aus allen Nähten. Ein Königreich für einen Parkplatz. Das Duo Boelsen/Scherzer hatte Glück und erhaschte an einem abgesperrten Kreisverkehr den letzten freien Parkplatz, musste aber fünfmal hin und her rangieren, um das Auto in die enge Lücke zu bekommen. Sie schafften es. Helmer Boelsen war der »Rangiermeister«, und Hartmut Scherzer saß am Steuer. Gemeinsam gingen sie dann zum Pressesaal und zur Tribüne.

Ich eilte sofort zurück zum roten Toyota, schloss die Tür auf und setzte mich ans Steuer. Ohne Rangierhilfe versuchte ich nun, aus der knappen Parklücke zu kommen, pendelte immer wieder vorsichtig hin und her, um die benachbarten Fahrzeuge nicht zu beschädigen. Es gelang mir. Schweißtropfen liefen mir von der Stirn. Mir wurde noch heißer, als ich bemerkte, dass mein Parkmanöver unter der Beobachtung eines gestrengen belgischen Polizisten stattgefunden hatte. Er starrte mich an und vollzog meine Verrenkungen am Steuer nach wie ein Skirennläufer, der kurz vor dem Start konzentriert die Kurven und Abfahrten ins Tal im Gedächtnis abrief.

Seine Verblüffung wurde noch größer, als er sah, dass ich, der engen Parklücke entkommen, das Auto nur wendete, um es danach am selben Platz wieder abzustellen. Nur in umgekehrter Fahrtrichtung. Dem Polizisten verschlug es so sehr die Sprache, dass ich dieses Gesicht bis heute nicht vergessen habe. Mit weit aufgerissenem Mund verfolgte er meine sinnlose Aktion. Ich hatte das Auto umgedreht, der Kühler zeigte jetzt nach Norden statt nach Süden. Danach stieg ich aus und schloss den Wagen ab. Mein Polizeibeobachter nahm Haltung an und ließ mich davonziehen, ohne ein einziges Wort zu sagen.

Was würde unsere Aktion wohl auslösen, fragte ich mich, als ich hastig zurück zur Tribüne lief. Bernard Hinault gewann das Zeitfahren von Brüssel und legte auf diesen 35 Kilometern den Grundstein für seinen zweiten Tour-Sieg. Nach dem Rennen trafen wir – wie zufällig – die beiden Kollegen und liefen mit ihnen zurück zu unseren Autos. Mit einem kurzen Nicken machte ich meinem Mitwisser klar, dass die Aktion gelungen war. Ich hielt mich besser in der hinteren Reihe auf, um nicht die Fassung zu verlieren und womöglich vor lauter Lachen loszuprusten.

Unbeschreiblich war dann die Szene zwischen Helmer Boelsen und Hartmut Scherzer: Ihr Blick ging entlang der langen Reihe der Autos, die alle in einer Fahrtrichtung geparkt waren. Bis auf eine Ausnahme: ein knallroter Toyota. Schweigend wie ein zerstrittenes Ehepaar betrachteten sie ihr Auto. Misstrauen gegenüber dem jeweils anderen kam auf. Und eins war ihnen beiden klar: Hier ging etwas nicht mit rechten Dingen zu. Beide fanden aber keinerlei Erklärung. Die Verwirrung wurde noch größer. Eine Folge davon war die nächste Tour-Kolumne mit dem Titel »Das Geisterauto wird immer mysteriöser«.

Der Gedanke, dass einer der ARD-Kollegen die Finger im Spiel haben könnte, war den beiden wohl auch bereits gekommen. Aber das erschien ihnen zu absurd und unerklärlich, deshalb trauten sie sich nicht, diesen Verdacht laut zu äußern. Sie wollten keinen Spott ernten. Die Spannung stieg also, denn Emig und ich sagten uns: »Aller guten Dinge sind drei!«

Wir legten nur eine kleine schöpferische Pause ein. Einige Tage später ging es in die Alpen. Dort würde uns die frische und würzige Bergluft schon zu einer neuen gedanklichen Höchstleistung inspirieren. Da waren wir uns ganz sicher.

Die Tour erreichte bald darauf das »Krähennest« Alpe d'Huez in den Savoyer Alpen, seit 1952 im Streckenverlauf der Tour immer wieder vertreten. Damals gewann der legendäre Italiener Fausto Coppi.

Helmer Boelsen musste die Tour inzwischen verlassen und war nach Frankfurt zurückgekehrt. Hartmut Scherzer war für den Rest bis ins Ziel nach Paris allein unterwegs. Beide verabschiedeten sich zweifelnd und argwöhnisch voneinander, denn das Tour-Rätsel um das Geisterauto blieb ungelöst.

Auch ich musste in diesem Jahr 1979 vorzeitig von der Tour abreisen, weil ich dem Aufgebot angehörte, das von der Völkerspartakiade in Moskau berichten sollte. Der WDR Köln hatte die Federführung für die Olympischen Sommerspiele 1980 und plante nun einen Probelauf mit Übertragungen von fast allen olympischen Disziplinen. Statt Paris und Champs-Élysées wartete auf mich die Zementpiste im »Stadion der Freundschaft« in der sowjetischen Hauptstadt. Aber ich wollte mich mit einem echten Paukenschlag aus Frankreich verabschieden.

Der Wintersportort Alpe d'Huez schien genau der richtige Ort dafür zu sein. Hartmut Scherzer hatte noch kein Hotel für diesen Abend gefunden und schloss sich der Crew des Zweiten Deutschen Fernsehens ZDF an. Reporterkollege Klaus Angermann, durch unzählige Einsätze bei allen Radrennen dieser Welt gestählt und erfahren, hatte rechtzeitig für seine Truppe vorgesorgt. Die ZDF-Kollegen wohnten in einem Appartement mit sechs Betten. Hartmut Scherzer bekam den letzten freien Schlafplatz. Sein Auto parkte er vor dem Haus direkt neben den ZDF-Fahrzeugen.

In der Nacht schlich ich aus dem benachbarten Appartement, das wir bewohnten. Es war dunkel, bitterkalt (1860 Meter ü. M.), und ich war todmüde, aber das war mir der Spaß natürlich wert. Ich fuhr den Toyota genau ans andere Ende des Parkplatzes.

Darüber informierte ich auch Klaus Angermann, der Hartmut Scherzer ablenken musste. Er spielte beim letzten Akt unserer Komödie mit und schwieg wie ein Grab.

Als Hartmut Scherzer am nächsten Morgen seinen Kopf aus dem Fenster streckte, traute er wieder einmal seinen Augen nicht. Von seinem Auto war weit und breit nichts zu sehen. Er weckte Klaus Angermann und begab sich mit ihm auf die Suche. Das Fahrzeug wurde bald gefunden, und den letzten Rest seiner Fassung verlor unser armer Kollege Scherzer, als Klaus Angermann mit Engelsmiene zu ihm sagte: »Aber Hartmut, du hast doch das Auto selbst hier abgestellt.«

Nun rang Scherzer in der dünnen Höhenluft nach Atem. Ihm fehlten die Worte: »Ja, bin ich hier im falschen Film? Oder träume ich den ganzen Spuk? Sind hier irgendwelche übermächtigen Kräfte im Spiel?« Hartmut war völlig durcheinander. So etwas war ihm in seiner langen Karriere als Sportjournalist noch nicht passiert. Aber von uns durfte er keine Antworten erwarten. Auch der dritte Akt des Tour-Rätsels um das »Geisterauto« blieb ungelöst. Vorerst zumindest.

Als Hartmut Scherzer nach dieser Tour de France wieder in seine Redaktion zurückkehrte, musste er die mysteriöse Geschichte in aller Ausführlichkeit erzählen. Ungläubige Gesichter schauten ihn an. Aber auch im Kreis seiner Kollegen kam niemand auch nur annähernd auf die Idee, wie es zu den Platzveränderungen des merkwürdigen »Geisterautos« hatte kommen können.

Es vergingen Tage, Monate und schließlich sogar zwei Jahre. Immer wieder trafen wir uns bei den großen Radrennen des Jahres. Und immer wieder sprachen Helmer Boelsen und Hartmut Scherzer die Sache mit dem Auto an. Auch ich wurde des Öfteren gefragt, ob ich keine Idee hätte, keine Spur empfehlen könnte, um des Rätsels Lösung zu finden. Ich tat natürlich gänzlich unwissend und wusste überhaupt keinen Rat.

Erst 1981 war es Zeit für die Auflösung. Der Ausgangspunkt der Geschichte war bekanntlich der Giro d'Italia 1979, als ich mir den Zweitschlüssel anfertigen ließ. Damals gewann wie berichtet der Italiener Giuseppe Saronni den Giro. Nun schrieben wir den 5. August 1981. Ich war als Fernsehreporter für die ARD bei der Deutschlandrundfahrt im Einsatz. Hartmut Scherzer arbeitete wie immer für verschiedene Zeitungen. An diesem Tag führte die Etappe von Pforzheim nach Schwenningen. Es gewann kein anderer als jener Giuseppe Saronni. Ich fand, dass dies eine gute Gelegenheit wäre, den Kreis zu schließen.

Am Abend saßen wir in einem Restaurant in Schwenningen. Hartmut Scherzer hatte seine Tochter Nicole mitgebracht. Sie sollte ihren normalerweise redseligen Vater bald sprachlos erleben. Bei angeregter Stimmung brachte ich die Sprache noch einmal auf die mysteriöse Auto-Nummer. Ich begann zunächst zurückhaltend, um dann Detail für Detail die ganze Story zu erzählen. Am Ende legte ich die Karten beziehungsweise den Schlüssel auf den Tisch. Denn der Schlüssel war der Schlüssel zur Lösung.

Hartmut Scherzer konnte es zuerst nicht fassen. Aber nach und nach begriff er, welcher Scherz hier mit Scherzer getrieben worden war, und bald konnte er herzhaft darüber lachen. Alle Einzelheiten wollte er wissen. Er war ehrlich froh, dass dieses Rätsel endlich gelöst war. Dann rief er unverzüglich seinen damaligen Tour-Mitfahrer Helmer Boelsen an, um ihm die überraschenden Neuigkeiten mitzuteilen. Der war allerdings gar nicht mehr überrascht, denn einige Zeit zuvor hatte ich ihm die Geschichte bereits gesteckt. Er hielt aber tapfer dicht bis zum Anruf seines erleichterten damaligen Tour-Chauffeurs.

1987:
Die Tour erreicht Berlin und den Osten

Außergewöhnliche Ideen begleiten und verändern die Tour de France schon seit ihrer Geburt im Jahre 1903. Bei der Premiere ließ Tour-Gründer Henri Desgrange 60 Rennfahrer in sechs Etappen fast zweieinhalbtausend Kilometer strampeln. 1905 mussten in den Vogesen die ersten Berge überwunden werden, und fünf Jahre später standen die Bergriesen der Pyrenäen und der Alpen auf dem Programm.

Immerhin 51 Jahre hat es gedauert, bis der damalige Tour-Direktor Jacques Goddet den Einfall hatte, dieses urfranzösische Radrennen im Ausland starten zu lassen. Zwei Gründe gab es dafür: die Aussicht auf bessere internationale Werbung und vor allem die Einnahme höherer Gebühren, die man von einer Stadt außerhalb Frankreichs verlangen konnte. Jacques Goddet, hauptberuflich Sportjournalist bei *L'Équipe*, war nicht nur bekannt für seine geschliffenen Kommentare und seine tiefgründigen Kolumnen, sondern vor allem für seine visionären Ideen.

Am 4. Juli 1954 wurde Deutschland durch einen 3:2-Sieg über Ungarn im Berner Wankdorf-Stadion sensationell Fußball-Weltmeister. Ich war damals 13 Jahre alt und saß beim Endspiel dicht gedrängt mit den anderen Jungs aus der Nachbarschaft auf einem Bügelbrett im Gasthof Mödder meines Heimatortes Bensberg vor dem Schwarz-Weiß-Fernseher. Bis heute habe ich die Stimme des Reporters Dr. Bernhard Ernst im Ohr: »Tor und 3:2 für Deutschland durch Helmut Rahn!«

Vier Tage später begann die Tour de France zum ersten Mal im Ausland: in der holländischen Metropole Amsterdam. Jeden Nachmittag nach der Schule hockte ich in der Küche vor dem Radio und lauschte gebannt den faszinierenden Schilderungen der Reporter. Hier begannen meine Träume von einem abenteuerlichen Sportreporterleben, von weiten Reisen und fremden Ländern.

Zur Freude der radsportverrückten Holländer gab es 1954 auf der ersten Etappe von Amsterdam ins belgische Nachbarland nach Antwerpen einen Sieg ihres Landsmanns Wout Wagtmans und das Gelbe Trikot dazu. Die großen Namen der Tour waren Koblet und Kübler aus der Schweiz, Darrigade und Bobet aus Frankreich, Gaul aus Luxemburg und Bahamontes, der Kletterer aus Spanien. Louison Bobet gewann seinerzeit nach 4656 Kilometern die Tour.

Bis 1987 hatte die Tour de France bereits achtmal im benachbarten Ausland begonnen, darunter zweimal in Deutschland: 1965 in Köln und 1980 in Frankfurt/Main. Damals verkaufte die kreative wie geschäftstüchtige Tour-Direktion den Frankfurtern eine grandiose Idee: ein Radsport-Event über drei Tage, mit Fahrerpräsentation, Prolog, erster Etappe, einem Mannschaftszeitfahren und dem Start zur nächsten Etappe. Erstmals verlangten die Veranstalter der Tour de France dafür einen Millionenbetrag. Keine französische Stadt hätte hier mitziehen können oder wollen. Aber im benachbarten Ausland gab es finanzkräftige Interessenten dafür.

Am 1. Juli 1987 startete die Tour zum dritten Mal in Deutschland, und dennoch war es eine Premiere. Das Spektakel begann in der geteilten Stadt Berlin. Der deutsche Anteil an einer Frankreichrundfahrt war so groß wie nie zuvor: Neben den Tagen in Berlin standen die Etappen Karlsruhe–Stuttgart, Stuttgart–Pforzheim und Pforzheim–Straßburg auf dem Programm. Der Ausflug nach Deutschland verlängerte die Tour von 22 auf 26 Tage.

Meine Vorfreude auf die Reportagen mit meinem Kollegen Jürgen Emig war diesmal noch größer als sonst. Ein Tour-Start in Deutschland war etwas ganz Besonderes, die Begeisterung im eigenen Land war riesig, die Tour war nicht nur für deutsche Radsport-Fans ein Publikumsmagnet. Die große Radsport-Begeisterung im Lande hatten schon die vier Deutschland-Rundfahrten zwischen 1979 und 1982 eindrucksvoll bewiesen.

Vom Tour-de-France-Spektakel in Berlin waren umfangreiche Live-Übertragungen in der ARD geplant. Das war außergewöhnlich, denn nachdem sich die Karriere von Dietrich Thurau ihrem Ende näherte, fehlte in Deutschland ein Rennfahrer mit Ambitionen auf einen Tour-Sieg. Und auch einen Klassesprinter gab es nicht. Aus diesem Grund wurden Ende der 1980er-Jahre oft nur kurze Tageszusammenfassungen im deutschen Fernsehen gesendet.

Lange hatte es gedauert, bis endlich feststand, dass die Tour de France in Berlin starten würde. Es sollte die größte, international beachtete Attraktion zur 750-Jahr-Feier der Stadt sein. Ost und West überboten sich in der Inszenierung des gemeinsamen Stadtjubiläums der geteilten Stadt. Aber ein Start des größten Radrennens der Welt war nicht zu übertreffen.

Dennoch gab es große Diskussionen über das Für und Wider dieses gigantischen Unternehmens, als Mitte Oktober 1985 der Regierende Bürgermeister Eberhard Diepgen den Tour-Start angekündigt hatte. Begeisterung und Skepsis hielten sich zunächst die Waage. Noch nie hatte die Tour de France so weit von Frankreich entfernt ihren Anfang genommen. Zwischen Berlin und Paris liegen mehr als 1000 Kilometer.

Um die Distanz von der »geopolitischen Insel« Berlin in die Bundesrepublik zu überbrücken, rechneten die Organisatoren mit dem guten Willen der DDR. Der ursprüngliche Plan vom damaligen Tour-Direktor Félix Lévitan bestand darin, die zweite Etappe auf der Transitstrecke Berlin–Helmstedt auszutragen. Unzählige Telefonate, Anfragen, Konferenzen und auch Zeitungsartikel hatten es aber nicht vermocht, dieses Ziel zu erreichen. Die zuständige DDR-Sportorganisation teilte mit, dass das Territorium der DDR für die Profisport-Veranstaltung Tour de France definitiv nicht zur Verfügung stünde. Die Idee, den Tour-

Tross über DDR-Straßen rollen zu lassen, war Anfang Dezember 1986 gescheitert. Und es blieb nur noch ein halbes Jahr Zeit für die Vorbereitung.

Für den Start in Berlin musste also eine neue »Luftbrücke« errichtet werden. Nur so konnten Fahrer, Betreuer, Journalisten und Material in den Westteil der Stadt eingeflogen werden. So kamen zu den drei Millionen D-Mark für die Startgebühr weitere 1,5 Millionen D-Mark Organisationskosten hinzu. Der Aufwand war gigantisch. 1000 neue Verkehrszeichen mussten aufgestellt werden, dazu 1500 Gitter und acht Kilometer Seile für die Absperrungen. 1100 Streckenposten und 4000 Polizisten waren im Einsatz, darunter 42 eskortierende Motorradfahrer. Es war ein Ereignis von außerordentlicher Größe und Bedeutung.

Kurz vor dem eigentlichen Start wäre es beinahe noch zu politischen Verwicklungen gekommen. Das US-amerikanische Team 7-Eleven-Hoonved trainierte mit seinem Kapitän Andrew Hampsten auf der Heerstraße zwischen Olympiastadion und Grenzübergang Staaken. Dabei rollten sie am Kontrollpunkt leichtfertig über die Grenzmarkierung und fuhren plötzlich auf DDR-Territorium. Die Grenzsoldaten – nicht gerade für ihre Großzügigkeit bekannt – hielten die knallbunte Truppe wahrscheinlich für eine Fata Morgana. Jedenfalls waren sie so verdutzt, dass sie die Amerikaner auf ihrem Rückweg anstandslos wieder in den Westen fahren ließen. Hätte auch nur einer der Grenzer einen schlechten Tag gehabt, wer weiß, wie die Sache ausgegangen wäre …

Die *Straße des 17. Juni* vor dem damals noch zugemauerten Brandenburger Tor war festlich geschmückt. Zehntausende Zuschauer drängten sich am Straßenrand, um ja nichts zu verpassen. In wenigen Augenblicken sollte die 1. Etappe der 74. Tour de France gestartet werden. Einen Tag zuvor war bereits der Prolog ausgetragen worden, den der Holländer Jelle Nijdam gewonnen hatte. Jetzt aber sollte es richtig losgehen.

Die Fahrer hatten hinter einem blau-weiß-rot und schwarzrot-gold gemusterten Band Aufstellung genommen. Auf dem Podest neben dem Fahrerfeld standen der damalige französische Premierminister und Bürgermeister von Paris, Jacques Chirac, und Berlins Regierender Bürgermeister Eberhard Diepgen. Auf einem roten Samtkissen wurden ihnen goldene Scheren gereicht. Und nachdem sie in feierlichen Worten den völkerverbindenden Charakter dieser Radrundfahrt gewürdigt hatten, durchschnitten sie das Startband und schickten die Fahrer auf die Strecke.

Der Pulk der Rennfahrer setzte sich in Bewegung. Schon nach wenigen Augenblicken war die Siegessäule erreicht, die als Denkmal an lang zurückliegende Kriege und preußische Siege über Frankreich erinnert. Weiter ging es Richtung Wedding und dann durch die übrigen elf Bezirke Westberlins.

Unter den 207 Teilnehmern befanden sich mit Reimund Dietzen, Peter Hilse, Rolf Gölz und Dietrich Thurau diesmal nur vier deutsche Profis. Dafür durften die ersten beiden Fahrer aus dem Osten zum Geldverdienen im Westen in die Pedale treten. Zwar nicht aus der DDR – das sollte erst nach der Wende möglich sein –, aber aus der Volksrepublik Polen. Am Ende der ersten Etappe konnte sich einer der beiden, nämlich Lech Piasecki, als erster Pole das Gelbe Trikot der Tour de France überstreifen. Piasecki hatte schon zwei Jahre zuvor in Berlin das Gelbe Trikot getragen, allerdings auf der Karl-Marx-Allee im Ostteil der Stadt. Damals war er noch Amateur gewesen – und Gewinner der Friedensfahrt.

Sein Landsmann Czeslaw Lang war überhaupt der erste Osteuropäer gewesen, der 1983 als Berufsradfahrer zu einem westeuropäischen Team gewechselt war. Als er 1987 in Berlin an den Start ging, hatte er bereits zweimal die Tour de France beendet, 1984 als 93. und 1985 als 89. der Gesamtwertung. Er fuhr in diesen Jahren beim italienischen Carrera-Team unter den Kapitänen Giovanni Battaglin und Roberto Visentini. Das war der Beginn einer regelrechten Radsport-Invasion aus dem Osten. Eine friedliche Invasion. Kontinuierlich wuchs der Kreis der Fahrer aus dem Osten, es kamen die russischen Asse dazu und ab 1990 auch die ersten Rennfahrer aus der DDR.

Für mich als Reporter bedeutete dies Neuland. Bisher genügten französische, spanische, italienische und englische Sprachkenntnisse, um mit den Fahrern Gespräche und Interviews zu führen. Aber jetzt waren Fähigkeiten in Russisch, Tschechisch oder Polnisch gefragt, wollte man neue Kontakte knüpfen.

Czeslaw Lang sprach deutsch, daran kann ich mich noch erinnern, als wir uns in Berlin trafen.

»Grüß dich, Czeslaw«, rief ich ihm bei der Einschreibkontrolle am Morgen hinterher. »Wie geht es dir im fünften Profijahr? Bist wohl schon ein halber Italiener?«

Er runzelte die Stirn, schaute nachdenklich, aber er erkannte mich nicht.

Ich gab ihm das Stichwort: »Santa Severa!«

Da leuchteten seine Augen auf, und die Erinnerung kam zurück: »Ja, richtig, du warst bei meinem ersten Profisieg dabei!«

Wir schwärmten für einen Moment vom idyllischen Fischerdorf Santa Severa, das 17 Kilometer südlich von Civitavecchia in der Region Latium am Tyrrhenischen Meer liegt. Es war der 11. März 1983, als dort der Prolog des Etappenrennens Tirreno–Adriatico stattfand. Lang startete für die italienische GIS-Gelati-Mannschaft und bezwang im kurzen Zeitfahren berühmte Spezialisten wie Gerard Knetemann, Roberto Visentini und sogar seinen Teamkapitän Giuseppe Saronni.

Ich drehte seinerzeit einen Film für die ARD-Sportschau, der als Vorschaubericht auf das klassische Rennen Mailand–San Remo gesendet werden sollte. Seit dieser Zeit verfolgte ich aufmerksam den sportlichen Werdegang dieses sympathischen Polen. Immer, wenn wir uns in den darauf folgenden Jahren trafen, fiel das Stichwort »Santa Severa«, und es folgte eine herzliche Begrüßung.

In Berlin nahm Czeslaw Lang also seine dritte Tour de France in Angriff. Nach dem 10. Platz beim Prolog traf ich ihn in seinem Hotel.

»Czeslaw, ich wünsche dir viel Glück! Und gute Beine besonders in den Bergen. Die sind ja nicht unbedingt deine ganz große Stärke.«

Ich sollte leider Recht behalten. Auf der 13. Etappe zwischen Bayonne und Pau am Fuß der Pyrenäen gab er das Rennen vorzeitig auf. Nach Beendigung seiner Karriere blieb Czeslaw Lang dem Radsport als Trainer erhalten. Heute ist er der Chef-Organisator der Polenrundfahrt, die als Teil der neuen Pro-Tour-Serie eine erhebliche Aufwertung erlebt hat.

Der Osten hatte im Radsport die Hand nach Westen ausgestreckt. Die beiden Polen Lang und Piasecki sollten nicht lange allein bleiben. 1988 bestritt und beendete Milan Jurco aus der ČSSR als 139. die Tour. Ein Jahr später kämpfte sich der Jugoslawe Jure Pavlic bis Paris durch und belegte den 74. Platz.

Am Start der Tour de France 1990 in Futuroscope bei Poitiers erlebten wir dann den geballten Einzug der »Staatsamateure« aus dem Ostblock. Sie eroberten im Sturm den Profiradsport, den sie bisher auf staatliche Weisung als kommerzielles Spektakel ablehnen mussten.

Eine sowjetische Mannschaft mit italienischer Lizenz und finanziert vom Sponsor »Alfa Lum« wurde ins Feld genommen. Klangvolle Namen schmückten nun die Startliste: Dimitri Konyshew, der bereits 1989 Zweiter der Straßen-Weltmeisterschaft hinter Greg LeMond in der Regenschlacht von Chambéry wurde, verbuchte als erster Russe am 18. Juli 1990 auf der Etappe von Lourdes nach Pau einen Tageserfolg. Der erste Etappensieg der Tour-Geschichte für die Sowjetunion.

Den Usbeken Djamolidine Abdujaparow nannten wir den »Schaukelstuhl aus Taschkent«, weil er im Spurt mitunter gefährliche Bewegungen mit ausgefahrenen Ellenbogen machte, die nicht selten zu Stürzen führten. Mit seinem temperamentvollen Fahrstil fand er im Kreis der Sprinter zwar nicht viele Freunde, holte sich aber immerhin zehn Tour-Etappensiege und bekam dreimal das Grüne Trikot des besten Sprinters.

Pjotr Ugrumow, der ruhige, introvertierte Berg- und Zeitfahrspezialist, gehörte genauso zu den russischen Profis der ersten Stunde wie Wjatscheslaw Ekimow, der viermalige Verfolgungsweltmeister auf der Bahn und spätere Olympiasieger im Zeitfahren, der 2000 in Sydney vor Jan Ullrich und Lance Armstrong gewann.

Der Profiradsport der Bundesrepublik drohte trotz einzelner guter Rennfahrer Ende der 1980er-Jahre in der Bedeutungslosigkeit zu verschwinden. Er bekam nach dem Fall der Mauer 1989 und der Wiedervereinigung Deutschlands ein komplett neues Gesicht. Fünf Rennfahrer aus der DDR bestritten 1990 erstmals die Tour de France, die sie bisher doch nur aus den Berichten des Westfernsehens kannten. Die Amateur-Weltmeister Uwe Ampler und Uwe Raab gingen für das holländische PDM-Team ins Rennen, die Olympiasieger Mario Kummer und Jan Schur fuhren bei der italienischen Chateau-d'Ax-Mannschaft. Und schließlich Olaf Ludwig, der wegen seiner entschlossenen Fahrweise, seines Olympiasiegs von 1988 und vor allem seiner 36 Etappensiege bei der Friedensfahrt auch im Westen einen legendären Ruf hatte. Der »Eddy Merckx des Ostens« verstärkte die holländische Panasonic-Mannschaft.

Allein auf weiter Flur nahm als einziger bundesdeutscher Starter Andreas Kappes aus Köln die Tour de France in Angriff. Fünfmal Tour, fünfmal Giro, fünfmal Tour de Suisse – und immer das Ziel der Rundfahrt erreicht. Das war seine außergewöhnliche Bilanz.

In der Tour-Startliste 1990 fand man also zehn sowjetische Starter, einen aus der Bundesrepublik und fünf aus der DDR. Die halbe DDR-Nationalmannschaft war damit am Start. Zum ersten und zum letzten Mal – denn nur wenig später gab es den ostdeutschen Staat nicht mehr. Die Anzahl der Fahrer entsprach dem aktuellen Kräfteverhältnis. Aus dem Osten wehte plötzlich ein kräftiger frischer Wind in die Tour de France. Ein neuer Fahrertyp präsentierte sich da: gut ausgebildet, rennerfahren, athletisch, absolut teamfähig und überaus siegeshungrig. Das war die harte und konsequente Schule des Sports in der Sowjetunion und der DDR. Die etablierten Radsport-Ñationen hatten neue Konkurrenz bekommen.

Wir Reporter fragten uns also gespannt, was die bevorstehende 77. Tour de France 1990 an Überraschungen, Enttäuschungen und neuen Stars hervorbringen würde. Jeden Morgen vor dem Start suchte ich im Pulk der ankommenden Fahrer zuerst nach Andreas Kappes, den ich schon lange kannte und mit dem ich immer ein lockeres und informatives Schwätzchen halten konnte. Zu den Profineulingen aus der DDR pflegte ich diesen vertrauten Umgang damals nicht. Noch nicht. Ein flüchtiger Gruß aus der Distanz, mehr gab es zunächst nicht. Seit vielen Jahren hatte ich die Athleten in den silbergrauen Trikots mit dem Emblem auf der Brust getroffen. Ich hatte über sie berichtet, aber persönlich kennen gelernt hatte ich sie dabei nie.

Bei den Olympischen Sommerspielen 1988 in Seoul bekam ich den Auftrag, einen Vorschaubericht auf das 100-Kilometer-Mannschaftsfahren zu drehen. Mit meinem Kamerateam fuhr ich an die Rennstrecke, die durch endlose Reisfelder und kleine Ortschaften führte. Der Wendepunkt befand sich genau am 38. Breitengrad. Aus den Nachrichtensendungen kannte ich diesen Ort von zahlreichen Berichten. Aber nun stand ich selbst dort, wo die scharf bewachte Grenze zwischen Süd- und Nordkorea verlief. Filmarbeiten waren streng verboten. Dennoch riskierten wir einige Aufnahmen von den abweisenden Wachttürmen, den hohen Zäunen und schwer bewaffneten Militärposten, die Nordkorea von der übrigen Welt abriegelten.

Das 100-Kilometer-Mannschaftsrennen hat dann der DDR-Vierer mit Jan Schur, Mario Kummer, Uwe Ampler und Maik Landsmann gewonnen. Für Aufsehen sorgten sie bereits vor dem Start. Das DDR-Team erschien mit futuristischen, aerodynamischen Zeitfahrrädern, die in der Forschungs- und Entwicklungsstätte für Sportgeräte unter Direktor Harald Schaale ausgetüftelt, entwickelt und produziert worden waren. Die Konkurrenz war verblüfft, der Radsport-Weltverband ordnete eine genaue Vermessung der Räder an, bei der wir sogar drehen durften. Am Rande konnte ich einige Worte mit den Fahrern wechseln, keine richtigen Interviews, eher ein Smalltalk ohne Kamera.

Es war zwar nicht ganz einfach, einen so lockeren und unkomplizierten Kontakt zu bekommen, wie ich das von den westdeutschen Profis Gölz und Kappes gewohnt war. Aber es war wohl eher eine gegenseitige Befangenheit als ein echtes Verständigungsproblem, schließlich sprachen wir alle Deutsch.

Olaf Ludwig war schon seit Jahren ein vertrautes Gesicht in der Szene. Er hatte zweimal das schwerste Amateur-Etappenrennen der Welt, die Friedensfahrt, gewonnen, siegte 1983 bei der Tour de l'Avenir gegen eine ganze Reihe etablierter Profis und wurde 1988 Olympiasieger im Straßenrennen von Seoul. Hinter ihm machten der Dortmunder Bernd Gröne und Christian Henn aus Heidelberg den gesamtdeutschen Triumph komplett. Selten war Ludwig mit größerer Motivation und Konzentration in ein Radrennen gestartet als am 29. August 1988 vor den Toren Seouls. Gold, Silber und Bronze für drei deutsche Rennfahrer – wie sehr hatte ich doch meinen ZDF-Kollegen Klaus Angermann darum beneidet, im Zweiten Deutschen Fernsehen dieses Rennen kommentieren zu können!

Genau an diese Begegnung im fernen Asien 1988 erinnerten sich die Jungs, als wir uns zwei Jahre später bei ihrem Tour-Debüt trafen. Statt der grauen DDR-Trikots trugen sie die grellen, bunten Rennhemden mit den Sponsorschriftzügen ihrer neuen Arbeitgeber. Das Eis war schnell gebrochen, die Distanz wurde kleiner und war bald nicht mehr vorhanden. Und während dieser Tour 1990 sollte ich auch als Reporter noch viel Freude an den »Neuankömmlingen« aus der DDR haben.

Vor allem Olaf Ludwig ging erstaunlich selbstbewusst in diese Frankreichrundfahrt: »Ich will versuchen, mit einem langen Sprint eine Etappe zu gewinnen«, kündigte er mutig an. »Das wäre doch super.«

Am achten Tag der Tour war es dann so weit. Mit einem unwiderstehlichen Antritt aus einer Spitzengruppe mit 13 Fahrern heraus spielte er sein gewaltiges Spurtvermögen aus. Sein belgischer Teamkollege Eric Van Lancker bereitete den Sprint perfekt für ihn vor. Ludwig holte sich in Besançon vor dem Belgier Johan Museeuw tatsächlich seinen ersten Etappensieg. Dieser Erfolg kam ihn im wahrsten Sinne des Wortes teuer zu stehen. Am Abend telefonierte er außer sich vor Freude lange mit seiner Frau Heike – und erhielt am kommenden Morgen vom Hotel eine Telefonrechnung über mehr als 200 DM (vom Euro war damals noch nicht die Rede).

Vor Beginn der nächsten Etappe traf ich Olaf Ludwig am Materialwagen seines Teamchefs Peter Post. »Herzlichen Glückwunsch, Herr Ludwig, super gemacht!«

»Danke, danke!«, lautete die knappe Antwort. Aber dabei lächelte er zufrieden über das ganze Gesicht.

In den Alpen stieß Olaf Ludwig dann an seine Grenzen. Noch nie hatte er so hohe Pässe auf dem Rad bewältigen müssen. So stark er als Sprinter auch war, im Gebirge stand er auf verlorenem Posten. Das Zeitlimit drohte ihm zum Verhängnis zu werden. Olaf Ludwig, immerhin 82 Kilogramm schwer, fuhr für seine Verhältnisse zu schnell in die schwere Steigung nach Alpe d'Huez hinein. Bald war er erschöpft und verlor einige Male den Kontakt zu den Letzten des Feldes. 37 Minuten nach dem Etappensieger Gianni Bugno aus Italien erreichte er das Ziel. Genau 43 Sekunden vor dem Kontrollschluss, der das Ende des Rennens für ihn bedeutet hätte. Olaf Ludwig fuhr sofort in sein Hotel, das sich in der Nähe des Zielbereichs befand. K. o. wie ein Boxer fiel er auf sein Bett und schlief ein. Die verdreckte Rennkleidung zog er erst Stunden später aus.

Tags darauf traf ich ihn in Fontaine bei Grenoble bei der Vorbereitung zum Einzelzeitfahren. Er war immer noch beeindruckt: »Das war der härteste Tag, den ich seit Beginn meiner Karriere 1972 erlebt habe«, erzählte er. »Ich habe nur noch Sterne und brüllende Menschen gesehen. Wie in Trance habe ich mich die letzten Serpentinen hinaufgeschleppt. Aber ich wollte unter allen Umständen das Grüne Trikot verteidigen.« Und das gelang ihm auch.

»Trotz aller Strapazen, hat diese Tour auch Appetit auf mehr gemacht?«, fragte ich Olaf Ludwig am Ende der Tour auf den Champs-Élysées von Paris.

»Auf jeden Fall«, antwortete er. »Von einem Etappensieg und dem Grünen Trikot dazu hätte ich doch nie zu träumen gewagt. Jetzt bin ich überglücklich. Und nächstes Jahr werde ich wieder angreifen.« Das war genau die richtige Einstellung.

Der Friedensfahrt- und Olympiasieger Olaf Ludwig fuhr zusammen mit dem Tour-de-France-Gewinner Greg LeMond aus den USA seine Ehrenrunde und wurde von über 100 000 Zuschauern am Triumphbogen von Paris gefeiert. Später sollte er sagen: »Ich habe schon viele tolle Momente durch den Radsport erlebt. Aber die Minuten nach dem Ende meiner ersten Tour de France waren einfach unbeschreiblich!«

Die Erfolge des deutschen Tour-Neulings Olaf Ludwig aus der DDR waren eine willkommene Abwechslung und Motivation, auch für mich als Kommentator. Nach einer langen Durststrecke ohne große deutsche Erfolge belebte das Auftreten der DDR-Fahrer das Geschehen. Endlich war die Zeit vorbei, da wir täglich ohne Erfolgserlebnis, von den ausländischen Kollegen mitunter mitleidig belächelt, von der Tribüne kletterten!

Nur einen Monat später, Ende August 1990, traf ich die Rennfahrer aus dem deutschen Osten erneut auf asiatischem Boden. Bei der Rad-Weltmeisterschaft in Japan traten letztmals zwei deutsche Radsport-Verbände mit ihren Mannschaften an. Im Green Dome von Maebashi hatten die Organisatoren die beiden deutschen Fahrerlager direkt nebeneinander platziert. Irgendwann wurde als symbolischer Akt das Gatter zwischen beiden Boxen weggeschoben. Das war ein feierlicher Augenblick. Die Mauer war damit auch im deutschen Radsport gefallen.

Auf der Straße in Utsunomiya holte sich die DDR im 100-

Kilometer-Mannschaftsfahren Silber hinter der UdSSR. Der bundesdeutsche Vierer mit Kai Hundertmarck, Rajmund Lehnert, Michael Rich und Rolf Aldag gewann Bronze.

Anschließend wurden Jürgen Emig und ich vom DDR-Teamleiter Wolfgang Schoppe zu einem kleinen Umtrunk ins Mannschaftshotel eingeladen. Das hatte es noch nie gegeben. Zum ersten Mal saßen wir in gelöster Atmosphäre zusammen, erzählten Witze, tranken japanisches Bier und stießen auf eine gemeinsame Zukunft an. Zum Schluss bekamen Jürgen und ich einen DDR-Wimpel geschenkt.

Von mir wollten die Rennfahrer viele Dinge über die Tour de France erfahren. Sie hatten seit Jahren unsere Reportagen im Fernsehen verfolgt. Ich konnte deutlich heraushören, wie sehr sich einige bereits auf das nächste Jahr freuten und von einem Start beim größten Radrennen der Welt träumten.

1991 starteten dann sogar zehn deutsche Fahrer bei der Tour de France, die in verschiedenen Profiteams gemeldet waren: Falk Boden, Uwe Raab, Jan Schur, Thomas Barth, Olaf Ludwig, Uwe Ampler, Dominik Krieger, Rolf Gölz, Andreas Kappes und Remig Stumpf. So viele deutsche Starter hat es bis heute selten gegeben.

Dennoch gab es 1991 keine Etappensiege für deutsche Fahrer. Auch Olaf Ludwig ging leer aus, aber er wurde immerhin zweimal Zweiter und dreimal Dritter.

Ein Mann mit großer Brille und kräftigen Händen fiel mir bei unserem »Ost-West-Gipfel« besonders auf. Er hieß Dieter Ruthenberg, war Masseur und wurde wegen seiner dicken Augengläser von allen »Eule« genannt. Er sollte in den nächsten Jahren zu einer Institution im deutschen Radsport werden. »Eule« war damals schon ein liebenswerter, schlagfertiger und witziger Mensch, den wir in den folgenden Jahren noch bei vielen Frankreichrundfahrten treffen sollten. Er ist bis heute Masseur im T-Mobile-Team.

»Eules« goldene Hände kneteten 1992, als die Tour im baskischen San Sebastián am Golf von Biscaya begann, auch die Bei-

Erfolgreiche Saisoneröffnung 1991 in Belgien für Andreas Kappes, aber kein Etappensieg bei der Tour.

ne von Uwe Ampler. Ihm wurde als Spezialist für Rundfahrten durchaus zugetraut, in Paris auf das Podium zu kommen. Aber auch Uwe Ampler glückte das Kunststück nicht, das seit 1932 keinem deutschen Profi mehr gelungen war.

Hagen Boßdorf und ich produzierten einen 30-minütigen Vorbericht für die Sendung »Sport am Samstag«, die in allen 3. Programmen der ARD ausgestrahlt wurde. Unkompliziert erhielten wir von Dieter Ruthenberg die Erlaubnis, in seinem

Massageraum drehen zu dürfen. Wir erinnerten uns an das japanische Bier und den lustigen Abend im Land der aufgehenden Sonne. Seitdem standen uns die Türen offen. Diese freundschaftlichen Bande sind bis heute nicht abgerissen.

1992 mussten wir lange auf einen Grund zum Jubeln warten. Olaf Ludwig hatte zwar auf der 5. Etappe im windigen französischen Norden zwischen Nogent-sur-Oise und Wasquehal auf Kopfsteinpflaster einen dritten Platz belegt. Aber bis nach Paris konnte der Geraer kein besseres Ergebnis mehr erreichen. Am Vorabend der Schlussetappe besuchte ich das Teamhotel seines Rennstalls. Ich traf einen optimistischen Ludwig:

»Morgen ist die allerletzte Chance für mich«, machte er sich selbst Mut. »Und in Paris zu gewinnen, ist der große Traum jeden Sprinters.«

»Wen schätzt du als deine gefährlichsten Gegner ein?«, fragte ich nach.

»Den Belgier Museeuw auf jeden Fall, der hat auch noch keinen Etappensieg und kann wirklich kämpfen wie ein Löwe. Und auf den Holländer van Poppel muss ich aufpassen, der hat schon in Straßburg gewonnen und ist ziemlich entspannt.«

Und dann machte Olaf Ludwig an diesem 26. Juli 1992 alles richtig. Lange fuhr er kraftsparend im Windschatten seiner Helfer. Am Place de la Concorde schob er sich unauffällig in eine günstige Ausgangsposition. Von nun an war es ein einziges Vergnügen, diesen Spurt zu schildern: »Noch dreihundert Meter sind zu fahren. Ganz dicht liegt das Feld beieinander. Wer hat das größte Stehvermögen? Wer hat die meisten Reserven, diesen langen Spurt durchzustehen? Ludwig im Panasonic-Trikot geht jede Wellenbewegung im Feld mit, klebt unbeirrt am Hinterrad seiner Rivalen. Jetzt schiebt er sich nach vorn. Meter für Meter kämpft er sich an van Poppel und Museeuw vorbei. Endlich! Der lang ersehnte Etappensieg ist perfekt. Grenzenloser Jubel auf der teuersten Meile der Welt. Und aus deutscher Sicht können wir sagen: Ende gut, alles gut!«

Die Bilanz der Deutschen verbesserte Jens Heppner noch, der einen hervorragenden 10. Platz in der Gesamtwertung erreichte. Sechs Jahre später wurde Heppner sogar am französischen Nationalfeiertag Etappensieger in Lorient in der Bretagne. Er fuhr für die in dieser Zeit einzige erstklassige Radsport-Truppe in Deutschland, für das Team Telekom, das 1992 sein Debüt bei der Tour gefeiert hatte. Ein Jahr später fuhr auch Olaf Ludwig in Magenta. Sein Etappensieg 1993 auf der Etappe von Marseille nach Montpellier nahm einen immensen Druck von der Mannschaft und sicherte ihre Zukunft für weitere Jahre.

Der neue deutsche Aufschwung durch Fahrer aus der DDR war längst vollzogen. Nach Olaf Ludwig kam ab 1994 mit Erik Zabel ein weiterer ostdeutscher Sprinter in das Telekom-Team. Bei elf Tour-Teilnahmen gewann Zabel zwölf Etappen und holte sich sechsmal in Folge das Grüne Trikot. Auf 88 Etappen war er in Grün unterwegs – ein Rekord für die Ewigkeit.

1997 endlich wurde ein Traum wahr: Jan Ullrich, der gebürtige Rostocker, gewann als erster und bisher einziger Deutscher die Tour de France!

Eigentlich wäre es doch schön, wenn nach 1987 der Start der Tour de France ein weiteres Mal in Berlin stattfände. Dann natürlich auch über die Straßen des Ostteils der Stadt und des damaligen Staatsgebiets der DDR, auf denen so viele Talente groß geworden sind, die den deutschen Radsport (und damit auch meine Fernsehreportagen!) bereichert haben.

Sieg um Sekunden:
Greg LeMond, der Mann mit dem
Triathlon-Lenker (1989)

Die Radio- und Fernsehtribüne glich am 23. Juli 1989 einem Tollhaus. Reporter aus aller Welt schrieen und brüllten in ihre Mikrofone, sie waren begeistert, überrascht und manche auch geschockt. »Incroyable, incredibile, unbelievable, unglaublich! Ein Wunder, eine Sensation! Das hat es in der langen Geschichte der Tour de France noch nicht gegeben!«

Auch Jürgen Emig und ich als ARD-Kommentatoren rangen nach Luft und übertrugen lautstark die sensationelle Nachricht in die Heimat: »Der Amerikaner Greg LeMond gewinnt nach 3285 Kilometern und einer Fahrzeit von 87 Stunden, 38 Minuten und 35 Sekunden die Tour de France mit nur acht Sekunden Vorsprung vor dem bis dahin führenden Franzosen Laurent Fignon. Das ist der knappste Zeitabstand seit der Gründung dieses Rennens im Jahr 1903. Damit ist die alte Marke aus dem Jahr 1968 übertroffen, als der Holländer Jan Janssen die Tour mit nur 38 Sekunden Vorsprung vor Herman van Springel aus Belgien gewann.«

Um 17.17 Uhr wurde an diesem denkwürdigen, sonnenüberfluteten Schlusstag der 76. Ausgabe der Tour die Radsport-Welt auf den Kopf gestellt. Vor dem abschließenden Einzelzeitfahren von Versailles nach Paris über 24,5 Kilometer hatte der französische Tour-Sieger von 1983 und 1984, Laurent Fignon, fünfzig Sekunden Vorsprung vor dem jungen kalifornischen Himmelsstürmer Greg LeMond. Für Spannung war also gesorgt. Bei der Vorbereitung auf meine letzte Fernsehreportage bei dieser Tour kramte ich noch einmal alles heraus, was ich über die beiden überragenden Fahrer dieses Jahrgangs wusste. Ich listete alle Stärken und

Schwächen der beiden Kontrahenten auf, durchforstete alle Statistiken der letzten Zeit, um die Zeitfahrergebnisse gegenüberstellen zu können. So kam ich zu dem Schluss: Unter normalen Bedingungen konnte der unbekümmerte Kalifornier LeMond den ehemaligen Veterinärstudenten Fignon aus Paris nicht mehr vom Thron stoßen. »Die Zeitfahrdistanz ist nicht lang genug, um bei gleicher Leistungsstärke noch so viel Zeit verlieren zu können«, dachte ich, und sicherlich spürte das auch der blonde Franzose mit dem langen, wallenden Haarschopf.

Fignon gegen LeMond, das war das Duell der kühlen Berechnung des intellektuellen Nickelbrillenträgers aus Frankreich gegen die unverbrauchte Energie des schmächtigen, vor Ehrgeiz brennenden Amerikaners, der seit seinem Auftreten in Europa durch seine relaxte Art und seine erstklassigen Resultate für erhebliche Aufmerksamkeit sorgte.

Im Zeitfahren hatte sich Greg LeMond verbessert, und auch in den Bergen ließ er sich nicht abhängen. Ich erstellte eine Tabelle mit den jeweiligen Zeitabständen während der vergangenen drei Wochen. Nach dem Kopfsteinpflaster im nordfranzösischen Kohlerevier, den schweren und steilen Pyrenäengipfeln, den vier Bergankünften von Orcières-Merlette, Briançon, Alpe d'Huez und Villard de Lans in den Alpen fehlten jetzt noch mickrige fünfundzwanzig Kilometer von der einmaligen Schlossanlage in Versailles bis zum Zielstrich zwischen dem Place de la Concorde und dem Arc de Triomphe.

Am Abend vor der Entscheidung ließ ich mir bei einem kühlen Glas Sancerre und zwölf Austern von der Île d'Oléron das Auf und Ab dieser spannenden Tour noch einmal durch den Kopf gehen. Ich freute mich riesig auf die Abschlussreportage und drückte insgeheim dem unkomplizierten LeMond die Daumen. Schließlich hatte ich viel Sympathien für den Kalifornier, der auch unter höchster Anspannung immer noch lachen konnte.

Ich überließ nichts dem Zufall, fuhr nach dieser kleinen Zwischenmahlzeit noch in beide Mannschaftsquartiere der Favoriten und holte mir die letzten Informationen. Vor dem Hotel von Fignon empfing mich ein wartender Kollege mit den Worten: »Selbst gegen Geld kommst du an diesen verschlossenen Pariser nicht heran.«

Ich dagegen war optimistisch und voller Elan. Aber an ein Interview war tatsächlich nicht zu denken. Das Hotel war von einer unübersehbaren Schar von Reportern, Zeitungsjournalisten und Kamerateams umlagert. Selbst der Lieferanteneingang war blockiert. Der Mann in Gelb war komplett abgeschirmt.

Im Hotel von LeMonds ADR-Agrigel-Mannschaft hatte ich mehr Glück. Dort herrschte Gelassenheit, fast Ausgelassenheit. Greg LeMond, dessen Tour-Sieg ich 1986 übertragen hatte, kam entspannt auf mich zu und meinte: »Herbert, I do my best for tomorrow, we will wait and see. Ich gebe alles, warten wir ab.«

Er war zuversichtlich, nachdem er schon beim ersten Zeitfahren zwischen Dinard und Rennes in der Bretagne sechsundfünfzig Sekunden schneller gewesen war als Laurent Fignon. Aber jenes Rennen war mit über dreiundsiebzig Kilometern etwa dreimal so lang gewesen wie die Abschlussprüfung im Kampf gegen die Uhr in Paris. »Wenn ich richtig gerechnet habe, dann habe ich am Ende sechs Sekunden Vorsprung«, machte er eine einfache Rechnung auf und zeigte mir eine Tabelle mit den Zwischenzeiten. Ich schaute ihm ins Gesicht, um zu sehen, ob er das wirklich ernst meinte. Sicher war ich mir nicht.

»Good luck, Greg«, wünschte ich ihm Glück und verabschiedete mich mit einem kräftigen Händedruck.

In diesem Moment spürte ich wieder einmal seine ganz eigene herzliche Offenheit und fragte ihn: »Erinnerst du dich eigentlich noch an unsere erste Begegnung vor sieben Jahren, als du mir ohne zu zögern ein Interview gegeben hast, obwohl wir uns noch nie begegnet waren?«

»Ja, natürlich, ich erinnere mich noch genau an diesen Augenblick. Ich musste erst einmal kurz durchatmen nach einem Zielspurt. Du kamst etwas schüchtern und zögernd auf mich zu, als wäre ich das achte Weltwunder.«

Ich fragte weiter: »Und weißt du auch noch, wie du dann für mich ein Hotelzimmer besorgt hast, als hättest du nichts anderes zu tun?«

»Oh, yes, ich erinnere mich!«

Ab diesem Zeitpunkt hatten wir uns nicht mehr aus den Augen verloren, denn immer wieder begegneten wir uns bei vielen Rennen. Ich konnte zunächst zwischen 1982 und 1989 tolle Rennen von Greg LeMond übertragen und großartige Leistungen kommentieren, musste aber auch über traurige Dinge berichten, die ihm widerfuhren. Und jetzt hatte er erst einmal das alles entscheidende Zeitfahren um den Tour-Sieg vor sich.

»Wenn du gewinnst, kommst du zum Interview zur ARD auf die Tribüne«, setzte ich ihm die Pistole auf die Brust.

»Okay«, war seine knappe Antwort.

Entschlossenheit, Optimismus und Zuverlässigkeit klangen aus seiner Stimme, genau wie am Tag unseres ersten Zusammentreffens. Aus dieser Bekanntschaft vor sieben Jahren mitten in Italien war inzwischen eine richtige Freundschaft geworden.
Ich freute mich damals wie ein Schneekönig auf die ersten Sonnenstrahlen des Radsport-Jahres 1982. Endlich wieder rollende Räder, bunte Trikots und durchtrainierte Radprofis! Der Winter war vorbei. Der Frühling übernahm jetzt nicht nur das Kommando in der Natur, er küsste auch fast dreihundert Berufsrennfahrer wach, die noch etwas fröstelnd in der nebligen Atmosphäre der lombardischen Metropole Mailand am Start standen. Nur wenige Meter vom gotischen Dom aus weißem Marmor entfernt, begann das Rennen von Mailand nach San Remo. »La Primavera«, die Fahrt in den Frühling, führt über nahezu 300 Kilometer aus dem Dunst der Lombardei in das Sonnenlicht der Mittelmeerküste.

Eine frühlingshafte Sehnsucht nach Siegen hatte damals auch ein junger Mann aus Nordamerika, der vor einem Jahr als Profi über den Großen Teich gekommen war und der inmitten dieses illustren, vielfarbig schillernden Feldes zu finden war. Ich hatte ihm kurz nach der Einschreibkontrolle geheimnisvoll auf die Schulter getippt, bis er sich erstaunt und fragend umschaute. Zu seinem konzentrierten Blick gesellten sich sofort ein Lächeln und der lockere, souveräne, fast private Umgangston. »Hörbi«, begrüßte er mich in breitem amerikanischen Slang und hatte dazu meinen Vornamen gleich parat.

»What a surprise, was für eine Überraschung, nice to see you«, und ließ alle warten, die vor mir etwas von ihm wollten.

Da war er wieder, der junge Amerikaner namens Greg LeMond aus Lakewood im amerikanischen Bundesstaat Kalifornien, den ich erst vor einer Woche zum ersten Mal gesehen und gesprochen hatte. Bei der Fernfahrt Tirreno–Adriatico, also der Fahrt vom Tyrrhenischen Meer zur Adria, waren wir uns über den Weg gelaufen. Ich wollte als Vorschau auf Mailand–San Remo ein kleines Porträt über ihn anfertigen. Mit spektakulärer Fahrweise auf den Etappen zwischen Latina bei Rom und San Benedetto del Tronto an der Adriaküste hatte er für Furore gesorgt und war völlig überraschend Gesamtdritter geworden. Die Fachwelt war verblüfft. Was war denn das für ein lässiger Typ von der Westküste der Vereinigten Staaten?

In Chianciano Terme, einem kleinen Kurort in der Toskana, interviewte ich ihn nach dem Zieleinlauf. Er musste sich zunächst trockene Sachen anziehen, nach fast zweihundert Kilometern, um keine Erkältung zu riskieren. Ich traute mich, ihn nach ein paar Minuten um ein Interview zu bitten.

»Come to our hotel in the evening«, rief er mir noch zu und fuhr mit seinem Rennrad zum Kurhotel in die Via delle Piane 146. Ich wusste gar nicht, wie mir geschah.

»Okay« rief ich ihm nach. »Ich muss mir nur noch ein Zimmer für heute Abend besorgen.«

Da drehte sich dieser 20-jährige Sonnyboy um, musterte mich kurz und sagte: »In unserem Hotel haben wir ein Kontingent an Zimmern. Davon kannst du eins haben.«

Ich war verblüfft über so viel spontane Hilfsbereitschaft. Die lästige Suche nach einem Hotel fiel an diesem Abend aus. Ich fuhr also ebenfalls zu seinem Mannschaftshotel »Michelangelo«, wo wir nach dem Abendessen unser Gespräch auf seinem Zimmer führten.

Greg LeMond war damals ein Diamant, dessen Funkeln noch niemand so richtig wahrgenommen hatte. Mit seinem Auftauchen in der Radsport-Szene begann sofort die Diskussion über die korrekte Aussprache seines Namens. Lemont oder Lämment oder Lemonde. Jeder sagte, was er wollte. Ich wollte es von ihm persönlich wissen und klärte an jenem Abend in Chianciano Terme, dass er sich phonetisch »Lemond« ausspricht. Egal in welcher Aussprache, der Name LeMond sollte in Zukunft bald in aller Munde sein.

Endgültig in den Mittelpunkt rückte Greg LeMond bei der Weltmeisterschaft auf der Straße 1983. Er schlug in Altenrhein in der Schweiz allen ein Schnippchen, wurde als erster US-Amerikaner Titelträger bei den Profis und bekam das begehrte Regenbogentrikot übergestreift. Schon in den Tagen zuvor strahlte er eine große Zuversicht aus. Beim Training beobachtete ich, dass dieser Junge alles getan hatte, um eine tolle Leistung hinzulegen. Zwei Tage vor dem Rennen über 270 Kilometer am Bodensee nahm er sich Zeit für ein kurzes Gespräch und schilderte mir, wie er sich vorbereitet hatte.

»Ich habe nichts dem Zufall überlassen«, sagte er stolz. »Ein Höhentrainingslager in St. Moritz hat mir viel gebracht, und ich fühle mich in einer Superform.«

Nach seinem ersten Weltmeistertitel sprudelte es dann nur so aus ihm heraus: »That was great, das war Spitze. Ich hätte noch dreißig Kilometer länger fahren können! Aber einundsiebzig Sekunden Vorsprung vor Adri van der Poel ist doch eine klare Sache, oder?«

Wiederum ein Jahr später belegte er bei der Tour de France hinter den beiden Franzosen Laurent Fignon und Bernard Hinault den dritten Platz, stand damit erstmals in Paris auf dem Podium. Er war aufgestiegen in den Kreis der besten Etappenfahrer der Welt. Ich saß wieder auf der Fernsehtribüne als Reporter und konnte bei vielen Etappen spezielle Dinge über seine Person erzählen. Mir vertraute er oft etwas mehr an als den anderen Kollegen. So war ich in puncto Technik, Training und Vorbereitung immer auf dem neuesten Stand der Dinge.

1985 gehörte LeMond zum engsten Kreis der Favoriten und fuhr zusammen mit Bernard Hinault in der La-Vie-Claire-Mannschaft, deren Geldgeber und Boss der mächtige, reiche und mit allen Wassern gewaschene französische Geschäftsmann Bernard Tapie war, der nebenbei auch noch als Präsident des französischen Fußballclubs Olympique Marseille fungierte. Der erfolgsverwöhnte Tapie wollte sich nicht allein mit dem Tour-Sieg begnügen, er strebte den Doppelerfolg an. Seine beiden Stars Hinault und LeMond sollten die 85. Tour de France auf den Plätzen eins und zwei beenden. Es begann ein hartes Stück Arbeit in den drei Tour-Wochen zwischen Plumelec und Paris.

Wir hatten bei einem der Vorbereitungsrennen wieder unseren »ganz privaten Kontakt«, der uns wichtig war.

»Dieses Jahr haue ich ein Ding 'raus, dass allen das Blech wegfliegt«, verriet Greg mir hinter vorgehaltener Hand.

»Gemach, gemach«, beruhigte ich ihn. »Du bist noch jung, gerade mal 23 Jahre, warst schon Profi-Weltmeister und Dritter auf dem Podest der Tour. Du hast die Zukunft noch vor dir.«

»Ja, ja, das stimmt«, erwiderte er selbstbewusst. »Aber dieser Tapie will mich dazu bringen, dass ich für Hinault fahre, ihm dabei helfe, die fünfte Tour zu gewinnen. Ich fühle mich aber selbst stark genug, um zu siegen.«

»Hoppla«, dachte ich, der Junge hat Mut und Moral.

»Ich werde alles im Auge behalten, aber wenn sich eine Chance bietet, dann schlage ich zu! Solche Gelegenheiten gibt es nicht oft, ich versuche es zumindest.«

Und zwinkerte mit den Augen. »Nicht weitersagen, Herbert«, fügte er noch hinzu. Aber diesen Zusatz hatte er mit einem Lächeln auf den Lippen gemacht.

Greg LeMond ließ im Verlauf des Rennens einige Male »die Muskeln spielen«. Offenbar wollte er die Situation testen und seinen Kapitän Hinault sowie den »Big Boss« Tapie verunsichern. Da wurde nicht nur auf dem Rennrad, sondern auch hinter den Kulissen mit harten Bandagen gekämpft. LeMond fügte sich schließlich vor den schweren Pyrenäen-Etappen in die Stallorder und versprach, Hinault im Hochgebirge zu helfen und zu unterstützen. Er ließ sich aber selbst das Versprechen geben, im nächsten Jahr als Kapitän und Nr. 1 im Rennstall an den Start der Tour zu gehen.

»Greg, glaubst du, was man dir verspricht? Hast du Vertrauen in Tapie?«, fragte ich ihn.

»Man weiß nie, was passiert. Bin ich in Form im nächsten Jahr, fährt Bernard noch, bleiben wir beide gesund?«, waren seine Gedankenspiele und Bedenken. Aber er hatte sich einen Grundsatz zu Eigen gemacht: »Wenn man Vertrauen zeigt, bekommt man auch Vertrauen zurück.« So war er, offen und ehrlich, aber wehe dem, der ihn belog. Da konnte er wild werden wie ein Tiger, der zwei Wochen nichts mehr zu fressen bekommen hatte.

Es kam, wie erwartet. Als Team waren Hinault und LeMond eine Macht, und dank der vollen Unterstützung von Greg wurde Hinault zum fünften Mal Sieger der Tour de France, stieg damit in den Olymp des Radsports auf. Der ehrgeizige Hinault aus Yffiniac in der Bretagne hatte jetzt genauso viele Tour-Siege wie Eddy Merckx aus Belgien und Jacques Anquetil aus der Normandie. Er blieb übrigens bis heute der letzte französische Tour-de-France-Sieger. Und einundzwanzig Jahre sind eine lange Zeit.

Greg LeMond holte sich beim Zeitfahren am Lac de Vassivière seinen ersten Tour-Etappensieg und wurde Gesamtzweiter. Es wurde eine lange Nacht in Paris. Die letzten Worte von ihm waren: »Attention, Hörbi – im nächsten Jahr bin ich dran!«

Zwölf Monate vergingen schnell. Im Winter 1985/86 hatten wir wenig Kontakt. Jeder schrieb dem anderen zu Weihnachten eine Karte mit den besten Wünschen für das kommende Jahr. Er schrieb noch kurz, dass er alles wieder so machen wollte wie im Winter davor. Er war wild entschlossen, die Tour zu gewinnen. Der Druck wuchs, die Medienpräsenz auch, und die freie Zeit reduzierte sich während der Tour auf ein Minimum. Dreimal hatten wir Gelegenheit, miteinander zu sprechen: zu Beginn der Tour, dann vor der schweren Bergetappe von Pau hinauf nach Superbagnères in den Pyrenäen, die er auch gewann, und schließlich am Ende in Paris nach dem grandiosen ersten Tour-Sieg mit drei Minuten und zehn Sekunden Vorsprung vor Bernard Hinault. Alle hatten ihr Wort gehalten.

Mit Hinault fuhr LeMond Hand in Hand in Alpe d'Huez über den Zielstrich. Ein Bild, das um die Welt ging. Greg ließ Bernard am Ziel den Vortritt, und Hinault wollte ausdrücken: Schaut auf diesen Mann neben mir. Das ist der kommende Tour-Sieger. Am 27. Juli 1986 kam dann der große Moment in Paris: Greg LeMond gewann als erster Amerikaner das schwerste und längste Radrennen der Welt. Sein Traum war in Erfüllung gegangen.

Bei unserer Verabschiedung nach den Siegesfeierlichkeiten rief er mir noch zu: »Dear friend, jetzt bin ich erst so richtig auf den Geschmack gekommen. Good bye bis Weihnachten, wenn wir beide wieder Post bekommen.«

Drei Monate später, genauer gesagt am Ostermontag 1987, platzte eine Schreckensmeldung aus dem fernen Kalifornien in die beginnende Radsaison in Europa: »Tour-Sieger Greg LeMond bei Jagdunfall verunglückt und in Lebensgefahr.« Ich kam gerade von einer Trainingsausfahrt ins Bergische Land zurück, als ich die Meldung im Radio hörte. In den nächsten Tagen erkundigte ich mich auf allen Kanälen. Ich rief andere Rennfahrer an, die meist sehr schnell Informationen bekamen durch ihre Sportlichen Leiter. Ich las wie jeden Tag die französische Sportzeitung *L'Équipe* und die *Gazzetta dello Sport* aus Italien und erfuhr so, was geschehen war. Anrufen wollte ich ihn zunächst nicht, also schrieb ich ihm eine Karte mit besten Genesungswünschen, verbunden mit der Hoffnung, dass er bald wieder aufs Rad steigen und nach Europa kommen könnte.

Eine Truthahnjagd hätte um ein Haar das Leben und die Radkarriere von Greg LeMond beendet. Er war mit seinem Onkel und Schwager Patrick Blades auf der Pirsch. Neben dem Radsport zählte die Jagd zu den großen Leidenschaften des Rennfahrers. »Der Vogel flatterte plötzlich in die Höhe. Mein Schwager riss die Büchse herum und traf mich. Er hatte mich mit meinem Jagdzeug im Gebüsch nicht erkannt«, erzählte Greg mir später einmal den Hergang dieses unglaublichen Vorfalls. Fast fünfzig Schrotkugeln bohrten sich in LeMonds Körper. Eine davon verfehlte sein Herz nur ganz knapp. Die Ärzte führten eine Notoperation durch, um sein Leben zu retten. Sie konnten zwar schließlich nicht sämtliche Kugeln aus dem Körper entfernen, aber sie machten ihm dennoch bald Hoffnung, dass er irgendwann einmal wieder aufs Rad steigen könnte.

Einen Monat später rief ich ihn an und wollte ihm alles Gute wünschen. »Junge, komm bald wieder«, rief ich ihm durch die Leitung ans andere Ende Welt zu. »Du willst doch noch einmal die Tour gewinnen«, erinnerte ich ihn an seine Worte, die er mir 1986 nach seinem Tour-Sieg im Überschwang der Gefühle gesagt hatte. Unser Gespräch endete mit einer alten Weisheit aus dem Boxsport. »They never come back, keiner kommt zurück – das gilt nur für die Faustkämpfer, aber nicht für mich«, rief er kämpferisch ins Telefon und schmiedete schon wieder Pläne.

1988 saß Greg wieder im Rennsattel. Große Triumphe blieben zwar noch aus, aber mit dem vierten Platz bei der USA-Rundfahrt deutete er bereits an, dass mit ihm wieder zu rechnen war.

1989 war es dann so weit. Ehefrau Cathy, die beiden Söhne Scott und Geoffrey sowie Töchterchen Simone erlebten endlich wieder einen glücklichen Vater. Zwar zweifelte der beim Giro d'Italia noch an der Rückkehr zu neuen Erfolgen, kam er doch in Mailand weit abgeschlagen ins Ziel. Doch als das Peloton dann einige Wochen später während der Tour de France durch Frankreich rollte, kehrten bei dem zähen Mann aus Lakewood die alten Kräfte zurück.

Greg LeMond war längst Radsport-Millionär, hatte er doch bei seinen Vertragsverhandlungen mit der Kinderbekleidungsfirma »Z« einen 10,5-Millionen-D-Mark-Kontrakt für drei Jahre ausgehandelt. LeMond war der erste Radprofi, der mit viel Verhandlungsgeschick in den Genuss von Millionenverträgen kam. Er trug sehr viel zur internationalen Aufwertung des Radsports bei.

Früher als sonst kam er in diesem Jahr zur Tour und bezog in der Nähe von Luxemburg ein kleines Hotel mit seiner belgischen Mannschaft ADR-Agrigel, die auf den ersten Blick nicht so gut besetzt schien, um ihm in schwierigen Rennsituationen eine echte Unterstützung und Hilfe zu sein. Wieder nahm er sich die Zeit, lud mich bei Kaffee und Kuchen zu sich ein, und wir konnten ungestört reden.

»Junge, Junge, habe ich ein Glück gehabt damals, als mich die Kugeln durchbohrten. Einige wandern noch immer in meinem Körper umher«, beschrieb er seinen aktuellen Gesundheitszustand.

»Glaubst du wirklich, dass du wieder fit bist, um noch einmal die Tour zu gewinnen?«, fragte ich schließlich. »Hast du dir das Streckenprofil mit fünf Bergankünften und drei Zeitfahren von rund einhundert Kilometern Gesamtlänge genau angeschaut?« Beim Stichwort Zeitfahren begannen seine listigen Augen zu leuchten.

»Das ist meine große Chance«, schwelgte er schon gedanklich in Siegerpose. »Meine Mechaniker und ich waren nicht faul im Winter, haben im Windkanal getestet, und mein kleiner, aber feiner Rennstall hat ein Superrennrad von Bottecchia (benannt nach dem früheren Mailand–San-Remo-Sieger Ottavio Bottecchia) für mich hergerichtet, mit einer Weltneuheit, aber das ist noch geheim.«

Ich schaute ihn intensiv und ausdauernd an. Er verstand meinen Blick. »Okay, ich weiß, was du sagen willst, Herbert. Alles, was ich dir im Vertrauen gesagt habe, hast du für dich behalten. Immer bis zu dem Tag, wo es wichtig wurde und du einige Exklusivinformationen mehr hattest als die anderen Journalisten und damit deine Reportagen noch interessanter machen konntest.

Also«, fuhr er fort, »am 6. Juli wirst du beim Zeitfahren eine Premiere erleben. Zum ersten Mal montieren wir einen Triathlon-Lenker, den wir ebenfalls im Windkanal getestet haben. Die aerodynamische Position mit tiefer liegendem Oberkörper bringt pro Kilometer fast eine Sekunde Zeitersparnis. Da kannst du dir vorstellen, was über dreiundsiebzig Kilometer dabei herausspringt.«
Das war wieder der echte Greg LeMond, kämpferisch, angriffslustig und immer Optimist.

Der 6. Juli war ein durchwachsener Tag, Sonnenstrahlen und Wolkenbänke wechselten sich am Himmel ab, aber es blieb wenigstens trocken. Dann kam der große Augenblick, als die Mechaniker aus einem Kombi die Rennmaschine herausholten, mit der Greg noch einmal den ersten Teil der Strecke abfuhr. Ich habe selten so viele überraschte Journalisten auf einem Haufen gesehen wie in diesem Moment, die vielen Zuschauer gar nicht eingerechnet.

Ein alter, knorriger Bretone mit Baskenmütze formulierte am prägnantesten: »Was will denn dieser verrückte Hund aus den USA mit dieser merkwürdigen Konstruktion?«

»Damit will er den Fignon und die anderen besiegen?« – »Niemals!«

Man sollte eben niemals nie sagen, heißt eine alte Weisheit. Greg LeMond gewann nach dreiundsiebzig Kilometern mit vierundzwanzig Sekunden vor dem Spanier Pedro Delgado, der ein Jahr zuvor die Tour gewonnen hatte, und mit sechsundfünfzig Sekunden vor Laurent Fignon, den LeMond als stärksten Widersacher einschätzte. Das war ein Donnerschlag, da musste den Konkurrenten vor Wut »der Draht aus der Mütze springen«. Und LeMond trug jetzt das Gelbe Trikot.

Dieses Maillot jaune wechselte bis zum Abschlusszeitfahren von Versailles nach Paris zwischen LeMond und Fignon hin und her. Der Pariser Fignon hatte vor diesem letzten Teilstück immerhin noch fünfzig Sekunden Vorsprung vor LeMond. Das musste eigentlich reichen.

Am Vorabend schaute ich kurz bei Greg vorbei, wollte ihn in seiner letzten Vorbereitung auf den nächsten Tag nicht lange stören. »Du bist mir nicht böse, wenn ich heute nicht so viel Zeit für dich habe wie sonst?«

»Nein, nein«, sagte ich und schloss schnell meine Frage an. »Glaubst du, es noch einmal schaffen zu können? 24,5 Kilometer und fünfzig Sekunden Rückstand – das wird verdammt schwierig.« Erstmals erlebte ich den sonst so lässigen Kalifornier etwas zweifelnd.

»Ich werde von Beginn an volles Risiko und mit voller Kraft fahren, selbst wenn ich am Ende einbrechen sollte. Halte mir die Daumen, Hörbi, mein Freund!«

Was dann kam, ist hinreichend bekannt. Es war ein sonniger, warmer Julitag. LeMond startete als Vorletzter, flog förmlich von der Startrampe ins Rennen, natürlich wieder mit Triathlon-Lenker und aerodynamischem Helm. Laurent Fignon verzichtete erneut auf einen Helm, und so flatterten seine langen, blonden Haare im Fahrtwind und damit auch wertvolle Sekunden auf und davon. Auch am Lenker wurde nichts verändert. Das alles sollte sich bitter rächen. Am Ende der Tour gab es das Herzschlagfinale, das Kriminalfilmregisseur Alfred Hitchcock nicht besser hätte inszenieren können.

Greg LeMond stand hinter der Ziellinie, umringt von seinen Teamgefährten, Helfern, Betreuern und einer Traube von Journalisten und wartete auf Fignon. Die letzten Meter wurden für beide zur Ewigkeit.

»*Sensationnel, incroyable, incredibile* – sensationell, unfassbar, unglaublich«, so schwirrten die knappen Bewertungen über die Fernsehtribüne. Es herrschte eine unbeschreibliche Stimmung, grenzenloser Jubel bei Greg LeMond und abgrundtiefe Enttäuschung bei Laurent Fignon, der in seiner Heimatstadt um lumpige acht Sekunden besiegt wurde.

Beim traditionellen Abschlussfest traf ich Greg noch einmal. Wir lagen uns in der Armen, sprachen kein Wort. Tränen kullerten aus unseren Augen, und schließlich sagte er zu mir: »Erin-

*Der Augenblick, in dem sich die Hochspannung entlädt:
LeMond schlägt Fignon um acht Sekunden.*

nerst du dich noch an den Abend in Chianciano Terme, 1982 in der Toskana?«

Dem war nichts hinzuzufügen. Ich nickte nur, und wir verstanden uns.

Noch einmal schlug Greg LeMond in seinem größten Jahr 1989 zu, und zwar nur fünfunddreißig Tage später bei der Weltmeisterschaft in Chambéry in den Savoyer Alpen.

Es war ein grausamer Tag. Bei starken Windböen und peitschendem Dauerregen sowie Blitz und Donner musste ich zum ersten Mal als Reporter unter die Fernsehtribüne flüchten und stehend das Finale kommentieren. Der Wind hatte die völlig durchnässten Unterlagen zerstreut. Die Techniker des französischen Fernsehens brachten in Windeseile die Monitore ins Trockene, und die Schlussphase begann.

In einem Wahnsinnsspurt schlug Greg LeMond seine beiden Fluchtgefährten Dimitri Konyshew und Sean Kelly.

»It's unforgettable«, waren seine ersten Worte hinter dem Zielstrich. Und es war in der Tat unvergesslich.

Welch eine Rückkehr von Greg LeMond in die Weltspitze, als Gewinner der Tour de France und Straßenweltmeister der Profis! Nach diesen beiden Triumphen wählten ihn die Sportjournalisten nach Fausto Coppi (Italien) und Eddy Merckx (Belgien) als dritten Radprofi zum »Weltsportler des Jahres«.

Und zu Weihnachten kamen wieder herzliche Grüße aus Lakewood in Kalifornien bei mir in Bensberg an.

1991 beendete LeMond die Tour de France auf dem siebten Gesamtrang. Ein Jahr später startete die Tour in der baskischen Metropole San Sebastián am Golf von Biscaya, unweit der französischen Grenze. Ich besuchte ihn wie sonst in seinem Hotel, in dem auch noch andere Profiteams untergebracht waren. Im Aufzug traf ich einen völlig entspannten Greg LeMond mit seiner ganzen Familie. Das war erneut ein herzliches Zusammentreffen. Er war auf dem Weg zu seinem Mechaniker, um nach dem Rennmaterial für das Zeitfahren zu schauen.

Wir setzten uns beide auf die Bordsteinkante der Straße, und während er die Metallplatten für die Klick-Pedale unter seine Rennschuhe montierte, unterhielten wir uns.

»Was rechnest du dir denn aus in diesem Jahr?«, wollte ich eine Einschätzung seiner Form haben. Ungewöhnlich kurz und knapp fiel seine Antwort aus: »I do my best, ich gebe mein Bestes, um wieder ganz vorne zu landen«, formulierte er weit vorsichtiger als in früheren Jahren. Am Ende unseres Gespräches wünschte ich ihm viel Glück und ahnte schon, dass sich nach den großen Erfolgen im letzten Jahrzehnt die Laufbahn eines beeindruckenden Sportlers dem Ende zuneigte.

Und so kam es auch. Während der 14. Etappe auf dem Weg nach Alpe d'Huez stieg Greg LeMond entkräftet und müde vom Rad und beendete seine ruhmreiche Karriere.

Zehn Jahre zuvor hatte an einem kühlen Frühlingstag in der Toskana eine Bekanntschaft begonnen, aus der eine Freundschaft wurde, die bis heute Bestand hat. Und wenn Weihnachten vor der Tür steht, dann …

Ein König aus Spanien: Miguel Indurain (1991)

Da standen wir nun nebeneinander im Blitzlichtgewitter der Fotografen auf dem Podium der Tour de France: Ein spanischer Rennfahrer im Gelben Trikot und ein deutscher Fernsehreporter in einem gelben Sporthemd – Miguel Indurain und Herbert Watterott. Das war kein Traum, sondern Realität an diesem Sonntag, dem 21. Juli 1991.

Die ersten Sonnenstrahlen bahnten sich gegen zehn Uhr den Weg durch eine immer dünner werdende Wolkendecke und tauchten die Szenerie in ein warmes, goldgelbes Licht. Der Fluss Tarn bewegte sich träge, Windung für Windung, auf seinem Weg vorbei an Albi in Richtung Moissac, wo er dann in die Garonne mündet.

Albi, diese Kleinstadt im Departement Tarn, etwa fünfundsiebzig Kilometer nordöstlich von Toulouse gelegen, wird beherrscht von der mächtigen, in rotem Backstein errichteten Kathedrale und dem Palais de la Berbie, in dem das Museum Toulouse-Lautrec untergebracht ist, benannt nach dem französischen Maler und Grafiker Henri Marie Raymond de Toulouse-Lautrec, der 1864 in Albi geboren wurde.

Ich hatte ganz bewusst diese majestätische Kulisse ausgewählt, um die Medaille in Empfang zu nehmen, die jeder Journalist bekommt, wenn er zum fünfundzwanzigsten Mal die Tour de France bestritten hat. Schon eine Woche vorher kam Philippe Sudres, der zuständige Verbindungsmann der Tour-Organisation für das Ressort Medien und Presse zu mir und sagte: »Confrère Herbert, du bekommst in diesem Jahr die Médaille de la Reconnaissance, für eine Vierteljahrhundert Tour de France.«

Ich war hocherfreut, aber dennoch kam ein Zweifel auf.

»Philippe, es ist in diesem Jahr bereits meine 26. Tour de France. Ich fehlte einmal wegen Krankheit, aber meine Jubiläumstour war eigentlich schon im letzten Jahr.«

Monsieur Sudres reagierte mit französischem Charme und Gelassenheit. »Dann wird es aber höchste Zeit, dir diese Medaille zu überreichen. Du kannst dir aussuchen, in welcher Stadt die Übergabe und Ehrung stattfinden soll.«

Ich bat um etwas Bedenkzeit, studierte den Etappenplan und wählte Albi aus, wo am Sonntag, dem 21. Juli, die 14. Etappe über 235 Kilometer in Richtung Alès gestartet wurde.

Alles war vorbereitet. Die Kulisse hatte ich selbst ausgesucht, der Sonnenschein tauchte den Place Sainte-Cécile in wunderschöne Farben, ein buntes Treiben vor dem Start beherrschte die Altstadt von Albi. Die Fahrer schrieben sich in die Startliste ein, bestätigten damit ihre weitere Teilnahme am Rennen. Ich hatte nicht gut geschlafen und war nervös aufgewacht. Kein Geringerer als Miguel Indurain sollte mir die Medaille überreichen. Nur locker bleiben, lächeln und sich freuen, das musste mir doch gelingen.

Im täglich erscheinenden Renn-Kommuniqué mit allen Ergebnissen und Wertungen gab es auch ein Blatt, auf dem die anstehenden Ehrungen und Auszeichnungen für verdiente Mitglieder der großen Tour-de-France-Familie angekündigt wurden. Mein langjähriger Kollege Jean Nelissen, selbst schon seit Urzeiten als Journalist für das niederländische Fernsehen und diverse Zeitungen dabei, fragte mich auf dem Weg zum Startplatz: »Freust du dich auf die Medaille?«

»Na klar«, antwortete ich diesem immer kollegialen und freundlichen Niederländer und fügte hinzu: »Einmal wollte ich die Tour de France mitfahren, sie miterleben als Journalist, und jetzt ist schon ein Vierteljahrhundert vorüber! Wie schnell doch die Zeit vergeht.«

Er schaute mich melancholisch an und meinte: »Herbert, die schönsten Zeiten sind vielleicht schon vorbei. Ich wünsche dir

Dauerbrenner, Kilometerfresser, Marathonmann, Rekordsieger: Deutschlands erfolgreichster Radprofi Erik Zabel. Ein Interviewpartner, wie man ihn sich nur wünschen kann!

»Hallo Saarbrücken – bitte melden!«
Viele Jahre Radsport-Kommentare auf Tour- und TV-Tribünen – hier mit Jürgen Emig bei der Weltmeisterschaft in Oslo 1993. Im Hintergrund links Vittorio Adorni, der Weltmeister von 1968, rechts Adriano Dezan, der italienische Chefkommentator mit der unverwechselbaren Stimme.

Ein Star ist geboren! Jan Ullrich, Gesamtsieger der Regio-Tour 1996 in heimatlichen Gefilden. Im nächsten Jahr sollte es auch in Paris klappen (unten).

Ehrung für 35 Jahre Tour de France durch den fünfmaligen TdF-Sieger Bernard Hinault und Tour-Direktor Jean-Marie Leblanc, Freiburg/Breisgau 2000 (rechte Seite unten).

Typische Reporter-Kopfbedeckung für drei Wochen bei jedem Wetter im Windschatten der Weltelite – 2006 durch Frankreich, Deutschland, Luxemburg, die Niederlande und Spanien.

Höhen und Tiefen für Frohnatur Jens Voigt: Dauerangreifer, Bergtrikot-Eroberer, Gelbträger, Etappensieger – und Pechvogel (unten).

Zwischen Kabeln und Müllsack in der »Technik-Zone«: letzte Vorbereitungen für einen Sechs-Stunden-Live-Marathon bei einer schweren Bergetappe (rechte Seite).

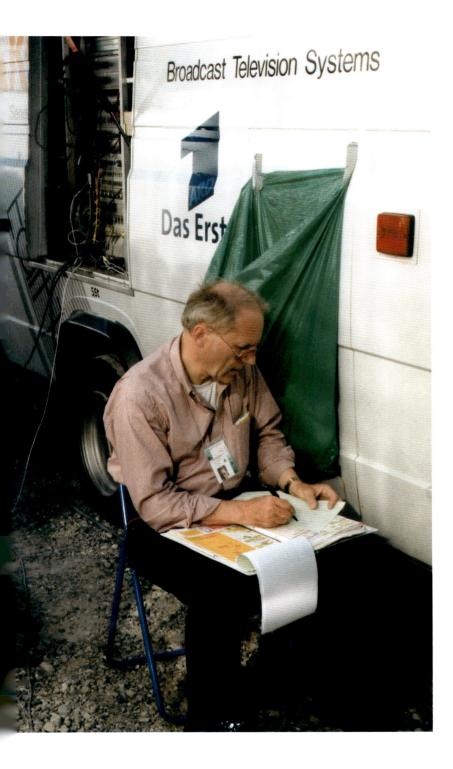

Zwei Generationen, aber ein eingespieltes Tour-Team: im Tandem mit Hagen Boßdorf (oben).

Die Erinnerung bleibt: 39 Jahre nach dem tragischen Tod von Tom Simpson im Jahre 1967 ein Besuch am Gedenkstein, hoch oben am Mont Ventoux.

Training im Bergischen Land. Hier holt sich der Autor die Form für die Alpen und die Pyrenäen …

Ein Veteran kommt selten allein: Laurent Brochard, Frankreich, Weltmeister 1997 in San Sebastian und Etappensieger der Tour am französischen Nationalfeiertag (14. Juli) desselben Jahres in Loudenvielle (unten).

Kein Tour-Sieger von 1903, sondern ein Tour-begeisterter Reporter von 2006. Gelbes Trikot für die 41. und letzte Tour de France. Adieu …

noch viel Gesundheit und gleich eine stimmungsvolle Zeremonie mit diesem neuen Star aus Spanien, Miguel Indurain.«

Dann kündigte Tour-Direktor Jean-Marie Leblanc die Ehrung an, erzählte ein paar Sätze über mich und meine jahrelange Fernseharbeit für die ARD bei der Tour de France. Schließlich kam Miguel Indurain, den ich seit seinem ersten Tour-Auftritt 1985 beobachtet hatte, auf die Bühne. Das Gelbe Trikot, das er erst vor zwei Tagen nach der schweren Pyrenäen-Etappe von Jaca nach Val Louron übernommen hatte, leuchtete im morgendlichen Sonnenlicht. Als er auf mich zukam, streckte er schon die Hand aus und beglückwünschte mich mit dem Wort: »Felicitaciones.« Als ich die Medaille in meinen Händen hielt, erwiderte ich auf Spanisch: »Gracias, Miguel.«

Ich wünschte ihm noch eine sturzfreie Fahrt bis nach Paris.

Die Medaille war eine schwere, runde Scheibe aus Kupfer, mit einem stilisierten Bergpanorama und einer endlosen Straße sowie auf der Rückseite mit einem Trikot, umrankt von zwei Lorbeerzweigen und den Initialen »H. D.«, für Henri Desgrange, den Gründer der Tour de France im Jahre 1903.

Zahlreiche Fotografen schossen diverse Fotos, versprachen mir auch großzügig, Abzüge zu schicken, aber gesehen habe ich bis heute keinen einzigen davon. Das macht aber nichts, weil dieser Augenblick ohnehin unauslöschlich auf meiner persönlichen »Festplatte« gespeichert ist. Er gehört zu den wichtigsten Erinnerungen und Begebenheiten der letzten fünfundzwanzig Jahre, eine lange Zeit, die mir aber vorkommt, als wäre sie im Fluge vergangen.

Seit 1985 spielt der groß gewachsene, schlanke Spanier mit den kurzen schwarzen Haaren und den aufmerksamen dunklen Augen eine Rolle in dieser Nachbetrachtung. Zuerst war es nur eine Nebenrolle, denn als junger Fahrer erschien Miguel Indurain 1985 ganz unscheinbar bei seiner ersten Tour de France. Er war Neuling in der spanischen Reynolds-TS-Batteries-Mannschaft, in der Aja, Chozas, Gaston und Laguia die Stars waren.

Bereits nach der vierten Etappe schied Indurain, der damals noch 90 Kilogramm wog, aus, ohne dass ich ihn näher kennen lernen konnte. Zwei Jahre zuvor hatte dieser Rohdiamant, der vom Sportlichen Leiter Eusebio Unzue für die Amateurmannschaft von Reynolds entdeckt wurde, an seinem neunzehnten Geburtstag, am 16. Juli 1983, bei vierzig Grad Hitze, in Elda-Alicante die spanische Amateurmeisterschaft gewonnen. Zu dieser Zeit lief gerade die Tour de France der Profis, und der Sportliche Leiter des Profiteams, José-Miguel Echevarri, vernahm mit großer Freude die Siegeskunde. Der »Neue« bekam 1984 einen Profivertrag und stand 1985 als Berufsfahrer erstmals am Start der Tour in Plumelec, in Westfrankreich. Es war das Jahr, in dem Bernard Hinault seine letzte Tour gewann. Seit damals warten die Franzosen bekanntlich auf einen neuen Tour-Sieger aus ihrem Land.

Indurain stammte aus dem Dörfchen Villava bei Pamplona, in der nordspanischen Provinz Navarra. Inzwischen hatte er sich zu einem Modellathleten entwickelt, 1,88 Meter groß, nur noch 80 Kilogramm schwer. Er hatte mit 28 Schlägen pro Minute den niedrigsten Ruhepuls aller Rennfahrer im Feld, seine Lungenkapazität betrug 7,81 Liter. Er war immer freundlich und bescheiden, strahlte eine schon fast ungewöhnliche Ruhe und Gelassenheit aus.

Auch bei seiner zweiten Tour-Teilnahme 1986 erreichte er Paris nicht, sondern stieg wie geplant auf der zwölften Etappe von Bayonne nach Pau aus. Er sollte nur zwölf Tage Tour-Erfahrung sammeln. Die Kontaktaufnahme mit ihm war äußerst schwierig. Denn der junge Mann konnte außer seiner Muttersprache keine Fremdsprache, und mir kam das Spanisch ziemlich »spanisch« vor. Es ergaben sich also kaum Berührungspunkte bis auf ein freundliches »Hola, Hola!« und »Que tal?« – Wie geht's?

Als Indurain 1987 erstmals als 97. die Tour in Paris beendete, nahm das Interesse an ihm zu. Die Zahl der spanischen Journalisten stieg weiter an. Pedro Delgado aus Segovia war der damalige Star und näherte sich seinem Karrierehöhepunkt: dem Tour-

Sieg 1988. Miguel Indurain war als uneigennütziger Helfer für seinen Kapitän dabei und beendete die Tour auf dem 47. Rang in der Gesamtwertung mit einem Rückstand von über einer Stunde. Aber immerhin hatte er sich schon um fünfzig Plätze verbessert.

1989 war Indurain dann schon Siebzehnter und feierte seinen ersten Etappensieg in Cauterets, in den Pyrenäen. Ein Jahr später landete er erstmals unter den besten zehn Profis der Tour, mit nur noch zwölf Minuten und siebenundvierzig Sekunden Rückstand auf den Sieger Greg LeMond aus den USA und nur fünf Minuten hinter seinem Kapitän Pedro Delgado, der am Ende Vierter wurde. Schritt für Schritt näherte er sich der Weltspitze, bis »König Miguel I.« Anfang der 1990er-Jahre seine Regentschaft im internationalen Radsport begann.

Und immer trug er das Trikot der spanischen Großbank Banesto. Das Kürzel steht für »Banco español de credito«.

1991 hatte »Perico«, wie seine Anhänger Delgado liebevoll in Anlehnung an dessen Vornamen Pedro nannten, seinen Zenit überschritten, und der »Lange« aus Villava bekam erstmals die Kapitänsrolle, unterstützt vom erfahrenen Delgado. Eine ähnliche Konstellation wie beim Team Telekom, als der Tour-Sieger von 1996, Bjarne Riis aus Dänemark, ein Jahr später Jan Ullrich zum ersten deutschen Tour-Sieg verhalf.

Pedro Delgado, seinerzeit ein spanisches Sportidol, ist bis heute ein lustiger, stets aufgeschlossener Geselle und Kollege geblieben. Er arbeitet seit Jahren als Fernsehkommentator, seine fachlichen Erklärungen machen das Zuhören zu einem Genuss. Von seiner Popularität als Rennfahrer hat er bis heute nichts verloren.

Ich erinnere mich an das Jahr 1995, als Delgado im fernen Kolumbien neben uns auf der Fernsehtribüne saß, um das Einzelzeitfahren bei der Weltmeisterschaft in Tunja, 250 Kilometer von der Hauptstadt Bogotá entfernt, zu übertragen. Mit Miguel Indurain und Abraham Olano hatte Spanien zwei ganz heiße Eisen im Feuer. Schon früh am Morgen brannte die Sonne unbarmherzig vom Himmel, und es gab kein Dach über der langen Reportertribüne. Es deutete sich eine Hitzeschlacht an, nicht nur für die Profis im Kampf gegen die Uhr, sondern auch für die Berichterstatter aus aller Welt, die zur Rad-Weltmeisterschaft nach Kolumbien angereist waren.

Als einziger Sender hatte die ARD eine Kommentarleitung, aber keine Bildleitung nach Frankfurt zum federführenden Sender Hessischer Rundfunk, von wo die Sendung ausgestrahlt wurde. Die ausländischen Kollegen, einschließlich Pedro Delgado, standen kurz vor dem Beginn der Live-Übertragung nach Europa mit leeren Händen da. Die vor Wochen bestellten Ton- und Bildleitungen kamen nicht zustande. Für Delgado war das ein besonders hartes Los: zwei potenzielle Medaillenanwärter aus Spanien, aber keine Chance, das Rennen zu kommentieren.

Während das internationale Bildangebot in Frankfurt vorlag und vom Redakteur Werner Damm in der Magnetaufzeichnung beobachtet wurde, schafften es die kolumbianischen Techniker nicht, dieses Bild auf unseren Monitor zu schalten. So etwas hatte ich in dreißig Jahren noch nicht erlebt. Aber Not macht bekanntlich erfinderisch. Am Tag zuvor hatte ich die Startliste nach Frankfurt gefaxt. Jürgen Emig und ich saßen also auf der Tribüne und sprachen unsere Reportage nach detaillierter »Bildansage« von Werner Damm. Er sagte uns auf den Kopfhörer, wer und was gerade auf dem Bildschirm in Frankfurt zu sehen war. Das war in der Tat ein ganz neues Reportagegefühl: Bild aus Frankfurt mit dem »Souffleur« Damm und Kommentar aus Kolumbien. Dieser »Blindflug« klappte vorzüglich, und die Bronzemedaille des Deutschen Uwe Peschel konnte ich den Zuschauern »hautnah« von vor Ort vermitteln.

Ein trauriger und genervter Pedro Delgado hörte uns zu, ohne selbst auch nur ein einziges Wort von Gold und Silber nach Spanien berichten zu können. Miguel Indurain hatte vor Abraham Olano gewonnen.

Der Rummel um Indurain erreichte zwei Tage vor dem Straßenrennen seinen skurrilen Höhepunkt. Hagen Boßdorf und ich saßen gerade beim Frühstück in unserer kleinen Hotelpension, in der am Nebentisch dunkelhäutige Sprinter von den Karibik-Inseln Aruba und Trinidad-Tobago hockten. Sie wollten die europäischen Weltklasseathleten Frédéric Magné aus Frankreich und Michael Hübner und Jens Fiedler aus Deutschland das Fürchten lehren. Plötzlich drang lautes, dröhnendes Stimmengewirr von draußen an unsere Ohren. Hektische Wortfetzen quollen aus einem Megafon. Die Radsport-Begeisterung der kolumbianischen Radioreporter kannte keine Grenzen. Sie verfolgten auf einem Pritschenwagen und einem Motorrad die morgendliche Trainingseinheit von Miguel Indurain und redeten während der Fahrt ohne Unterbrechung über den »Campeon«, über den Meister aus Spanien. Mit voller Lautstärke und im Stakkato-Stil, unterbrochen von fetzigen Werbesprüchen, übertrugen sie mehr als eine Stunde lang das Training eines einzelnen Radrennfahrers, der zwei Tage zuvor Gold geholt hatte. Für europäische Verhältnisse undenkbar und für mich ein ganz neues Erlebnis.

Es war immer sehr schwer, ein Interview von Miguel Indurain zu bekommen, besonders 1991, als er seine erste Tour de France gewann. Am 19. Juli, zwei Tage bevor er mir die Medaille für meine 25. Tour de France in Albi überreichte, war er zum ersten Mal ins Gelbe Trikot geschlüpft, das er in seiner Laufbahn insgesamt sechzig Tage tragen sollte. Zwei grandiose Zeitfahrsiege, in Alençon und Mâcon, untermauerten seinen ersten von insgesamt fünf Gesamtsiegen. Miguel wurde in Paris wie ein erfolgreicher Torero empfangen und gefeiert, als vierter spanischer Tour-Sieger nach Federico Bahamontes (1959), Luis Ocaña (1973) und Pedro Delgado (1988).

Der elegante Spanier rückte nach dem ersten Tour-Sieg schlagartig ins Rampenlicht und wurde von den spanischen Journalisten umlagert wie die Festung von Ávila. Eine dichte Traube von Fernseh- und Radioleuten sowie Zeitungskollegen verfolgten den Extrakönner, wollten alle wenigstens einen exklusiven Satz. Wenn er auf die Tribüne kam, musste er an meinem Sprecherplatz vorbei, um zu den Kollegen vom spanischen Fernsehen TVE zu gelangen. Die Interviews unserer spanischen Kollegen übersetzte ich dann für die ARD.

Rund 300 Schlachtenbummler aus seiner Heimatgemeinde Villava jubelten unter den 500 000 Zuschauern ihrem Landsmann zu. Sein Vater Miguel und seine Mutter Isabel standen still auf einer Pariser Ehrentribüne und genossen den ersten Triumph ihres Sohnes. So wie 1997 die Telekom-Mannschaft den ersten Sieg von Jan Ullrich in einem Nobelrestaurant auf den Champs-Élysées feierte, so traf sich der Indurain-Clan im »La Dorada« in der Avenue George V. Es wurde eine unvergessliche spanische Nacht. Olé.

In den nächsten Jahren blieb Indurain unantastbar im Zeitfahren, zehn seiner zwölf Etappensiege errang er in seiner Spezialdisziplin. Lediglich zwei Etappensiege mit Massenstart entschied er in den Pyrenäen für sich, in Cauterets (1989) und in Luz Ardiden (1990). Aber damals war er noch einer der Helfer von Pedro Delgado.

1992 schlug meine große Stunde. Ich erwischte Miguel Indurain kurz vor dem Start in St. Gervais in den Alpen, nachdem er wieder einmal als einer der letzten Rennfahrer zur Einschreibkontrolle gekommen war, um dem Rummel zu entgehen. Es blieben noch zehn Minuten, bis die 13. Etappe nach Sestriere in Italien gestartet wurde. Miguel kam gerade aus einer entlegenen Ecke, wo er einem dringenden Bedürfnis nachgekommen war, und wollte zu seinem Mannschaftswagen. Eine enge Passage, er musste abstoppen, erkannte mein Gesicht von den zahlreichen Tribünenbesuchen. Ohne lange zu überlegen, ohne geschliffene Wortwahl fragte ich auf Französisch nach seinem schärfsten Gegner bei dieser Tour.

Er verstand, um was es mir ging: »Claudio Chiappucci, diesen angriffslustigen Italiener, muss ich im Auge behalten. Mit seiner unregelmäßigen Fahrweise ist er unberechenbar. Ich bevorzuge, wie mein Vorgänger Bernard Hinault, einen gleichmäßigen Fahrrhythmus am Berg.«

Schnell noch eine zweite Frage hinterher: »Wann holen Sie sich das Gelbe Trikot?«

Mit einem selbstbewussten, flüchtigen Lächeln im Gesicht verwies er auf den 24. Juli: »Spätestens nach dem superlangen Zeitfahren über vierundsechzig Kilometer zwischen Tours und Blois möchte ich in Gelb fahren. Das ist früh genug.«

»Bis Paris?«, hakte ich noch einmal nach.

»Si, si!«, klar und entschlossen kam seine Antwort. Dem war nichts hinzuzufügen.

Nun hatte ich endlich einmal drei Fragen stellen können. Schade nur, dass ich keine Kamera dabeihatte.

Der sympathische, aber distanziert wirkende Spanier behielt Recht mit seiner Chiappucci-Einschätzung. Auf der extrem langen Alpenetappe über 254 Kilometer fuhr der Italiener das Rennen seines Lebens, pulverisierte das gesamte Feld und wurde auf italienischem Boden in Sestriere von enthusiastischen Landsleuten empfangen. Claudio Chiappucci konnte sich kaum einen Weg durch die enge Gasse zwischen den Zuschauermassen bahnen. Das französische Fernsehen verlor sogar zeitweise die Übersicht, zeigte in diesem ganzen Tohuwabohu den Verfolger Indurain erst viel zu spät. Der Spanier wurde an diesem Tag das »Opfer« des Lombarden. »Il Diavolo«, so nannten ihn seine Fans liebevoll, fuhr wie der Teufel, machte seinem Spitznamen alle Ehre und schickte seine Gegner auf dem Weg hinauf zum Wintersportort Sestriere direkt hinab in die Hölle.

Nur Indurain konnte den Abstand mit einer Minute und fünfundvierzig Sekunden in Grenzen halten. Das genügte aber, um erstmals nach dem Prolog in San Sebastián wieder das Gelbe Trikot anzuziehen. Indurain gewann schließlich seine zweite Tour vor dem Herausforderer Claudio Chiappucci, der in Paris ebenso bejubelt wurde wie der Sieger.

Noch dreimal kletterte der Spanier in der französischen Hauptstadt auf die höchste Podiumsstufe, gewann fünfmal die Tour, wie vor ihm Jacques Anquetil, Eddy Merckx und Bernard

Hinault. Aber er war der erste Profi seit 1903, der fünf Siege in ununterbrochener Reihenfolge errang.

Das letzte Jahr des Radprofis Miguel Indurain war 1996, zugleich ein olympisches Jahr, mit den Spielen in Atlanta und der Premiere des Einzelzeitfahrens dort. Als erster Mensch wollte Indurain zum sechsten Mal die Tour de France gewinnen. Aber es kam anders.

Am 3. Juli erlitt Indurain auf der Etappe von Chambéry nach Les Arcs einen unerwarteten Schwächeanfall, vorher schon zermürbt durch die ständigen Attacken der Telekom-Mannschaft mit dem späteren Sieger Bjarne Riis, Udo Bölts, Rolf Aldag und Jens Heppner. Den ganzen Tag in die Defensive gedrängt, trank Indurain zu wenig, bekam von einem anderen Teamwagen im Aufstieg nach Les Arcs eine Wasserflasche und überstand die Etappe, allerdings mit einem Rückstand von vier Minuten und neunzehn Sekunden auf den Etappensieger Luc Leblanc aus Frankreich. Das war der Anfang vom Ende. Indurains Moral und Motivation waren gebrochen. Was blieb, war der elfte Gesamtrang nach den fünf Triumphen zuvor.

Genau einen Monat später aber, am 3. August, holte sich Indurain die Goldmedaille im Zeitfahren bei den Olympischen Spielen in Atlanta. Es war sein 99. und zugleich letzter Sieg. »Das olympische Zeitfahren ist ein historisches Ereignis, weil es zum ersten Mal ausgetragen wurde«, waren seine ersten Worte bei der Siegerehrung an die große Schar der Journalisten. Ein exklusives Interview war gerade bei Olympischen Spielen ein fast utopisches Unterfangen.

Am 2. Januar 1997 erklärte Miguel Indurain in Pamplona, unweit seines Heimatortes Villava, seinen Rücktritt. Eine große Karriere war nach vierzehn Profijahren beendet. Aber immer noch treffe ich ihn regelmäßig bei der Tour de France und bei Weltmeisterschaften.

Geblieben ist seine zurückhaltende, fast scheue Art. Die lockigen schwarzen Haare trägt er etwas länger, denn auf Aerodynamik muss er jetzt nicht mehr achten. Bei der Weltmeisterschaft 2004 in Verona fragte ich ihn nach seinem Befinden.

»Ich bin rundum zufrieden, auch ohne aktiven Radsport, seit fast zehn Jahren. Das Kapitel ist abgeschlossen. Jetzt schreibe ich als Kolumnist für spanische Zeitungen und bin so über das internationale Geschehen im Radsport informiert. Ansonsten freue ich mich über meine Familie.«

Sein langjähriger Konkurrent Claudio Chiappucci aus Italien erinnert sich noch heute anerkennend und respektvoll an Miguel Indurain: »Mit dir habe ich die Hölle erlebt.«

Für die Basken, Andalusier, Kastilier und Katalanen ist Indurain bis heute »El Rey« geblieben: der König, der den Radsport-Himmel berührte.

Sein Geburtstagsgeschenk 1995 rettet das Team: Erik Zabel setzt alles auf Grün

7. Juli 1995, 16.59 Uhr. Etappe Dünkirchen–Charleroi über 202 Kilometer.
154 Rennfahrer bewegen sich auf dem Asphalt wie ein großes Ameisenheer im Wald. Eng nebeneinander, Rad an Rad. Die Geschwindigkeit wird immer höher, ist inzwischen auf 60 Kilometer pro Stunde angewachsen.

Nach viereinhalb Stunden taucht vor dem Feld das berühmte Zeichen für die letzten eintausend Meter auf. Es ist die »Flamme rouge«, dieser rote, dreieckige Stofffetzen. Er hängt schlaff an einer Schnur, die quer über den Boulevard de Bruxelles gespannt ist. Die bunt gekleidete Meute der Rennfahrer rast unter ihm hindurch und jagt wie von Furien gehetzt in Richtung Ziel. Noch ist nichts entschieden. Ein kompromissloses Gerangel und Geschubse hat begonnen, hart an der Grenze der Fairness. Jeder späht nach der besten Ausgangsposition für den Sprint, um möglichst den heiß begehrten Etappensieg zu ergattern.

Die Helfer suchen verzweifelt nach den Lücken, durch die sie den Weg für ihre Sprintstars bahnen können. Zwei teuflisch gefährliche Linkskurven noch, erst dann geht es auf die Zielgerade. Die Spannung steigt weiter. Auf der Avenue des Alliés zieht sich das eben noch kompakte Feld nach der ersten der beiden Kurven lang auseinander. Nach dem zweiten Linksknick taucht der Boulevard Bertrand auf. Und noch einmal öffnen sich kleine Lücken im Feld.

Sprinterasse wie Jaan Kirsipuu aus Estland, der Italiener Mario Cipollini, Jan Svorada aus der Slowakei, der Franzose Laurent Jalabert und Djamolidine Abdujaparov aus Usbekistan haben ihre Position an der Spitze des Feldes bezogen. Dort gehören sie hin, denn sie sind die Besten ihres Fachs. Sie haben in ihren großartigen Karrieren schon diverse Sprintetappen bei der Tour de France gewonnen und gelten als ausgemachte Favoriten für den Tagessieg auf dieser Flachetappe. Es gibt aber einen weiteren Rennfahrer, den haben die Stars nicht auf der Rechnung. Noch nicht.

Der junge Mann heißt Erik Zabel, ist gebürtiger Berliner, fährt für das Team Telekom und ist zum zweiten Mal bei der Tour de France dabei. Zabel hatte bisher zwar noch keinen Etappensieg erringen können, ist aber schnell wie ein Blitz. Drei seiner Teamgefährten flankieren ihn noch, kurz bevor der eigentliche Sprint beginnt: Udo Bölts, Jens Heppner und Olaf Ludwig, der selbst ein erstklassiger Sprinter ist. Alle drei arbeiten und fahren für ihren jungen Teamkollegen. Heute vielleicht noch ein wenig aufopferungsvoller und etwas schneller als sonst. Denn Erik Zabel hat Geburtstag, er wird fünfundzwanzig Jahre alt.

Am Morgen bei der Fahrerbesprechung hatte Teamchef Walter Godefroot noch gesagt: »Jungs, wir haben mit Erik und Olaf zwei Eisen im Feuer, wenn es zum Massenspurt kommt. Das ist ein großer Vorteil für uns. Aber die leicht ansteigende Zielgerade von heute Nachmittag ist Erik wie auf den Leib geschneidert. Wir fahren deshalb für ihn«, sagte der Teamchef mit Nachdruck zu seinen Angestellten.

Dann fügte er noch hinzu: »Ihr wollt ihm doch ein Geschenk machen zu seinem Ehrentag, oder nicht? Ihr wisst, was ihr zu tun habt. Macht das Beste daraus.« Erik Zabel hatte die besten Sprinter der Welt bei der Tour de France bis zu diesem Tag noch nie besiegen können. Er kämpfte um seinen ersten Etappensieg.

Einige Stunden später fliegt in vorderer Position der bullige Olaf Ludwig aus der letzten Kurve heraus auf die Zielgerade, wie geplant klebt Erik Zabel förmlich an seinem Hinterrad. Er folgt dem erfahrenen Ludwig mit blindem Vertrauen. »Ete« wartet lange. Cool und abgebrüht verharrt er bis zum letzten Moment im Windschatten und rast erst dann mit einem kraftvollen, wuchtigen Antritt an Ludwig vorbei. Seine Endschnelligkeit macht ihn kreuzgefährlich.

Ich saß zusammen mit Jürgen Emig auf der Tribüne und fieberte am Mikrofon mit, als müsste ich selbst den Kampf mit den Sprintern aufnehmen.

»Der Massenspurt ist eröffnet, gute Ausgangsposition für Olaf Ludwig und Erik Zabel. Gibt es den ersten deutschen Etappensieg bei dieser Tour?«, fragte ich mich und die Zuschauer.

»Ludwig, ausgestattet mit Bärenkräften, hat eine große Übersetzung aufgelegt, noch immer ist Zabel hinter ihm. Die Konkurrenz ist aber noch nicht abgeschüttelt. Rad an Rad geht es weiter. Die letzten einhundert Meter. Jetzt kommt Zabel aus dem schützenden, kraftschonenden Windschatten heraus – und ist der Triumphator von Charleroi, der ›Roi‹ von Charleroi, der König. Erster Tour-de-France-Etappensieg in Zabels Karriere, bravo, Erik!«

Zabel gewann diese Etappe vor Jalabert und Abdujaparov, zwei ausgemachten Sprintspezialisten. Die Sensation war perfekt.

Gleichzeitig beendete er wie nebenbei eine lange, lange Durststrecke. Der letzte Tagessieg eines Deutschen datierte vom 17. Juli 1993, lag also fast schon zwei Jahre zurück. Damals hieß der Mann des Tages Olaf Ludwig. Heute hatte er seinen jüngeren Gefährten und Thronfolger zum Sieg gelotst. Ein riesiger Trubel herrschte auf dem Place du Manège direkt hinter dem Ziel. Mittendrin der Hauptdarsteller, um den sich blitzschnell eine große Menschentraube gebildet hatte.

Alle bestürmten und belagerten den überraschenden Etappensieger. Die hektischen Journalisten gierten nach ersten Reaktionen. Die Bodyguards der Tour-Organisation dagegen bemühten sich, ihren einzigen Auftrag auszuführen und den Gewinner der Etappe zur Siegerehrung auf das Podium zu schleppen. Was dort folgte, war eine feierliche und stimmungsvolle Zeremonie. König Albert der Zweite von Belgien war höchstpersönlich erschienen und hatte am Nachmittag schon vor Beginn der Eurovisionsübertragung auf der Fernsehtribüne alle Kommentatoren mit Handschlag begrüßt.

Am liebsten hätte ich Erik Zabel direkt hinter der Ziellinie interviewt, um seine ersten Reaktionen authentisch festhalten zu können. Aber das ging natürlich nicht, die Zeremonie lief nach einem vorher festgelegten Plan ab. Ich musste also warten, bis der Etappensieger Zabel und der Träger des Gelben Trikots, Bjarne Riis aus Dänemark, auf die Tribüne gebracht wurden. Unter dem Jubel der radsportverrückten Fans, darunter viele, die aus dem nahe gelegenen Deutschland herübergekommen waren, erhielt Erik Zabel aus den Händen des belgischen Königs die obligatorischen Blumen und einen riesigen Pokal.

Erik Zabel stieg durch diesen Erfolg in die Königsklasse der Sprinter auf. Seit seinem Übertritt zu den Profis im Jahre 1993 hatte der Berliner vierzehn Siege herausgefahren. Sein wichtigster Erfolg war die Weltpokalprüfung Paris–Tours. Aber mit dem Sieg von Charleroi erfüllte sich ein Traum, der den neuen Sprintstar schon seit seiner Jugendzeit immer wieder unruhig hatte schlafen lassen.

Endlich kam Zabel vom Siegerpodest auf die Tribüne, und sein Weg führte ihn direkt zur ARD. Auch das ist bei der Tour streng reglementiert: das erste Interview bekommt die Fernsehstation, aus deren Land der Etappensieger stammt, in diesem Fall also für Deutschland die ARD.

Beim Interview sprudelten die Worte aus Erik Zabel heraus wie aus einem Wasserfall. Er war kaum noch zu stoppen. Auf die Frage, was er sich denn vorgenommen hatte für diesen Tag, antwortete er selbstbewusst ohne Zögern: »Ich wollte mir selbst das schönste Geburtstagsgeschenk machen, und das ist mir gelungen. Ich fühlte mich den ganzen Tag über ziemlich gut und bin natürlich überglücklich. Es ist der tollste Tag in meinem bisherigen Rennfahrerleben. Ich danke meinen Teamkameraden, die mich am Ende super unterstützt haben. Olaf Ludwig war heute mit seiner Routine der optimale Anfahrer.«

»Kannten Sie die Strecke denn vorher schon?«, fragte ich ihn.

»Nein, nein, mit eigenen Augen habe ich die letzte Passage vorher nicht gesehen. Aber ich habe mir im Tour-Buch die Streckenbeschreibung oft und lange angeschaut, mir alles eingeprägt und anschließend das Buch unter das Kopfkissen gelegt, damit ich nichts vergesse. Außerdem haben unsere Teamhelfer nach ihrem frühen Eintreffen am Ziel sofort mit Walter Godefroot telefoniert, um ihm alles detailliert zu erklären. Mit diesen Informationen kam Walter vor dem Finale mit dem Mannschaftswagen zum Feld gefahren, um mir zu sagen, worauf ich besonders zu achten hätte.«

Selbst durstig nach der langen Reportage, sah ich vor meinem geistigen Auge bereits, wie das Geburtstagskind eine Flasche Champagner öffnete und das erste Glas mit dem kühlen prickelnden Inhalt genoss.

»Ich habe heute Morgen unseren Masseur Guillaume Michiels beauftragt, er solle mit dem Besitzer unseres Schlosshotels einen anständigen Preis aushandeln, denn ich wollte anlässlich meines Geburtstages einige Flaschen Champagner spendieren. Sie sind alle herzlich eingeladen.«

Am Abend gab es tatsächlich die kleine Siegesfeier in entspannter Atmosphäre in einem idyllisch gelegenen Schloss, das der Telekom-Mannschaft als Quartier diente. Zuvor konnte ich Erik kurz noch einmal persönlich gratulieren: »Dass ich das noch erleben darf, endlich wieder einmal ein deutscher Etappensieg!«

»Heute ist alles optimal verlaufen, und darauf heben wir jetzt das Glas«, bedankte sich Erik Zabel. Olaf Ludwig hatte noch eine Geburtstagstorte besorgen lassen, die vorzüglich schmeckte und uns allen »sehr gemütlich im Mund« war.

Dann ergriff »Ete« noch einmal das Wort: »Leute, ihr könnt so viel Champagner trinken, wie ihr wollt. Nach meinem Etappensieg heute übernimmt Walter Godefroot die Rechnung.« Er grinste verschmitzt. Das war wieder ein echter Zabel.

Nach diesem Sieg schien es, als wäre der gesamten Mannschaft eine zentnerschwere Last von den Schultern gefallen – und den Verantwortlichen in der Chefetage des Sponsors Telekom gleich mit. Siege waren für Telekom in diesem Frühjahr eine Rarität gewesen. Die großen Erfolge auf internationalem Parkett blieben aus, so sehr sich das Team auch bemühte.

Erik Zabel schaffte in seinem dritten Profijahr zwar vier erste Plätze bei den Etappenrennen Tirreno–Adriatico, der Aragón-Rundfahrt und bei den »Vier Tagen von Dünkirchen«. Aber schon wurde hinter vorgehaltener Hand diskutiert, ob der mangelnde Erfolg zu einem Rückzug des Sponsors Telekom am Ende des Jahres führen könnte. Als dann die Organisatoren im Vorfeld der Tour 1995 die Einladungen an die einzelnen Mannschaften verschickten, war die Katastrophe perfekt. Die Mannschaft von Walter Godefroot ging leer aus. Ein Aufschrei ging durch das Land, die Presse und die Fans waren in heller Aufruhr.

Jean-Marie Leblanc und seine Berater hielten das Team Telekom ganz einfach nicht für attraktiv genug, um an der Tour teilzunehmen. Bis zur Tour de Suisse, die drei Wochen vor der Tour stattfand, blieben die Fronten verhärtet. Hinter den Kulissen wurde fieberhaft nach einer Lösung gesucht und um Kompromisse gerungen. Selbst der damalige Bundeskanzler Helmut Kohl und der radsportbegeisterte SPD-Fraktionsvorsitzende, spätere Bundesverteidigungsminister und jetzige Präsident des Bundes Deutscher Radfahrer (BDR) Rudolf Scharping setzten sich für die einzige deutsche Profimannschaft ein.

Aber erst die verzweifelten Bemühungen des Sportlichen Leiters Walter Godefroot, der selbst die Tour siebenmal bestritten und dabei zehn Etappensiege errungen hatte, erreichten eine wenn auch merkwürdige Lösung. Das Team Telekom durfte zusammen mit dem italienischen Rennstall ZG Mobili/Selle Italia eine gemischte Mannschaft zur Tour schicken. Mit Rolf Aldag, Udo Bölts, Jens Heppner, Olaf Ludwig, Erik Zabel und dem Ukrainer Vladimir Poulnikov bekamen sechs Telekom-Profis die Starterlaubnis. Diese Rumpftruppe wurde durch die beiden Italiener Stefano Colage und Andrea Ferrigato sowie Nelson Rodriguez aus Kolumbien vom anderen Team ergänzt.

Obwohl Erik Zabel jetzt weniger Helfer an seiner Seite hatte, herrschte gedämpfter Optimismus vor dem Tour-Start in St.

Brieuc in der Bretagne. Zwei Siege bei der Tour de Suisse in Genf und in Lenzburg durch Zabel ließen die Hoffnungen auf ein erfolgreiches Abschneiden bei der Tour weiter wachsen.

Der Sieg von Charleroi machte Erik Zabel Appetit auf mehr. Die Ankunft in Bordeaux, der Südwest-Metropole Frankreichs, stand bevor. Es war der 20. Juli, die siebzehnte Etappe verlief über die Mammutdistanz von 246 Kilometern. Morgens vor dem Start in Pau zeigte ich Zabel noch einmal die Liste der bisherigen Sieger in Bordeaux seit 1903. »Schau her, große Namen stehen in der Statistik, van Looy, Darrigade, Basso, Merckx, Raas, De Wilde und sogar zweimal dein Sportlicher Leiter Walter Godefroot.«

Das stachelte ihn offenbar besonders an. Ich fuhr fort: »Einige Male war das Ziel im Velodrom auf der roten Tartanbahn, jetzt befindet es sich wieder auf dem Messegelände vor den Toren der Stadt, mit einer ähnlich langen Zielgeraden wie früher im Zentrum von Bordeaux. In dieser Siegerliste darfst du nicht fehlen.«

Wir redeten uns gegenseitig in Stimmung: »Was Rolf Wolfshohl 1970 und Dietrich Thurau 1977 beim Zeitfahren geschafft haben, das kann ich mir doch auch zutrauen. Wäre doch gelacht.«

Ich setzte noch einen drauf: »Ich kenne die endlose Zielgerade, sie ist achthundert Meter lang, schnurgerade, mit rauem Asphalt bedeckt und zehn Meter breit. Diese Straße ist nach dem berühmten französischen Mittelstreckenläufer Jules Ladoumegue benannt. Wenn du richtig berühmt werden willst, musst du hier die Nase vorne haben.«

Das Ergebnis ist bekannt. Erik Zabel war in Bordeaux der Schnellste! Nach sechseinhalb Stunden gewann er vor Abdujaparov, Colage, Lombardi, Museeuw, Sciandri und Jalabert. Für Zabel war es der Ritterschlag als Sprinter. Und die Tour-Organisatoren wurden etwas kleinlauter, hatte Erik es ihnen doch schon zum zweiten Mal gezeigt. Im Hotel am Bordeaux Lac gab es erneut Champagner für alle, und wieder musste Walter Godefroot die Rechnung begleichen. Was er als Sportlicher Leiter allerdings mit Vergnügen tat.

Zabel und ich standen nur für kurze Zeit zusammen, da stieß er mich an und meinte ganz stolz: »Wolfshohl – Thurau – Zabel in Bordeaux ganz oben, das hört sich doch irgendwie gut an.« Walter Godefroot kam vorbei und klopfte seinem Star noch einmal auf die Schulter. Zwei Männer, die seit diesem Tag eines gemeinsam hatten: Beide waren Sieger in Bordeaux. Godefroot 1968 und 1973, Zabel zweiundzwanzig Jahre später.

Ab diesem Zeitpunkt sorgte Erik Zabel immer wieder durch spektakuläre Erfolge für Schlagzeilen. Der Telekom-Konzern blieb dem Radsport als Sponsor treu und spendierte das nötige Geld, um den Rennstall zu finanzieren. 1996 sorgte Zabel für ein weiteres Tour-Highlight. In Gap in den französischen Alpen eroberte er nach seinem Etappensieg über den Dauerrivalen Abdujaparov sein erstes Grünes Trikot. Jahrelang war Erik Zabel danach ohne grünes Sprintertrikot gar nicht vorstellbar. Bis heute hat keiner seine Marke übertroffen: Achtundachtzig Grüne Trikots sind es bis zur Tour 2005 geworden, die er nach elf Teilnahmen in Folge nach Stallorder seines Teams leider nicht mehr bestreiten durfte. Einige liegen noch bei ihm daheim, die meisten aber hat er an Freunde und Fans verschenkt oder gestiftet für Versteigerungen, um Geld für karitative Zwecke zu erzielen.

Während Jan Ullrich, abgesehen von seinem Tour-Sieg 1997, jedes Frühjahr durch Krankheiten und Übergewicht negative Schlagzeilen machte, sorgte Erik Zabel aufgrund seiner vielen Siege für Ruhe in der Mannschaft.

Ein Beweis für die Leistungskonstanz des »Dauerbrenners« Zabel sind seine neun Erfolge bei Weltpokal- und Pro-Tour-Rennen. Allein viermal siegte er bei seinem Lieblingsrennen Mailand–San Remo, dreimal bei Paris–Tours und je einmal beim Amstel Gold Race in Holland und bei den HEW-Cyclassics in Hamburg. Sieger des Gesamtweltcups 2000, rund zwei Jahre an der Spitze der Weltrangliste und hervorragende Resultate bei den letzten Weltmeisterschaften, als Fünfter in Lissabon 2001, Dritter in Zolder 2002 und Zweiter in Verona 2004 zeichnen ihn aus. Die letzte Saison musste er vorzeitig beenden, weil er sich zu Hause in Unna beim Sturz von der Leiter einen Fersenbeinbruch zuzog. Bis zum Ende der Saison 2005 fuhr Erik Zabel sage und schreibe 199 Straßensiege als Berufsfahrer heraus. Damit ist er der erfolgreichste noch aktive Radrennfahrer der Welt. Selbst der große Mario Cipollini liegt hinter ihm.

Erik Zabel kennt im Gegensatz zu vielen seiner Kollegen keine ausgeklügelte Dosierung der Saisoneinsätze. Schon im Februar auf Mallorca und auf dem spanischen Festland ist er fast pausenlos im Einsatz. Klassiker, kleinere Rundfahrten, Tour de France, Deutschland-Tour, Spanienrundfahrt und Weltmeisterschaft runden das Programm ab. Erst wenn am Ende der Saison die Blätter von den Bäumen fallen, ist auch für Erik Zabel Schluss.

Seit nunmehr 1993 ist es jedes Jahr ein Vergnügen, ihn auf allen Landstraßen der Welt zu beobachten und seine Rennen zu kommentieren. Zabel ist ein Vorbild an Beständigkeit und Einsatzbereitschaft für junge, aufstrebende Rennfahrer. Er lebt seine Liebe zum Radsport, wahrscheinlich kann er sich deshalb im Training so quälen.

Die Tour de France ist für Erik Zabel zweifellos das Rennen des Jahres. Elf Teilnahmen und zwölf Etappensiege sowie sechsmal nacheinander Gewinner des Grünen Trikots – diese Bilanz hat ihm einen festen Platz in den Tour-Geschichtsbüchern eingebracht. Seine Frau Cordula wusste schon immer, was die Tour de France für ihren Mann bedeutete, und gab ihm stets zusätzlich Rückhalt und Moral.

Jedes Jahr reist sie in der ersten Woche zum Tour-Start an. An ihrer Seite Sohn Rick, Hund Hexe, ein Westhighland-White-Terrier, und Freundin Claudia Dresselhaus, deren Bruder ebenfalls Rennfahrer war, genauso wie der Bruder von Cordula.

An einem Himmelfahrtstag lernte sich das Ehepaar Zabel kennen. Ein verschmitztes Lächeln huscht über beider Gesicht, wenn die Sprache darauf kommt. Es war beim Rundstreckenrennen um den Großen Westfalenpreis in Dortmund-Brakel, als Erik während des Rennens eine aufregende Blondine am Straßenrand stehen sah. Er traute zuerst seinen Augen nicht, aber bei jeder Vorbeifahrt winkte diese junge, hübsche Frau mit der auffälligen Frisur in seine Richtung. Diese Tatsache beflügelte seine Rennmoral enorm, und einmal winkte er sogar flüchtig zurück. So blieb es bis zum Ende des Rennens, das Erik Zabel als Zweiter abschloss. Nur Manfred Otto, sein Klubkamerad von Olympia Dortmund, war schneller gewesen.

Nach der Siegerehrung konnte er es kaum erwarten, sich den Blumenstrauß zu schnappen, und fuhr direkt zu der attraktiven jungen Frau am Streckenrand. Dort überreichte er ihr freudestrahlend den großen Blumenstrauß. Cordula bedankte sich zwar artig, klärte den verliebten Rennfahrer aber erst einmal auf. Die Anfeuerungsrufe und das ganze Winken galten gar nicht ihm, sondern ihrem Bruder, der fast während des gesamten Rennens wie eine Klette am Hinterrad von Zabel geklebt hatte. Der erste Kontakt war also etwas ernüchternd.

Erik hatte mit allem gerechnet, nur damit nicht. Der kesse Berliner war jedoch alles andere als maulfaul, ließ sich seine Enttäuschung kaum anmerken und versuchte, das Beste aus dieser Situation zu machen.

»Wie wäre es denn, wenn Sie beim nächsten Rennen uns beiden zuwinkten?« Die Folge seiner vorlauten Aufforderung war ein dickes Grinsen auf beiden Seiten. Der Bann war gebrochen. Aber wen wundert's, dass der auf dem Rad hartnäckige Zabel auch privat Beharrlichkeit beweist. Und so entstand aus dieser kleinen Episode ein Bund fürs Leben.

Mein Kontakt zu Erik Zabel ist in all den Jahren bis heute bestehen geblieben. Wo immer ich ihn traf, gab es ein freundliches Hallo. Oft konnte ich am Abend vor dem Rennen auf sein Hotelzimmer kommen, um mich zu informieren und einen kleinen Plausch zu halten. Dabei entdeckten wir auch ein gemeinsames

Hobby: Witze erzählen bis es dunkel wird. Bei jedem unserer Treffen heißt es: »Kennst du den …?«

Als Rennfahrer gehört Erik Zabel zur Weltspitze, aber auch am Mikrofon macht er als Interview-Gast immer eine gute Figur. Ich erinnere mich an das Jahr 2000, als nach der grandiosen Ankunft in Freiburg das Zeitfahren nach Mülhausen anstand und er schon ziemlich früh starten musste. Teamchef Werner Zimmer schickte ihn zu Hagen Boßdorf und mir auf die Tribüne, wir sollten ein kurzes Interview mit ihm führen. Als wir fertig waren, hätte Zabel eigentlich die Tribüne verlassen können. Aber er blieb einfach sitzen und hörte uns weiter zu.

»Was sollen wir mit ihm machen?«, fragten wir heimlich Werner Zimmer über eine Kommandoleitung, die nicht auf dem Sender zu hören ist.

»Beziehst ihn weiter mit ein«, war die Antwort.

Die Beurteilung durch die Reporter ergänzte »Ete« mit seinem Wissen aus der Sicht als Rennfahrer. Eine Premiere, die zur Fortsetzung anregte. »Es hat mir sehr viel Spaß gemacht, mit euch zu kommentieren«, bemerkte er, als er den Sprecherplatz verließ.

Er kam noch einmal kurz zurück und fügte an: »Mich hat ziemlich beeindruckt, was ihr während der stundenlangen Reportagen so alles aus dem Ärmel schüttelt. Wenn ihr wollt, komme ich gerne irgendwann wieder zu euch.« Im Jahre 2005 war es so weit: Erik Zabel war Gastkommentator der ARD bei zwei Etappen.

Nach der Tour im Jahre 2003 wurde ich anlässlich des 100-jährigen Bestehens der Frankreichrundfahrt in die WDR-Radiosendung »MONTALK«- eingeladen. Dabei werden Überraschungsgäste zugeschaltet, von denen der Studiogast nichts ahnt. Umso größer war meine Freude, als Erik Zabel trotz eines schweren Trainingstages mit langer Ausfahrt seine Zusage gab. Ich war gerührt und erfreut zugleich, als Moderator Tom Hegermann ihn ankündigte.

Zabel plauderte munter los über seine Erfahrungen mit dem Reporter Herbert Watterott in den vergangenen Jahren: »Für mich ist es wohltuend, seine fundierten Kommentare zu hören.

Er glänzt mit guter Vorbereitung und hat mich und die anderen Rennfahrer immer fair behandelt. Nur eines nehme ich diesem wandelnden Radsport-Lexikon übel: Bisher ist er unserer Einladung zum Kaffee noch nie gefolgt. Also, Herbert, setz dich ins Auto oder auf dein Rennrad, und komm endlich bei uns in Unna vorbei!«

Zu unserem Verhältnis gehört aber genauso, offen und konstruktiv mit Kritik umzugehen. Auch das beherrscht Erik Zabel. Nach den zahlreichen verlorenen Sprints während der Tour de France 2004 hatten ihm Bekannte in übertriebener Form erzählt, ich hätte ihn in unseren Live-Reportagen unfair kritisiert und niedergemacht. Sofort griff Zabel zum Telefon und rief mich an, um die Dinge, die ihm zugetragen worden waren, zu klären und zu erklären. Ich habe ihm meinen Kommentar vom Vortag erläutert, er stellte die ihn störenden Dinge aus seiner Sicht dar.

Am Ende waren alle Fragen beantwortet, und es blieb die Erkenntnis, dass wir uns immer kritisch austauschen können. Zum Schluss forderte er mich auf: »Wenn du vor den Rennen irgendetwas wissen willst, dann ruf mich an, oder wir treffen uns im Mannschaftshotel.« Ich schätze ihn sehr für diesen professionellen Umgang mit uns Journalisten.

Bei unserem letzten Gespräch stellten wir fest, dass wir beide noch einen großen Traum haben. Erik Zabel verriet seinen zuerst: »Im Mekka der Sprinter in Bordeaux habe ich schon zweimal gewonnen. Aber einmal bei der Schlussetappe der Tour de France auf den Champs-Élysées in Paris zu triumphieren, das wäre das Größte für mich. Es wäre einfach genial.« Ich merkte, wie sein Rennfahrerblut in Wallung geriet.

Mein Traum war schnell erzählt, er schloss direkt daran an: »Ich möchte an diesem Tag als Reporter am Mikrofon sitzen!« Also 2006 – bei Zabels 12. Tour de France! Am 23. Juli führt die Schlussetappe von Antony nach Paris. Ich bin dabei, denn die ARD überträgt den letzten Tour-Tag wie immer live. Erik Zabel braucht also nur noch zu gewinnen ...

Nach 64 Jahren wieder ein Deutscher auf dem Podium: Jan Ullrichs erste Tour de France 1996

Heutzutage ist die ARD mit etwa 90 Mitarbeitern vor Ort, wenn die Tour de France über 100 Stunden lang live übertragen wird. Noch 1996, also vor zehn Jahren, sah das ganz anders aus. Wir waren damals nur drei: Jürgen Emig und ich als Reporter sowie der frühere Radprofi Jürgen Kraft als Redaktionsassistent und Fahrer unseres ARD-Autos. Die Tour de France wurde in diesem Olympiajahr mit täglichen Zusammenfassungen in einer Länge von 30 Minuten in den 3. Programmen der ARD übertragen. Hagen Boßdorf moderierte die Sendungen aus einem Studio in Saarbrücken. Das Zweite Deutsche Fernsehen ZDF hatte zu dieser Zeit überhaupt kein Interesse an diesem faszinierenden Rennen, weil die Ergebnisse deutscher Rennfahrer zu Beginn der 1990er-Jahre zu schlecht waren.

Schon seit Monaten war zwischen Jürgen Emig und mir verabredet, dass er die Tour vier Tage vor dem Ende in Paris verlassen würde, um rechtzeitig zu den Olympischen Sommerspielen nach Atlanta fliegen zu können. Zeitgleich mit der Schlussetappe am 21. Juli 1996 wurde zu Beginn der olympischen Radsport-Wettbewerbe von dort das Frauenrennen im Ersten Programm übertragen.

Mit außergewöhnlichen Erfolgen deutscher Radprofis war in diesem Jahr bei der Tour de France ohnehin nicht zu rechnen. Dass ein Deutscher am Ende der großen Schleife durch Frankreich auf dem Podium stand, lag inzwischen 64 Jahre zurück. Der Berliner Kurt Stöpel war damals Zweiter geworden, mit 24 Minuten und einer Sekunde Rückstand auf den siegreichen Franzosen André Leducq.

Doch dann tauchte ein 22-jähriger Rostocker mit Sommersprossen auf, der sich bei seiner ersten Tour-Teilnahme im Schatten seines Kapitäns Bjarne Riis Schritt für Schritt nach vorn arbeitete. Diese 83. Ausgabe war im wahrsten Sinne des Wortes eine heiße Tour. Die Sonne brannte seit Tagen unbarmherzig auf die Fahrer nieder, was vielen Profis ernsthaft zu schaffen machte. Nicht aber Jan Ullrich, der dieses Wetter liebt und bei großer Hitze erst so richtig aufblüht. Von Tag zu Tag wurde er stärker.

Kaum einer kannte bis dahin diesen jungen Mann. Wir waren die gefragtesten Informationsquellen der ganzen Reportertribüne für unsere ausländischen Kollegen, die dankbar waren für jedes Detail über diesen neuen Stern am Radsport-Himmel.

Mitten durch die Pyrenäen führte eine schwere Bergetappe, die in Hautacam oberhalb des weltberühmten Wallfahrtsortes Lourdes endete. Die Vision, als erster Däne die Tour de France zu gewinnen, verlieh Bjarne Riis vom Team Telekom beim Aufstieg von Lourdes nach Hautacam förmlich Flügel. Mitten im Aufstieg startete er plötzlich seinen Angriff. Ein Aufschrei erhob sich von der vollbesetzten Radio- und TV-Tribüne mit über 50 Reportern aus aller Welt. Das Gelbe Trikot lag vorn. Aber die schärfsten Konkurrenten reagierten sofort, es kam kurze Zeit später zum Zusammenschluss. Mehr noch: Riis fiel mit einem Mal zurück. Er schien das Opfer seines eigenen Angriffs geworden zu sein. Wieder jaulten die Reporter auf:

»Le Maillot jaune perd le contact.«
»The yellow jersey can't follow.«
»Riis bezahlt für seine frühe Attacke.«
»Maglia gialla in difficolta.«

Aber der Adler aus Herning hatte alle getäuscht. Bjarne Riis fuhr wieder heran, verharrte einige Sekunden, dann folgte der zweite und entscheidende Angriff. Und noch einmal überschlug sich die Reporterschar:

»Riis alleine auf und davon!«
»Le Danois – genial!«
»Riis solo in fuga!«

Das war ein Meisterstück. Und Jan Ullrich, der Tour-Neuling, lernte jeden Tag etwas dazu. Er blieb lange bei der Spitze und schob sich im Schatten seines Kapitäns in der Gesamtwertung immer weiter nach vorn.

Am 17. Juli stand die letzte große Pyrenäen-Etappe mit sieben Bergen auf dem Programm. Es ging in die Heimat des fünfmaligen Tour-Siegers Miguel Indurain nach Pamplona in Nordspanien. Ausgerechnet hier wurde Indurain Opfer einer großen Telekom-Offensive. Jan Ullrich wuchs dabei über sich hinaus, kam in der kleinen Gruppe der großen Stars ins Ziel und schob sich im Klassement auf den zweiten Platz, knapp vier Minuten hinter seinem Teamkollegen Riis.

Wie sich der junge Rostocker auf diesen Rang verbesserte, hätte das Deutsche Fernsehen fast verpasst. Und auch die Reporter der anderen 20 TV-Stationen, die von der Tour de France berichteten, wären an diesem Tag fast arbeitslos geblieben. Denn am Ziel des Vortages in Lourdes-Hautacam mussten die mobilen Stahlrohrtribünen auf riesige Trucks verladen und dann über Nacht auf die andere Seite dieses wilden französisch-spanischen Grenzgebirges transportiert werden. Bei anbrechender Dunkelheit jonglierten die tollkühnen Fahrer die viele Meter langen Lastwagen über die schmalen Serpentinenstraßen. Eine lange Reise stand ihnen bevor: 330 Kilometer durch die Berge, über Landstraßen und Autobahnen.

Während die Trucks durch die Nacht tuckerten, erreichten wir am späten Abend unser Hotel in Pamplona. Alles war gespenstisch ruhig, nichts zu spüren vom sonst so pulsierenden Leben dieser Stadt. Schon seit Tagen gab es immer wieder Hinweise und Warnungen vor Anschlägen der ETA, der baskischen Untergrundorganisation, die einen blutigen Kampf für die Unabhängigkeit des Baskenlandes führte. Die Tour-Organisatoren empfahlen, auf direktem Weg das Hotel aufzusuchen und es bis zum nächsten Tag auch nicht mehr zu verlassen. Wir nahmen diese Hinweise sehr ernst, hatten wir doch vier Jahre zuvor auf unangenehme Art und Weise den Ernst der Lage zu spüren bekommen.

1992 startete die Tour de France in San Sebastián. Dieses Ereignis nutzte die ETA, um auf sich und ihre politischen Ziele aufmerksam zu machen. Wir fuhren in ein Studio am Stadtrand, um dort einen 30-minütigen Vorbericht zu produzieren. Kaum angekommen, empfing uns ein aufgeregter Techniker.

»Es ist eine Bombe der ETA explodiert«, sagte er aufgeregt. »Unser Kamerateam war in der Nähe. Ihr könnt die Bilder bekommen.«

»Wo soll denn das gewesen sein?«, fragten wir.

»In der Tiefgarage vom Hotel Maria Cristina im Stadtzentrum«, sagte er. »Es sind mehrere Autos der Tour beschädigt.«

Wir schauten uns entgeistert an. Es war genau die Garage, die wir wenige Minuten zuvor verlassen hatten. Wir waren knapp einem Anschlag entkommen. Mit dieser Erinnerung im Kopf hielten wir uns seitdem konsequent an die Sicherheitshinweise der Behörden.

Als wir am Morgen des 17. Juli 1996 unseren Arbeitsplatz in Pamplona erreichten, trauten wir unseren Augen kaum. Lediglich das Gerüst der großen Radio- und Fernsehtribüne war zu erkennen. Nach dem langen nächtlichen Ritt durch die Pyrenäen hatten die Trucks viel zu spät das Ziel erreicht. Mit Hochdruck wurde am Aufbau der Tribüne gearbeitet, aber von unserer Technik war weit und breit nichts zu sehen. Die riesigen Übertragungswagen des französischen Fernsehens, das stellvertretend für die Eurovision die Bilder produzierte, waren noch gar nicht eingetroffen. Erst mit Verspätung wurden die Leitungen gezogen, die Mikrofone und Monitore installiert und die Übertragung gestartet. Gerade noch rechtzeitig, um den großen Angriff von Bjarne Riis und Jan Ullrich in die Heimat zu übertragen.

Einen Tag später wollte Jürgen Emig wie geplant die Reise zu den Olympischen Spielen nach Atlanta antreten. Doch es stand noch das abschließende Zeitfahren von Bordeaux durch die Weinberge nach St. Emilion auf dem Programm. Jan Ullrich war dabei, einen Platz auf dem Podium zu erobern – und wir hatten nur eine geringe Sendezeit im 3. Programm!

»Wir müssen versuchen, ins Erste zu kommen, Jürgen«, versuchte ich ihn zu überzeugen. Aus unserer Radsport-Sicht geschah schließlich Sporthistorisches. »Der Ullrich kann im Zeitfahren den zweiten Platz perfekt machen.«

Jürgen Emig, damals Sportchef des Hessischen Rundfunks, war lange genug bei den Radrennen dabei, ihn musste ich nicht lange überreden. Er versuchte auf dem Weg zum Flughafen noch eine Live-Übertragung im Ersten Programm der ARD zu organisieren. Die Drähte liefen heiß zwischen dem Programmdirektor Deutsches Fernsehen Dr. Günter Struve in München und uns, unterwegs im Südwesten Frankreichs. Es musste ein Programmplatz für den nächsten Tag gefunden werden. Und es klappte tatsächlich. Dr. Struve ist ein Mann mit Fingerspitzengefühl fürs Programm, er erkannte sofort die große Chance, dem Zuschauer etwas Besonderes zu bieten und die Einschaltquote zu steigern. Bisher im dritten Programm »versteckt«, rückte das Finale dieser spannenden Tour vor in die erste Reihe. Dr. Struve rief uns an: »Wir kippen die Sendung vom Tennisturnier aus Stuttgart und nehmen dafür Ihr Radrennen ins Programm.« Radsport statt Tennis – das wäre noch drei Wochen zuvor undenkbar gewesen.

Jürgen Emig machte sich mit gemischten Gefühlen auf den Weg nach Atlanta, sicher hätte auch er gern miterlebt, wie sich ein deutscher Fahrer einen Platz auf dem Podium der Tour erkämpfte. Ich blieb in Bordeaux und bereitete mich bis weit nach Mitternacht akribisch auf meine Reportage vor. Nichts wollte ich dem Zufall überlassen. Wie hatte einer meiner Lehrmeister und Vorbilder, der Sportschau-Moderator der ersten Stunde und kenntnisreiche Pferdesport-Experte Addi Furler, immer gesagt: »Wer am besten vorbereitet ist, kann am besten improvisieren.« Ich hielt mich dran und trug unzählige Fakten zusammen, nicht nur zu den Fahrern, sondern genauso zu »Land und Leuten« dieser Weinbauregion.

Das Zeitfahren über 63,5 Kilometer war das längste, das Jan Ullrich bis zu diesem Tag bestritten hatte. Mit der Präzision eines Uhrwerks und der Energie eines Kraftwerks düste der junge Kerl über die Strecke. Er war schneller als der Spanier Miguel Indurain, der damals unbestritten beste Zeitfahrer der Welt. Er war auch schneller als Bjarne Riis, der immerhin auf dem Weg zum Tour-Sieg war. Jan Ullrich gewann überlegen, es war sein erster Etappensieg in seiner noch so jungen Karriere. Er lag nur noch 101 Sekunden hinter seinem Chef. Noch fünf Kilometer mehr – und Bjarne Riis hätte diese Tour an seinen jungen Helfer verloren.

Während der Live-Übertragung hatten die beiden wendigen Pressesprecher des Teams Telekom Schwerarbeit zu verrichten. In der Reihenfolge ihres Eintreffens wurden alle Fahrer des Teams von Tilman Falt und Mathias Wieland zu mir auf die Reportertribüne gebracht. Heute haben wir mehrere Aufnahmeleiter, die gewünschte Gesprächsgäste zu den Moderatoren »schleppen«. Aber damals war ich allein und sehr froh über diesen Service. Selten habe ich mit so viel Enthusiasmus kommentiert, reportiert und interviewt. Dies war ganz gewiss eine Sternstunde als Berichterstatter bei meiner damals 31. Tour de France.

Nach der Sendung trafen bei der ARD viele Anrufe von Zuschauern ein, die sich für diese unbürokratische und sportfreundliche Programmentscheidung bedanken wollten. Und noch einmal veränderte der Programmdirektor Dr. Struve im Sinne der Radsport-Fans das Programm: Auch die letzte Etappe nach Paris wurde live im Ersten übertragen. Solche aktuellen Programmänderungen hatte es für diese Sportart seit 1977 nicht mehr gegeben, als Dietrich Thurau 15 Tage in Gelb fuhr und in Deutschland einen Radsport-Taumel auslöste.

Wieder saß ich mutterseelenallein auf der Kommentatorentribüne in Paris. Das Team Telekom beendete die 3764 Kilometer lange Rundfahrt mit grandiosem Erfolg: Erik Zabel gewann zwei Etappen und das Sprintertrikot, Jan Ullrich siegte im Zeitfahren und in der Nachwuchswertung, und Bjarne Riis gewann als erster Däne die Tour. Zur Mannschaft gehörten weiterhin Riis' Landsmann Brian Holm und die Deutschen Udo Bölts, Jens Heppner, Rolf Aldag, Christian Henn und auch Mario Kummer, der allerdings nach einem Sturz bereits auf der 1. Etappe ausgeschieden war.

Als das Rennen vorbei war, sorgte Pressesprecher Tilman Falt genau wie am Vortag dafür, dass wir Jan Ullrich sofort zum Interview bekamen. Ein Service, der heute undenkbar ist. Merci, merci, noch einmal, nach zehn Jahren.

Tour-Sieger Bjarne Riis nahm wenig später neben mir Platz. Erst das Interview für sein Heimatland durch die sympathischen dänischen Kollegen Jørgen Leth und Jon Mader. Dann brauchte Riis sich nur zur anderen Seite zu drehen, die ARD-Kopfhörer aufzusetzen, und schon hatte ich die seltene Gelegenheit, mit einem frisch gebackenen Tour-Sieger zu sprechen. Bevor ich ihm die erste Frage stellen konnte, hob er den Zeigefinger und appellierte an mein Erinnerungsvermögen: »Was habe ich beim Mannschaftstreffen im Cowboy-Saloon von Elspe im Sauerland vor acht Monaten gesagt? Ich werde die Tour gewinnen!« Voilà, er hatte Recht.

Selbst die Tagesschau berichtete in ihrer 20-Uhr-Ausgabe über den Ausgang der Tour. Der langjährige Frankreich-Korrespondent Heiko Engelkes sammelte damals unvergessliche Eindrücke und spontane Reaktionen. Diese Tour brachte schließlich 64 Jahre nach Kurt Stöpel aus Berlin wieder einen neuen deutschen Radsport-Star auf das Podium. Jan Ullrich war Zweiter. Nur ein Jahr später siegte er als erster Deutscher im schwersten Radrennen der Welt.

Der Pirat am Galibier: Pantani raubt Ullrich das Gelbe Trikot (1998)

Wir schrieben Montag, den 27. Juli 1998. Es war genau 20.15 Uhr. Soeben hatte im Ersten Programm der ARD die tägliche Tour-de-France-Abendzusammenfassung begonnen. Unmittelbar nach der Tagesschau lief der Vorspann mit den Szenen des Tages. Wir hatten unsere Fernsehtechnik im Keller des Hotels der Telekom-Mannschaft in Les Deux Alpes aufgebaut. Von dort würde Hagen Boßdorf in wenigen Augenblicken die Sendung anmoderieren.

Die Luft in dem kleinen Raum war stickig. Zudem erfüllte große Unruhe unser provisorisches Mini-Studio. Kommandos aus der Regie störten die Konzentration, bange Frage des Aufnahmeleiters an die Redaktion: »Wo bleibt unser Studiogast?« Der Etappenfilm dieser schweren Bergetappe ging dem Ende zu, danach hätten wir nur noch »heiße Luft« senden können. Von unserem Gast war weit und breit nichts zu sehen. Aufgeregt, fast aufgelöst, scheuchte mich unsere Programmchefin Gabi Bohr immer wieder in die erste Etage, um den Gast ins Studio zu bringen, ihn notfalls mit dem Lasso einzufangen. Aber Jan Ullrich ließ sich einfach nicht blicken.

Ihn in unsere Sendung einzuladen war eine äußerst undankbare Aufgabe, denn der erste deutsche Tour-de-France-Sieger von 1997 hatte während dieses Tages Schlimmes erlebt.

Diese 15. Etappe von Grenoble über 189 Kilometer nach Les Deux Alpes hatte es wahrlich in sich gehabt. Bereits nach 69 Kilometern türmte sich der Col de la Croix de Fer, 2067 Meter über dem Meer, vor den Fahrern auf. Auf dem zweiten Teil der Strecke mussten innerhalb von nur 23 Kilometern der Col du Télégraphe und das Dach der Tour, der Col du Galibier in 2645 Meter Höhe, überquert werden. Und dann wartete zu allem Überfluss noch der Anstieg ins 1644 Meter hoch gelegene Wintersport-Eldorado Les Deux Alpes.

Vor dieser ersten Hochgebirgsetappe in den Alpen hatte der Träger des Gelben Trikots, Jan Ullrich, in der Gesamtwertung 71 Sekunden Vorsprung auf den Amerikaner Bobby Julich und drei Minuten und eine Sekunde auf Laurent Jalabert aus Frankreich und den italienischen Kletterkünstler Marco Pantani. Für mich als Fernsehkommentator war es eine besonders reizvolle Aufgabe, diese Bergetappe über viele Stunden zu schildern, mit den Fahrern zu leiden, den Zuschauern möglichst alle Rennphasen zu erklären und zu analysieren. Und immerhin war mit Jan Ullrich ein Deutscher im Gelben Trikot an der Spitze, das er im Jahr zuvor bekanntlich bis nach Paris getragen hatte.

Ich war schon ziemlich aufgeregt, denn dieser Abschnitt zwischen der Olympiastadt von 1968, Grenoble, und dem Schnee- und Skiparadies Les Deux Alpes wurde in voller Länge, also vom Start bis ins Ziel, live übertragen.

Vorbereitet hatte ich mich wie immer mit großer Sorgfalt. Alle Besonderheiten der Streckenführung lagen griffbereit, um den Zuschauern an den Fernsehgeräten möglichst viele Daten, Fakten und Details an die Hand geben zu können. Nur auf dieses nasskalte Wetter konnte man sich kaum gut genug vorbereiten. Diese denkwürdige Etappe hätte auch die Überschrift »Am Tag, als der Regen kam« tragen können.

Meine Kollegen Jürgen Emig, der mit mir am Mikrofon saß, und Hagen Boßdorf, der an diesem Tag Moderator war, nervte ich mit vielen gut gemeinten Fragen, bevor wir unser Hotel verließen, um zum Ziel zu laufen: »Jungs, habt ihr auch genügend warme Klamotten dabei: Regencape, Anorak, dicken Pullover, Wollhemden, dicke Socken und Gummistiefel?«

Die Antwort kam prompt: »Du alte Frostbeule! Du bist wie immer übervorsichtig!«

Ich sollte aber Recht behalten. Es wurde ein Tag, an dem man keinen Hund vor die Tür jagen würde. Das Wetter spielte mit Kälte, Eisregen, Nebel und Sturm geradezu verrückt.

Ich trottete gemächlichen Schrittes mit meinen Arbeitsunterlagen in Richtung Fernsehtribüne. Über der linken Schulter baumelte die bleischwere Tasche mit den Tour-Büchern und vielen Zeitungen. Mit der rechten Hand zog ich einen kleinen Koffer hinter mir her, in dem das »Gehirn«, mein Radarchiv mit allen Karteikarten der teilnehmenden Fahrer, verstaut war.

Endlich tauchte die Reportertribüne im Nebel auf. Endlich hatten wir ein schützendes Dach über dem Kopf. Endlich begann die lange Direktübertragung dieser ersten Alpenetappe. Es würde uns schon noch warm werden.

Mir gingen viele Rennfahrerschicksale der vergangenen Jahrzehnte durch den Kopf. Wer würde heute bei diesem Mistwetter der große Triumphator werden? Wer würde bei Kälte und Regen einen schlechten Tag haben, den berüchtigten »jour sans«, den Tag ohne, den jeder Fahrer einmal erwischen kann im Verlauf einer dreiwöchigen Rundfahrt? Wer würde alle Chancen auf den Tour-Sieg verspielen?

Natürlich dachte ich dabei nicht an Jan Ullrich, den Träger des Gelben Trikots, der bisher souverän alle Klippen gemeistert und seine Leistungen aus dem Vorjahr bestätigt hatte. Es gab keinen Grund, an ihm zu zweifeln. Andererseits war dies nicht das Wetter des Rostockers, der die Sonne und die Wärme liebt, dem es kaum heiß genug sein kann. Ich drückte ihm also die Daumen, und das konnte er auch gebrauchen, denn unterwegs herrschten zum Teil Temperaturen um den Gefrierpunkt.

Ich wünschte ihm wirklich die Sonne herbei. Einem deutschen Fahrer den Sieg zu gönnen ist Reportern doch wohl nicht verboten. Aber so viele »Stoßgebete« konnte ich gar nicht gen Himmel schicken, um diesen Regen und diese Kälte zu vertreiben.

Allen Beobachtern war klar, dass der Bergspezialist Marco Pantani aus Cesenatico an der Adria heute angreifen würde. Er selbst hatte es offenherzig und angriffslustig in vielen Interviews bereits annonciert. Auch diesen begnadeten Rennfahrer mochte ich gern. Eigentlich machte er keine großen Sprüche, sondern ließ lieber seine dünnen Beine in den Bergen sprechen. Ein eher introvertiertes, melancholisch und fast traurig wirkendes Klettergenie, dieser Pantani. Er war ein Mann, der die härtesten Etappen der schwersten Radrennen der Welt gewinnen konnte. Aber für den Kampf des Lebens war er zu schwach. 2004 erschütterte mich die Nachricht von seinem Tod, als er an einer Überdosis Kokain starb. Im Sommer 1998 aber war er stark und selbstbewusst, und er kündigte seine Attacken bereits vorher an.

Ich musste lange zurückdenken bis hin zur Ära Eddy Merckx. Der stets siegeshungrige Belgier hatte auch ab und zu vor entscheidenden Etappen seine Pläne und Strategien öffentlich geäußert. Ein Zeichen der eigenen Stärke. Während seiner jahrelangen Überlegenheit bestätigte er dann im Rennen auch meistens durch grandiose Siege seine Ankündigungen, was für seine Gegner besonders demütigend war. Ich erinnerte mich, dass Merckx einmal 140 Kilometer allein an der Spitze durch die Pyrenäen fuhr und mit acht Minuten Vorsprung vor allen anderen im Ziel eintraf.

Oder ich dachte an das Boxgenie Cassius Clay alias Muhammad Ali, der vor seinen Schwergewichtskämpfen mehrmals die Runde vorhersagte, in der er den Gegner k. o. schlagen wollte. Für Spannung war auf dieser Etappe jedenfalls gesorgt.

Bis zum Galibier hatte das Team Telekom das Rennen sicher unter Kontrolle, vor allem Udo Bölts und Bjarne Riis fuhren immer in unmittelbarer Nähe von Jan Ullrich. Fast väterlich beschützend beobachteten sie die Szenerie im Rennen. Noch immer trug Jan Ullrich das Gelbe Trikot. Er selbst, seine Mannschaftskameraden, seine Fans und auch ich hofften auf eine Fortsetzung dieser Tour in Gelb. Es würde das 18. Spitzenreitertrikot seiner Karriere sein, das er am Abend im Ziel in Les Deux Alpes überreicht bekommen würde.

Aber bis dahin konnte sich noch viel ereignen. Kaum hatte ich diesen Gedanken zu Ende gedacht, kam die angekündigte und befürchtete Attacke von Pantani, etwa fünfeinhalb Kilometer vor der Passhöhe des berüchtigten Galibier. Hatte er vorher klug wertvolle Kräfte gespart, als er Ullrich die aufreibende Verfolgung der Ausreißer Luc Leblanc, Fernando Escartín und Michael Boogerd überließ, bündelte er nun plötzlich alle Energie und fuhr mit seinem unwiderstehlichen Antritt allein davon. Keiner konnte ihm folgen.

Neben mir auf der Tribüne hatte sich um den italienischen Star-Kommentator Adriano Dezan eine Kolonie von früheren Rad-Koryphäen aus Italien versammelt. Sie standen um den grauhaarigen »Maestro« herum, der mit Krawatte und Sakko immer perfekt gekleidet war, und erlebten, wie diese Legende unter den Radsport-Reportern »aufjaulte« und den Antritt von Pantani mit anfeuernden Schlagworten begleitete: »Incredibile, Pantani solo in fuga, Il Pirata in maglia gialla all'arrivo.« »Unglaublich, Pantani alleine auf der Flucht, der Pirat heute Abend am Ziel im Gelben Trikot.«

Aufgrund meiner langjährigen Erfahrung aus vielen Rennen spürte ich, dass etwas Entscheidendes passierte. Mit einer Leichtigkeit »flog« dieser Scalatore, der Ausnahmekletterer Pantani, leichtfüßig wie eine Gemse die letzten steilen Rampen hinauf. Mit einem Rhythmus, der mich an den kleinen, drahtigen Spanier José-Manuel Fuente erinnerte. In ähnlicher Weise dominierte jetzt Marco Pantani die Konkurrenz.

Die Ereignisse überschlugen sich auf den verbleibenden Kilometern bis hinauf nach Les Deux Alpes. Marco Pantani machte alles richtig. Er aß zum richtigen Zeitpunkt und hatte dadurch immer genügend Energiereserven im Körper, was bei diesem grausam schlechten Wetter mit Eisregen und Schnee besonders wichtig war.

Er stoppte sogar wenige Meter hinter der Passhöhe des Galibier und zog sich in aller Ruhe eine langärmelige Regenjacke an, um danach in flüssigem Fahrstil seine lange Soloabfahrt fortzusetzen.

Während der Abfahrt machte er Gymnastik auf dem Rad, damit ihm Arme und Hände nicht einfroren.

Ganz anders verhielt sich Jan Ullrich, dessen Leidensweg erst jetzt richtig begann. Gegen den Telekom-Kapitän, der bei warmem Wetter seine besten Leistungen gezeigt hatte und bei Hitze so richtig aufblühte, hatte sich heute alles verschworen. Ich habe in vielen Reporterjahren selten einen Rennfahrer so leiden sehen wie Jan Ullrich an diesem 27. Juli 1998.

In meinem Kommentar erinnerte ich an den großen Miguel Indurain, der 1996 im Anstieg nach Les Arcs einen teuflischen Durst bekam, aber keine Trinkflasche mehr dabeihatte. Ein Mannschaftswagen der Konkurrenz gab dem leidenden Spanier eine Wasserflasche, und die Qualen wurden etwas geringer. Die Kräfte aber kehrten nicht mehr zurück. Das Ende der Dominanz von Miguel Indurain mit fünf Tour-de-France-Siegen nacheinander war damals bereits in Sicht.

Ich schilderte, wie 1967 der Engländer Tom Simpson am Mont Ventoux nach Einnahme von Dopingmitteln und Alkohol Schlangenlinien fuhr, bis er vom Rad fiel und kurz darauf starb. Ich erinnerte auch an die schlimmste Niederlage von Eddy Merckx, der 1971 bei der Bergankunft in Orcières-Merlette in den Alpen völlig unerwartet gegen den Spanier Luis Ocaña acht Minuten und zweiundvierzig Sekunden verlor, einen rabenschwarzen Tag hatte und das Gelbe Trikot einbüßte. Rennfahrerleidenswege aus vergangenen Zeiten.

Und jetzt befand sich Jan Ullrich in der kritischsten Situation seiner bisherigen Karriere. Die bedrohliche Lage Ullrichs übertrug sich auch auf mich am Mikrofon. Die richtigen Worte finden, war das Gebot der Stunde.

Ullrich hatte von Beginn der Etappe an nicht richtig gegessen. Immer kam etwas dazwischen, weil er auf das Renngeschehen reagieren musste und so nicht dazu kam, wichtige Nahrung aufzunehmen. Ein Umstand, der sich bitter rächen sollte. Der ständige Hunger ließ den Blutzuckerspiegel rapide sinken.

Die Hektik bei den ersten Vorstößen der Konkurrenz, die Wetterverschlechterung, ein Regencape ohne lange Ärmel auf der rasenden Abfahrt bei eisigem Gegenwind. Die Kälte kroch ihm bis ins Mark. Zu allem Überfluss kam noch ein Vorderraddefekt hinzu. Alles lief schief. Der Rückstand auf den enteilten Pantani wuchs ständig.

»Das Gelbe Trikot ist in diesem Moment verloren«, höre ich mich noch heute enttäuscht ins Mikrofon sagen. Gezeichnet wie ein alter Mann, mit aufgedunsenem Gesicht von Kälte, Nässe und Hunger, bewältigte Jan Ullrich die letzten Kilometer ins Ziel, flankiert von Bjarne Riis und Udo Bölts. Ich fühlte mit dem Mann in Gelb, der am physischen Tiefpunkt angekommen war, und versuchte den Zuschauern diese dramatischen Sekunden und Minuten verständlich zu machen.

Zwei Rennfahrer, die ich beide bewunderte, befanden sich plötzlich in völlig unterschiedlichen Positionen. Marco Pantani, der ewige Pechvogel, feierte einen seiner größten Triumphe. Vergessen waren die vielen Stürze vergangener Jahre, Knochenbrüche, lange Krankenhausaufenthalte. Am Ziel in Les Deux Alpes bekräftigte er seine Ambitionen auf den Gesamtsieg, und im Überschwang der Gefühle sprudelte es unerwartet wortreich aus ihm heraus: »Jetzt bin ich endlich oben, jetzt kann mich keiner mehr stürzen!«

In Zahlen sah das so aus: Pantani im Gelben Trikot. Aus drei Minuten Vorsprung am Morgen war für Ullrich plötzlich ein Rückstand von fast sechs Minuten geworden. Die Übertragung war zu Ende. Ich war enttäuscht über diesen Rennverlauf zum Nachteil von Ullrich, für den das Gelbe Trikot in weite Ferne gerückt war.

Aber es blieb keine Zeit zum Nachdenken, die Planung für die Abendsendung um 20.15 Uhr nahm nun alle Kraft und Konzentration in Anspruch. Hagen Boßdorf war Moderator, Gabi Bohr hatte die Redaktion, die beiden Kollegen Uli Fritz und Florian Nass fertigten einen mitreißenden Film über diese ereignisreiche Etappe mit dem Griff nach der Krone durch Marco Pantani und dem Absturz von Jan Ullrich.

Ich hielt zwischen 18 Uhr und 20.15 Uhr ständigen Kontakt zu Telekom-Pressesprecher Matthias Schumann, der unsere Bitte um ein Interview mit Jan Ullrich behutsam vermitteln sollte. Er war skeptisch, ob der Verlierer des Tages überhaupt zu einem Interview bereit wäre. Während Ullrich über eine Stunde im heißen Badewasser lag und die Lebensgeister langsam zurückkehrten, wurde ich zum Marathonläufer zwischen dem Studio im Keller, der Hotelrezeption im Parterre, wo sich die deutschen und ausländischen Zeitungsjournalisten versammelt hatten, und der ersten Etage, auf der sich das Zimmer von Jan Ullrich befand. Unzählige Male wetzte ich die zahlreichen Treppenstufen auf und ab, und ich wurde immer nervöser.

Als Ullrich kurz vor der Tagesschau dann sein Zimmer verließ und entschlossen war, sich allen Fragen zu stellen, umringten ihn auf dem Weg zu unserem Studio plötzlich die »Zeilenschakale«, die Kollegen der schreibenden Zunft. Fast musste ich handgreiflich werden, um Jan Ullrich aus dieser Umklammerung zu befreien. Natürlich hatte ich Verständnis dafür, die Kollegen wollten auch gern von Jan Ullrich selbst wissen, wie es zu diesem Drama gekommen war und was sich unterwegs zugetragen hatte. Aber wir hatten uns eben an Sendezeiten zu halten. Erst nachdem ich eine drohende Haltung eingenommen und versprochen hatte, den begehrten Gesprächspartner Ullrich in zehn Minuten, also unmittelbar nach unserer Sendung, wieder zurückzubringen, hatten die Kollegen auch Verständnis für mich.

Nur noch zwei Minuten lief der Tagesbericht von der Tour-Etappe, und noch immer war kein Ullrich im Studio. In allerletzter Sekunde schob ich Jan ungeschminkt ins Scheinwerferlicht unseres Mini-Studios zu Hagen Boßdorf, und schon waren die beiden live auf Sendung. Das war Maßarbeit.

Wir alle waren überaus beeindruckt von diesem Interview. Am Tag seiner schlimmsten Niederlage zeigte Jan Ullrich wahre Größe. Mit entwaffnender Ehrlichkeit und Offenheit schilderte er alle Details, die zu diesem Debakel geführt hatten. Alle Fehler während der Teufelsetappe sprach er klar und ohne Umschweife an und gab Erläuterungen dazu, wie es zu diesem Einbruch, fast zum Zusammenbruch gekommen war. Diese Art und Weise, mit einer fürchterlichen Niederlage umgehen zu können, hat Ullrich mehr Sympathien eingebracht als manch großer Sieg. Er hat aus dieser niederschmetternden Situation für die Zukunft viel gelernt. Es war in der Niederlage ein Sieg über sich selbst.

Dann beendete Hagen Boßdorf das Interview mit einer Frage, bei der es mir kalt den Rücken herunterlief und mir die Tränen in die Augen schossen.

»Jan, wissen Sie eigentlich, was heute auf den Tag genau vor einem Jahr war?«

Ullrichs Stirn legte sich für einen kurzen Moment in Falten, er stutzte und sagte dann mit klarer, trauriger Stimme: »Da habe ich die Tour de France gewonnen, oder?«

Für Hagen Boßdorf und mich wurde es noch ein langer Abend. Das Ambiente passte zur Enttäuschung des Tages. In einer verrauchten Nudelkneipe in Les Deux Alpes mussten wir bei »Quattro stagioni« und Vino bianco bis nach Mitternacht warten, um nicht in den endlosen Stau der Tausenden abreisenden Fans hinunter nach Grenoble zu geraten. Erst zwischen zwei und drei Uhr am Morgen erreichten wir unser geliebtes Château am Lac du Bourget gegenüber von Aix-les-Bains. Familie Prudhomme, unsere Wirtsleute, hatte trotz der späten Stunde für uns noch eine Platte mit Schinken, Käse und Früchten in den Speisesaal gestellt. Dazu selbst gebackenes Brot und eine exzellente Flasche Chautagne-Rotwein. So klang der Abend doch noch harmonisch aus, und bald waren wir wohl genauso müde wie Jan Ullrich, dem an diesem Tag von einem Piraten das Gelbe Trikot geraubt worden war.

Doping, Streik und Polizei – eine Tour am Abgrund (1998)

Endlich hatte ich wieder das heimelige Schlosshotel der Familie Prudhomme am Lac du Bourget in Savoyen erreicht. Malerisch am Ufer des größten französischen Sees gelegen, war es umgeben von uralten Bäumen und weitläufigen Rasenflächen mit einem Swimmingpool im Garten. Ich freute mich unbändig auf diese Oase, denn hinter uns lagen zwei schwere Alpenetappen über den Col du Galibier und den Col de la Madeleine. Wir hatten uns etwas Ruhe verdient. Seit Jahren machte das ARD-Trio Boßdorf, Emig und Watterott hier Zwischenstation, wenn es der Streckenverlauf der Tour in den Alpen erlaubte.

Als kämen seine Kinder nach Hause, erwartete uns das Ehepaar Prudhomme schon, zwei herzliche und gastfreundliche Menschen, die dieses Haus bereits seit 30 Jahren führten.

»Bonjour Messieurs, wie geht es Ihnen? Haben Sie Hunger?«

Gleichzeitig mit unserem entschlossenen »Oui, bien sûr«, ja selbstverständlich, begann wie auf Bestellung der Magen zu knurren ...

»Wir haben für Sie exzellentes Lammfleisch, über offenem Feuer gegrillt, und gratinierte Kartoffeln vorbereitet. Dazu gibt es einen grünen Salat und natürlich den Wein der Region, einen Chautagne oder Mondeuse.«

Das waren zwei vorzügliche Rotweine aus der Region Savoyen. Es war die Standardbegrüßung bei den Prudhommes. Egal zu welcher Abend- oder Nachtzeit wir das Hotel erreichten, immer loderte noch Feuer im Grill.

»Bon appétit!«

Die Tour de France und die aufregenden Geschehnisse der vergangenen Tage spielten für einige Stunden nur am Rand eine Rolle. Wir genossen den warmen Sommerabend und beendeten den anstrengenden Tag mit einem Uferspaziergang entlang des Lac du Bourget.

Am nächsten Morgen begann ich nach dem Frühstück mit den Vorbereitungen für die 17. und zugleich letzte Alpenetappe über 149 Kilometer von Albertville, der Olympiastadt von 1992, nach Aix-les-Bains, einem traditionellen Etappenziel bei der Tour. 50 000 Kurgäste kamen pro Jahr in dieses angesehene Kurbad. Diesmal würden sicher noch etwas mehr Besucher kommen, denn die Tour war spannend und dramatisch und umstritten wie seit Jahren nicht mehr.

Jan Ullrich hatte tags zuvor die Etappe in Albertville im Sprint gegen den neuen Träger des Gelben Trikots, Marco Pantani, gewonnen und bekam in Richtung Aix-les-Bains die letzte Chance, den Rückstand auf seinen schärfsten Widersacher aus Cesenatico ausgangs der Alpen zu verkürzen.

Wir rechneten mit einem einigermaßen entspannten Arbeitstag. Denn erstens wohnten wir an der Südspitze des Lac du Bourget nur etwa 10 Kilometer vom Ziel entfernt. Zweitens hatten wir schon Anfang Juni beim Alpenklassiker zwischen Chambéry und Aix-les-Bains eine detaillierte Streckenbesichtigung mit dem Mont Revard als letztem Hindernis vorgenommen. Und drittens hatten wir noch alle Unterlagen archiviert, ein Griff in den Koffer, und alle Unterlagen waren bereit.

Gemütlich fuhren wir am Ufer des Sees entlang zum Etappenziel und erschienen rechtzeitig vor Beginn der Fernsehdirektübertragung auf der Sprechertribüne. Ich genoss, dass es auch etwas ruhigere Tage beim hektischsten Rennen des Jahres gab. Es konnte keiner ahnen, dass diesem harmonischen Vormittag der hektischste Nachmittag der Tour-Geschichte folgen sollte.

Die Übertragung sollte gegen 14.10 Uhr beginnen und kurz nach 17 Uhr beendet sein, ein normales Pensum also. Der Dienstplan sah vor, dass Jürgen Emig an diesem Tag der Moderator der

ARD-Live-Sendung sein sollte und Hagen Boßdorf und ich das Rennen zu kommentieren hatten.

Als wir unseren Teamwagen hinter der Tribüne auf dem »Parking Presse« abgestellt hatten, schlenderten wir zu unserem Arbeitsplatz. Plötzlich jedoch standen wir inmitten wild gestikulierender und durcheinander laufender Menschen. »Sind wir im falschen Film, oder was ist hier passiert?«, fragte ich meinen Kollegen. Auch in unserem ARD-Redaktionsmobil ging es drunter und drüber. Die wildesten Gerüchte schwirrten durch den engen, stickigen Raum. An eine konstruktive und konzentrierte Redaktionsbesprechung wie sonst üblich war überhaupt nicht zu denken. Zu viele große Fragezeichen standen wenige Minuten vor Beginn der Sendung noch im Raum.

Wir rannten gemeinsam zur Tribüne der Radio- und Fernsehreporter. Alle Kollegen der internationalen Sendeanstalten versuchten, seriöse Informationen zu bekommen. Aber mehr als Gerüchte waren zunächst nicht zu ermitteln.

Um 13.15 Uhr sollte diese Etappe im Parc Olympique in Albertville gestartet werden. Als pünktlich um 14.10 Uhr die Eurovisionsübertragung des französischen Fernsehens begann und die ersten Bilder zu sehen waren, trauten wir unseren Augen nicht. Das Feld hätte nach einer Stunde Fahrzeit schon rund 40 Kilometer absolviert und die malerische Stadt Annecy passiert haben müssen. Ich sah die ersten Computereinblendungen und rieb mir verdutzt die Augen. Gerade mal zehn Kilometer hatte das offensichtlich bummelnde Feld zurückgelegt.

»Wir bekommen die Etappenankunft nicht mehr in unserer Live-Sendung unter«, rief ich als »Reserveprogrammplaner« meinem Kollegen entgegen. Er war ziemlich überrascht von meiner Hochrechnung, wunderte sich aber fast noch mehr, worüber ich mir in diesem Moment den Kopf zerbrach.

Wir starrten auf den Monitor. Was wir sahen, waren keine Bilder von einem Radrennen, sondern eher Aufnahmen von einer überaus gemütlichen Bummeltour. Das sah nach Streik aus. Und die Bestätigung folgte wenige Minuten später über den Tour-

Funk: Die Fahrer blockierten das Rennen. Sie waren nicht bereit, den Wettbewerb zu beginnen.

Dieser Streik war der vorläufige und traurige Höhepunkt einer Tour de France, die seit ihrem Beginn auf der grünen Insel Irland von einer ganzen Reihe von Dopingskandalen erschüttert worden war. Der belgische Pfleger der französischen Festina-Mannschaft, Willy Voet, wurde an der belgisch-französischen Grenze mit einem Teamwagen geschnappt, in dem über 400 EPO-Ampullen versteckt waren. Das war die verbotene Modedroge zur Verbesserung der Sauerstoffaufnahme und damit schnelleren Erholung der Rennfahrer. Die Festina-Mannschaft um Richard Virenque, Alex Zülle und Laurent Dufaux wurde von der Tour-Leitung einige Tage später komplett ausgeschlossen. Es folgte am 23. Juli die Festnahme der Festina-Fahrer, die noch am Ruhetag in Tarascon-sur-Ariège in den Pyrenäen in Polizeigewahrsam saßen. Nach wenigen Vernehmungen gestanden die ersten Profis ein systematisches Doping in ihrer Mannschaft, das auch der Teamchef Bruno Roussel bereits zugegeben hatte. Lediglich Kapitän Richard Virenque, der große Gegenspieler von Jan Ullrich, schwieg zunächst eisern zu allen Vorwürfen.
Ein weiterer Tiefschlag waren die Dopingfunde beim italienischen Kletterer und Etappensieger von Luchon, Rodolfo Massi. In seinem Koffer befanden sich diverse verbotene Substanzen und große Geldmengen in verschiedenen Währungen.
Die Staatsanwaltschaft dehnte ihre Ermittlungen auf das niederländische Team TVM aus und verhaftete dessen Sportlichen Leiter Cees Priem sowie den Mannschaftsarzt und einen Mechaniker, nachdem wenige Tage zuvor in einem Mannschaftsquartier über 100 Ampullen verschiedener Dopingmittel gefunden worden waren. Vier TVM-Fahrer, darunter der Weltklassesprinter Jeroen Blijlevens, wurden in ein Krankenhaus gebracht und zu Dopingproben gezwungen. Die Ärzte handelten auf Anweisung der Polizei und entnahmen Urin, Blut und Haarproben.
Autorisiert von der französischen Ministerin für Jugend und

Sport, Marie-George Buffet, griff die französische Polizei ungewöhnlich hart durch, holte Rennfahrer unter der Dusche weg, verweigerte ihnen das Abendbrot, um sie zum Verhör abzuführen. Dem Schweizer Alex Zülle von der Festina-Mannschaft wurde es nicht einmal gestattet, seine Brille zu holen, die er bei dieser Aktion liegen gelassen hatte.

Selbst wir Journalisten bekamen die harte und konsequente Vorgehensweise der Polizei zu spüren. Sorgfältige Personen- und Autodurchsuchungen an den Mautstationen auf den Autobahnen waren die Folge. Mein Kollege Hagen Boßdorf musste mich beruhigen, weil ich mit hochrotem Kopf die Polizisten wütend als »Wegelagerer und Handlanger« bezeichnete. Zum Glück verstanden die Beamten meine Worte nicht, und ich ließ mich beruhigen. Denn merke: Mit Polizisten ist auf der ganzen Welt nicht zu spaßen.

Gegen die Art und Weise der Vernehmungen und die Härte der Polizeiermittlungen richtete sich schließlich der Streik der Fahrer. Sie protestierten dagegen, dass man mit ihnen wie mit Verbrechern umging. So kritisch waren sie allerdings nicht gegenüber den Fahrern, die gedopt und damit ihren Kollegen den ganzen Ärger eingebracht hatten.

Inzwischen hatten die Rennfahrer sogar angehalten, und es begannen heftige Diskussionen mit der Tour-Leitung um Direktor Jean-Marie Leblanc.

Ich drückte für einige Sekunden die beiden Mikrofontasten aus, atmete tief durch und sagte zu Hagen Boßdorf: »Das hat uns gerade noch gefehlt, von wegen ruhiger Tag und schon alles vorbereitet. Da kannst du wieder einmal sehen: Erstens kommt es anders, und zweitens als man denkt.«

Wir hockten also beide vor unseren Monitoren, die Bildfläche des Informationscomputers, der normalerweise über das Renngeschehen informiert, blieb leer. Was sollte er auch vermelden, denn Rennaktivitäten gab es an diesem denkwürdigen Tag nicht. Die Rennfahrer hatten sich die aufgeklebten Rückennummern abgerissen, saßen und standen auf der Straße und diskutierten miteinander. Andere, darunter Jan Ullrich, saßen wie apathisch auf der Straße und warteten nur ab.

Wir versuchten währenddessen herauszufinden, was die genauen Ursachen sein könnten, was der auslösende Funke gewesen sein mochte und vor allem wie es weitergehen sollte. Es kursierte ein Gerücht, dass diese Tour de France kurz vor dem Abbruch stand. Uns an den Mikrofonen blieb nichts anderes übrig, als immer weiter zu kommentieren, während sich auf der Straße nichts Sichtbares tat. Mit der Zeit entwickelten wir eine völlig neue Arbeitsmethode. Wir wechselten uns für längere Zeit beim Sprechen ab. Einer kommentierte für mehrere Minuten, der andere recherchierte am Telefon oder sprach mit den ausländischen Kollegen.

Ich hatte seit 1965 zwar verschiedene Fahrerstreiks erlebt. Aber stundenlang über eine Etappe reden zu müssen, bei der überhaupt kein Kilometer im normalen Renntempo bestritten wurde, das war für mich wirklich eine Novität.

Also suchten wir verzweifelt nach zuverlässigen Informationsquellen. Da gab es erstens den Tour-Funk, der allerdings beharrlich schwieg. Zweitens die Kollegen aus der Redaktion, die versuchten, uns mit Informationen zu versorgen, aber selbst keine hatten. Drittens meterlange Fernschreiben der verschiedenen in- und ausländischen Agenturen, die allerdings ebenfalls der Aktualität hinterliefen.

Viertens aber gab es noch die Reporterkollegen, die neben uns auf der Tribüne saßen. Links von uns kommentierten die Dänen, die seit den grandiosen Leistungen ihres Landsmanns Bjarne Riis live von der Tour de France berichteten. Und rechts von uns arbeiteten die Kollegen des holländischen Fernsehens NOS, Mart Smeets und Jean Nelissen, der schon seit 40 Jahren dabei war und zahlreiche Nachschlagewerke über die Tour geschrieben hatte.

Sie waren wirklich eine gute Quelle, hatten die neusten Informationen, wie es beim holländischen Rennstall TVM um Sprinter Jeroen Blijlevens zu den Untersuchungen gekommen war und was bisher gegen diese Mannschaft vorlag. Durch Telefonkontakte in die Mannschaftswagen hatten unsere Kollegen einen zusätzlichen heißen Draht, von dem auch wir profitierten.

Auch in den Hotels in Aix-les-Bains und Umgebung, wo die Mannschaften nach der Zielankunft wohnen sollten, war die französische Polizei inzwischen mit einem Großaufgebot aufgetaucht, untersuchte die Teambusse und führte Razzien in den Zimmern durch. Es ging überall drunter und drüber, eine verworrene, unübersichtliche Situation.

Wir teilten uns die Arbeit weiterhin auf. Während Hagen Boßdorf auf der Tribüne blieb und die Situation für die neu hinzukommenden Fernsehzuschauer immer wieder erklärte und zusammenfasste, war ich auf der langen Eurovisionstribüne unterwegs und versuchte hier und da Informationen und Neuigkeiten, Hintergründe und Stellungnahmen aufzuschnappen. Dabei konnte ich von meinen diversen Sprachkenntnissen profitieren. Alle Kollegen, die ich teilweise schon seit Jahren kannte, waren im Gegenzug genauso dankbar für jede verwertbare Meldung. Wir rückten alle ein Stück zusammen und tauschten uns aus. So ergab sich ein Netz von Verbindungen, das unserer Kommentierung diente.

So unübersichtlich die Nachrichtenlage für uns Berichterstatter und Reporter war, so unterschiedlich waren auch die Strömungen im Fahrerfeld. Die spanischen Mannschaften wollten die Tour wegen der schlechten Behandlung durch die Polizei verlassen und hatten in Laurent Jalabert aus Frankreich einen prominenten Fürsprecher. Jalabert fuhr für die spanische Mannschaft Once, die von der Blindenlotterie auf der Iberischen Halbinsel gesponsert wurde. Auch der Franzose Luc Leblanc in Diensten der italienischen Mannschaft Polti machte sich stark für ein vorzeitiges Verlassen der Tour. Die beiden hatten gut reden, denn mit dem Ausgang dieser Tour de France hatten sie aufgrund ihrer schlechten Platzierungen in der Gesamtwertung nichts mehr zu tun. Die Kollegen vom spanischen Fernsehen hielten Kontakt zu den Teams ihres Landes und gaben an uns die Informationen weiter.

Die meisten italienischen Mannschaften und das Team Telekom waren für die Fortsetzung der Tour fünf Tage vor dem Erreichen der französischen Hauptstadt Paris. Bjarne Riis, der erste dänische Tour-Sieger von 1996 und Kapitän des Telekom-Rennstalles, wurde an diesem heißen Nachmittag, als die Tour de France auf der Kippe und am Abgrund stand, zum Sprecher der Fahrer, die das Rennen fortsetzen wollten.

Zufällig war an diesem Tag auch Fritz Pleitgen, Intendant des Westdeutschen Rundfunks und leidenschaftlicher Radsport-Anhänger, als Gast bei der Tour. Er wollte diese Etappe zwischen Albertville und Aix-les-Bains aus nächster Nähe erleben und durfte im Team-Telekom-Fahrzeug des Sportlichen Leiters Walter Godefroot mitfahren. Von ihm erhielten wir per Telefon Informationen aus erster Hand, denn Fritz Pleitgen stand direkt neben den Fahrern, die gerade die Tour de France bestreikten. Er hatte außerdem die Möglichkeit, während der Fahrt nach Aix-les-Bains den Tour-Streckenfunk zu hören, über den alle Begleiter im Rennen über den neuesten Stand der Dinge unterrichtet wurden. Fritz Pleitgen bestätigte uns aus nächster Nähe: Die Tour stand kurz vor dem Abbruch.

Wir waren inzwischen über zwei Stunden auf Sendung, aber nur zehn Kilometer hatten sich die Fahrer bewegt. Unsere Informationen konnte man als höchst brisant bezeichnen, die Bilder dazu allerdings waren absolut langweilig. Keine Rennatmosphäre, keine Attacken, stattdessen Fahrer, die im Bummeltempo durch die Landschaft radelten.

Es ging inzwischen auf 17 Uhr zu, die Sendezeit war praktisch vorbei, aber die Fahrer noch 75 Kilometer von Aix-les-Bains entfernt. Wir schauten uns an, zuckten mit den Schultern und warteten auf ein Kommando aus der Regie oder eine Mitteilung von der Redaktion, die durch Gabi Bohr und Werner Zimmer im Übertragungswagen vertreten war. Hinter den Kulissen wurde fieberhaft nach der richtigen Programmscheidung gesucht.

Die Frage war: Wird das Vorabendprogramm mit den quotenträchtigen Sendungen »Verbotene Liebe« und »Marienhof« ausgestrahlt, oder bleiben wir auf Sendung und zeigen den Millionen Zuschauern, ob die Tour de France fortgesetzt wird? Ich traf mich kurz mit Werner Zimmer, der ebenfalls auf der Suche nach neuen Anhaltspunkten war.

»Ihr seid nicht zu beneiden, aber ihr schlagt euch wirklich wacker. Nur weiter so«, sagte unser Teamchef.

Das gab Auftrieb für die restliche Zeit. Es wurde 17.30 Uhr. Im Halbstundentakt verlängerte der Programmdirektor Dr. Günter Struve die Sendezeit. Und so kommentierten wir die spärliche Informations- und Nachrichtenlage bis kurz vor 20 Uhr.

Unser Moderator Jürgen Emig war währenddessen permanent auf der Zielgeraden unterwegs, um alle verfügbaren wichtigen Leute, die aus ihrem Auto stiegen, gleich vor das Mikrofon zu »zerren«. Mitgliedern der Jury entlockte er sofort die Auskunft, dass diese Etappe nicht gewertet würde, weil viele Fahrer ohne Rückennummer den Zielstrich passieren würden und so eine Identifizierung durch das Zielfoto nicht möglich sei. Um zu dieser tief schürfenden Erkenntnis zu gelangen, musste man allerdings nicht Kommissär des internationalen Radsportverbandes UCI sein.

Mit dreistündiger Verspätung rollte das Feld schließlich in geschlossener Formation, angeführt von der holländischen Mannschaft TVM, über den breiten, weißen Zielstrich, der an diesem denkwürdigen 29. Juli 1998 seinen Namen nicht verdiente. Denn heute konnte keiner über einen Spurtsieg oder einen erfolgreichen Ausreißversuch jubeln. Ein Radrennen gab es nicht.

Wenige Minuten vor Beginn der Tagesschau um 20 Uhr konnten wir diese einmalige und außergewöhnliche Sendung beenden. Einen Tag später war uns klar, dass die Entscheidung des Programmdirektors, bis zum bitteren Ende auf dem Sender zu bleiben, richtig gewesen war. Denn diese Skandaletappe erreichte eine Rekordquote. Der Marktanteil betrug sage und schreibe 35,9 %. Für eine Radsport-Übertragung ist das ein Traumergebnis. In der Spitze sahen über sieben Millionen Menschen in Deutschland diese Etappe, auf der nicht ein einziger Meter Wettkampfsport geboten wurde. Das muss man sich auf der Zunge zergehen lassen. Faszination Tour de France. Dem ist nichts hinzuzufügen.

Eines sollte aber nicht vergessen werden: Bei allem Verständnis für den Protest der Fahrer gegen die harte Behandlung durch die Polizei sahen wir als neutrale Beobachter bei den Aktiven auch eine gehörige Portion Scheinheiligkeit. Schließlich sind es Rennfahrer selbst, die gedopt auf ihren Sätteln sitzen und die ihre Kollegen und die Fans ohne jegliches Unrechtsbewusstsein täuschen und belügen. So hinterließ es bei vielen Radsport-Freunden einen schalen Nachgeschmack, dass sich die TVM-Fahrer Hand in Hand in vorderster Reihe als moralische Sieger feiern ließen. Einen Tag später wurde diese Aktion noch übertroffen, als der TVM-Fahrer Blijlevens auf der Etappe von Aix-les-Bains nach Neuchâtel in der Schweiz unmittelbar nach der Grenzpassage, und damit nicht mehr im Hoheitsbereich der französischen Justiz, vom Rad stieg und wortlos verschwand. Diese »Flucht« wurde von vielen Beobachtern als stillschweigendes Schuldeingeständnis gewertet. Ein Schlag ins Gesicht der Fahrer, die am Vortag aus Solidarität mit der TVM-Mannschaft gestreikt hatten.

Von den 189 in Dublin gestarteten Fahrern erreichten 96 das Ziel in Paris. Der Kreis schloss sich damals am 2. August 1998. Mit Marco Pantani gewann 33 Jahre nach Felice Gimondi wieder ein Italiener das schwerste Radrennen der Welt. Und »Il Pirata«, der kleine Kletterkünstler aus dem Badeort Cesenatico in der Region Emilia-Romagna, war der siebte Fahrer seit 1903, dem das berühmte »Double« gelang, den Giro d'Italia und die Tour de France in einem Jahr zu gewinnen.

Marco Pantani war im Paradiso! Er stieg auf zum Campionissimo, zum Meister der Meister. »C'est un géant!« Er ist ein Heros, ein ganz Großer, schrieb die französische Sportzeitung *L'Équipe;* und die *Gazzetta dello Sport,* Organisatorin des Giro, gedruckt auf rosa Papier, würdigte den neuen Radsport-Helden der Nation, indem sie auf der Titelseite ein Riesenfoto von Pantani druckte. Ohne eine Zeile Text. Diese Ehre wurde in der 102-jährigen Geschichte dieser italienischen Sportzeitung noch keinem zuteil.

An einem 13. wurde Pantani geboren, und bei seiner Rückkehr in die Heimat am 13. August 1998 schwelgte ganz Cesenatico in Rosa und Gelb. Marco Fantastico!

Trotz dieses großen Triumphes wird die Tour 1998 immer als Skandal-Tour in Erinnerung bleiben – mit dem Höhepunkt einer Streiketappe, die fast den Abbruch des Rennens bedeutet hätte.

Normalerweise bereite ich mich vor jeder Reportage gewissenhaft vor und überlasse nichts dem Zufall. Denn wer am besten vorbereitet ist, kann auch am besten improvisieren. Diese Devise meines WDR-Kollegen Addi Furler habe ich immer befolgt und bin gut damit gefahren. Dies war meine erste und bisher einzige Sendung »aus dem Hut«: spontan, nicht planbar, flexibel und unvorhersehbar. Es war eine meiner anspruchsvollsten Aufgaben, zusammen mit Hagen Boßdorf diese hochbrisante Bummelfahrt durch die Savoyer Alpen zu kommentieren.

Meine ersten Worte nach dieser überraschenden Marathon-Reportage waren: »Wer mehr verlangt, ist ein Ferkel. Und jetzt genehmigen wir uns den besten Rotwein, den es in dieser Gegend gibt.« Mein Kollege war sehr einverstanden: »Aber schnell bitte!«

»De Kölsche Jong« im Bergtrikot: Marcel Wüst bei der Tour 2000

Ein warmer Sommertag ging zu Ende. Die Sonne verschwand als roter Feuerball am Horizont. Es war genau 19.40 Uhr am 1. Juli, die Tour 2000 hatte begonnen. Die feierliche und unter die Haut gehende Erkennungsmelodie vor der Siegerehrung ertönte über dem Start- und Zielbereich am Rande des »Zukunftsparks« Futuroscope. Der bewährte »Speaker« der Tour de France, Daniel Mangeas aus dem kleinen Ort Saint-Martin-de-Landelles in der Normandie, kündigte wie immer mit leidenschaftlicher Stimme die unmittelbar bevorstehende Zeremonie an. Alles war vorbereitet. Die ganz in Gelb gekleideten jungen Hostessen warteten schon ungeduldig, welchen Fahrern sie die jeweils drei Küsschen geben sollten. Die dekorativen Blumensträuße lagen bereit, eine riesige Schar von Fotografen balgte sich um die besten Plätze vor dem Podium, und die zahlreichen Kameras des französischen Fernsehens warteten auf die Hauptdarsteller. Der Etappensieger des Zeitfahrens wurde geehrt und die begehrten Trikots verteilt.

Daniel Mangeas begann:

»Sieger der ersten Etappe ist David Millar aus Großbritannien.«

Der gebürtige Schotte bekam einen riesigen Pokal, freute sich wie ein kleines Kind und verschwand hinter den Kulissen.

»Träger des ersten Gelben Trikots ist David Millar aus Großbritannien.«

Ein Traum ging in diesem Moment in Erfüllung!

»Träger des Grünen Trikots ist David Millar aus Großbritannien.«

Das war ja die reinste Modenschau.

»Träger des Weißen Trikots ist David Millar aus Großbritannien.«

Auch der beste Jungprofi wurde mit einem speziellen Hemd belohnt.

Inzwischen war es 19.50 Uhr geworden. Ich spürte schon gehöriges Herzklopfen, bevor das letzte Trikot an diesem Abend überreicht wurde. Es war für einen Deutschen reserviert.

Der Sprecher Daniel Mangeas hob wieder an:

»Träger des Bergtrikots ist Marcel Wust aus Deutschland.«

Mit den beiden Pünktchen auf den Vokalen haben die Franzosen gewöhnlich ihre sprachlichen Schwierigkeiten.

Der Beifall der unübersehbaren Menschenmenge brandete auf, und der Mann aus Köln, da oben auf dem Podium, strahlte über das ganze Gesicht, genoss den großen Augenblick und stand in diesem Moment im Mittelpunkt der Radsport-Welt.

Marcel Wüst benötigte keine sechs richtigen Zahlen im Lotto, die sonst um diese Zeit im Ersten Programm der ARD gezogen wurden. Der »Kölsche Jong« trug kurz vor 20 Uhr eines der begehrtesten Trikots auf seinen Schultern, weiß mit roten Punkten. Aber: Ein Sprinter im Bergtrikot, wie hatte es dazu überhaupt kommen können?

Ich erinnere mich noch, dass ich während der Fernsehübertragung gesagt hatte: »Jan Ullrich belegt bei diesem Zeitfahren über sechzehn Kilometer den vierten Platz mit vierzehn Sekunden Rückstand auf den Sieger David Millar aus Großbritannien. Wir freuen uns mit Marcel Wüst. Er ist der neue ›Bergkönig‹, obwohl es doch unterwegs im eigentlichen Sinne gar keinen Berg gegeben hat.«

Ich blickte noch einmal ins Reglement, blieb jedoch ein wenig ratlos. Wir Fernsehreporter bekamen auf unseren Ergebniscomputern nur die drei Zwischenzeiten von drei verschiedenen Punkten auf der Strecke übermittelt. Aber da gab es noch eine einzige, nicht besonders steile Steigung, die ungefähr eintausend Meter lang war. Diese Zeit wurde extra gemessen, blieb aber ein

Geheimnis der international besetzten Jury. Sie wurde uns erst nach der Etappe bekannt gegeben, obwohl sie doch entscheidend für die Vergabe des Bergtrikots war.

Während der Live-Sendung hatte ich den Zuschauern diesen Passus im Reglement genau erklärt: »Die findigen Tour-de-France-Organisatoren vergeben das Bergtrikot heute an den Fahrer, der nach rund 2,5 Kilometern eine 950 Meter lange Steigung mit zwanzig Meter Höhenunterschied in der kürzesten Zeit bewältigt.«

Diese Côte de Jaunay-Clan war ein Hügel der 4. Kategorie und umlagert von Zuschauermassen, die hier die 177 Starter im Minutentakt verfolgen konnten. Jeder Fahrer bekam vor dem Start bei der Akkreditierung ein Tour-Buch mit genauesten Streckenbeschreibungen. Und während sich die Favoriten wie Armstrong, Ullrich und Co. beim Studium dieser Lektüre auf Streckenlänge, Windrichtung und gefährliche Kurven konzentriert hatten, interessierte sich der schlaue Fuchs Marcel Wüst für ein ganz spezielles Detail der Strecke. Aber das sollte ich erst später erfahren.

Im Hotel seiner Festina-Mannschaft war am Abend der Teufel los. Viele in- und ausländische Journalisten waren gekommen und suchten nach Marcel Wüst. Der Kölner war völlig entspannt und locker, aber er wunderte sich auch über den Medienrummel: »Vor einem Jahr habe ich bei der Spanienrundfahrt innerhalb von sechs Tagen vier Etappen gewonnen, trug das Goldene Trikot des Spitzenreiters, und keiner von euch war da.« Diese Bemerkung gegenüber den deutschen Radsport-Journalisten konnte sich der gewitzte Rheinländer nicht verkneifen.

Nachdem der ganze Trubel vorüber war, die Journalisten ihre Artikel in die Laptops hämmerten und das Abendessen hinter den Fahrern lag, rief ich Marcel Wüst auf seinem Zimmer an und wollte wissen, ob er noch einige Minuten Zeit für mich hatte. Sein Hotel war nur einhundert Meter entfernt, Minuten später trafen wir uns in einer ruhigen Ecke im Foyer. Auf seinem Zimmer war es unmöglich, ein konzentriertes Gespräch zu führen, weil sein Teamgefährte Joseba Beloki aus Spanien pausenlos baskische

Volkslieder sang und sich damit offenbar schon für die steilen Anstiege der Alpen und Pyrenäen Mut machte.

Marcel Wüst erzählte mir im Zeitraffer die Geschichte seines Coups, und ich hörte ihm gebannt und fasziniert zu.

»Als schlechter Zeitfahrer konnte ich heute doch das Gelbe und das Grüne Trikot abschreiben«, begann er. »Und das Weiße Trikot ist für mich ohnehin unerreichbar, denn bester Jungprofi werde ich mit meinen dreiunddreißig Jahren nun auch nicht mehr.«

»Da hast du wohl Recht«, lachte ich. »Zu den 25-Jährigen gehörst du schon eine Weile nicht mehr.«

»Also spekulierte ich auf das Bergtrikot. Bei den zahlreichen Trainingsausfahrten mit meinen Teamgefährten merkte ich mir jeden Meter dieser Steigung, versuchte mir die Ideallinie einzuprägen und hatte dann diese geniale Idee.«

Jetzt fiel mir auch wieder ein, worüber ich mich gewundert hatte, als Marcel Wüst während der Übertragung ins Bild kam. Er fuhr keine Zeitfahrmaschine.

»Ich startete mit meinem normalen Straßenrad und versuchte, wie bei einer Sprintankunft diese einzige Steigung, diesen Hügel zwischen den zwei Zeitmesspunkten mit maximalem Tempo zu bewältigen. Mann, war ich kaputt, als ich schließlich oben ankam!

Danach wechselte ich auf die Zeitfahrmaschine und fuhr die restlichen dreizehn Kilometer zum Ziel nach Futuroscope zurück. Meine Gesamtzeit war total unwichtig. Für mich begann dann eine quälend lange Wartezeit, bis ich wusste, dass ich tatsächlich die ›Hügelbestzeit‹ gefahren hatte.«

»Was hast du denn in der Zwischenzeit gemacht?«, wollte ich wissen.

»Ich habe mich im Mannschaftsbus geduscht und dann die Übertragung des französischen Fernsehens verfolgt. Als dann jemand von der Société du Tour de France an die Tür des Busses klopfte und nach mir fragte, schoss mein Puls sofort vor Aufregung in die Höhe. Der Monsieur sagte: ›C'est pour la cérémonie, c'est pour le maillot de la montagne.‹ ›Kommen Sie zur Siegerehrung, Sie bekommen das Bergtrikot!‹ Mein Masseur Chopi und ich lagen uns in den Armen, und dann ging ich zum Podium.«

Nun konnte ich mir eine Bemerkung nicht verkneifen: »Warum hast du vorher nicht einmal eine Andeutung gemacht?«

Nicht auf den Mund gefallen, konterte Wüst: »Du hättest dich ja über meine Ziele beim Zeitfahren erkundigen können …«

Ich wünschte ihm eine gute Nacht mit dem Bergtrikot und ohne baskische Klänge im Doppelzimmer mit Joseba Beloki. »Kannst mich jederzeit anrufen, wenn du etwas brauchst«, rief mir Marcel noch hinterher, als ich das Hotel verließ. Er meinte es, wie er es sagte, geradeaus und offen.

Das war Marcel Wüst aus Köln am Rhein.

In den letzten rund zwanzig Jahren, in denen er als Rennfahrer und ich als Reporter unterwegs war, hatten wir weniger Minuten miteinander geredet als an diesem 1. Juli 2000. Wir versprachen uns, das ab sofort zu ändern. Ich hatte ihn im Rheinland bei diversen Rennen beobachtet und getroffen, aber immer nur kurze Interviews bei »Köln–Schuld–Frechen« und »Rund um Köln« gemacht. Dieser »Kölsche Klassiker« hatte den kleinen Marcel Wüst einst zum Radsport gebracht. Dort bestritt er eines seiner ersten Schülerrennen.

Auch beim Giro d'Italia sahen wir uns, aber eben nur zum üblichen Smalltalk, meistens unmittelbar vor dem Etappenstart. Marcel Wüst startete in seiner Zeit als Berufsfahrer nur in ausländischen Teams und daher meist im Ausland. Darüber berichteten die deutschen Medien selten. Dadurch blieb ihm auch die wohlverdiente Anerkennung in Deutschland versagt. Die alles überragende Tour de France stand immer im Mittelpunkt der Fernsehberichterstattung, der Giro d'Italia kam gelegentlich hinzu, aber die Spanienrundfahrt fand höchstens mit Kurzberichten in der Sportschau statt. Deshalb bemerkte man in Deutschland Wüsts zahlreiche Erfolge bei diesen Rennen kaum.

Sein Potenzial als Klassesprinter ließ Marcel Wüst schon von Beginn seiner Karriere an aufblitzen, das war im Jahr 1989.

Aber erst elf Jahre später wurde der Kölner auch in Deutschland auf einen Schlag bekannt. Es war ein absoluter Überraschungscoup am ersten Tag der Tour 2000, als er im Science-Fiction-Park von Futuroscope, nördlich von Poitiers, schlagartig ins Rampenlicht fuhr und als zweiter Deutscher nach Jens Voigt das Bergtrikot eroberte. Der Auftakt war gelungen, aber eigentlich war Marcel Wüst zur Tour de France gekommen, um sich einen Kindheitstraum zu erfüllen, nämlich eine Etappe bei der Tour de France zu gewinnen. Vier Tage lang verteidigte Marcel das lustige Bergtrikot mit den roten Punkten, belegte bei den Flachetappen einmal den fünften und einmal den zweiten Platz. Nach einem Mannschaftszeitfahren stand schon die nächste Flachetappe von Vannes nach Vitré in der Bretagne auf dem Programm, und die Chancen auf einen Tageserfolg für Wüst stiegen wieder.

Vor dem Start konnte ich noch kurz mit ihm reden, wollte wissen, was er von diesem Tagesabschnitt hielt. Seine Bemerkung nach dem Zeitfahren, ich solle mich nach seinen Zielen erkundigen, nahm ich also ernst. Seine Vorschau auf den Tag kam wie immer präzise und auf den Punkt genau: »Keine topografischen Schwierigkeiten unterwegs, vier Steigungen der 3. und 4. Kategorie reißen das Feld nicht auseinander, nur müssen wir auf Ausreißergruppen aufpassen und dürfen nicht zu viel Rückstand zulassen. Für den Fall, dass es zum Massenspurt kommen sollte, habe ich mir die Ankunft im Tour-Buch genau angesehen. Die Zielgerade ist 1400 Meter lang und fast acht Meter breit, ganz nach meinem Geschmack.«

Marcel Wüst hatte als Rennfahrer viele Träume, Pläne und Ziele. Zum Beispiel wollte er bei allen drei großen Landesrundfahrten mindestens eine Etappe gewinnen. Bei der Spanienrundfahrt hatte er inzwischen zwölf Etappensiege errungen, bei der Italienrundfahrt verbuchte er einen Tageserfolg in Mondragone auf seinem Konto, nur bei der Tour de France war er bisher sieglos geblieben.

Sein erster Tour-de-France-Start, 1992 in San Sebastián im Baskenland, wurde zu einem Fiasko. Er stürzte schon auf dem ersten Teilstück, brach sich das Schlüsselbein, musste ausscheiden und erreichte Frankreich gar nicht erst. Beim Giro d'Italia, der 1996 in der griechischen Hauptstadt Athen begann, erging es ihm genauso. Wieder wurde er auf der ersten Etappe in eine Karambolage verwickelt, zog sich eine Halswirbelverletzung zu, musste lange Zeit eine Halskrause als Stabilisator tragen und erreichte nie Italien. Im Jahre 2000 folgte ein neuer Versuch, einen Etappensieg im Mutterland der Tour de France zu erringen.

Die fünfte Etappe war flach und damit eine Einladung für die Sprinter. Doch zunächst verlief sie so ganz anders, als Marcel Wüst es sich erhofft hatte. Bei niedrigen Temperaturen, Wind und Regen bildete sich eine Ausreißergruppe, zu der Erik Dekker aus Holland und der Mecklenburger Jens Voigt gehörten, beide exzellente Tempofahrer. Fünfzig Kilometer vor dem Ziel begann die Aufholjagd der Festina-Mannschaft um Marcel Wüst, der sich an diesem Tag anscheinend in blendender Verfassung befand. Mit letzter Kraft wehrten sich die Ausreißer und versuchten, ihren schmelzenden Vorsprung zu verteidigen. 1000 Meter vor dem Ziel waren es nur noch wenige Sekunden.

Nach der letzten Rechtskurve in Richtung Zielgerade sah Wüst mit seinen Helfern erstmals Voigt und Dekker vor sich, die anderen Fahrer der Spitzengruppe waren längst zurückgefallen. Nur 450 Meter vor dem Ziel wurden die Ausreißer von der hetzenden Meute überrollt.

Marcel Wüst machte auf den nun folgenden letzten Metern alles richtig. Er wechselte aus dem Windschatten des Belgiers Tom Steels in den Sog von Erik Zabel, beschleunigte nochmals und konnte ihn mit höherer Endgeschwindigkeit passieren. Das Ziel, der Sieg und dann die Hände zum Himmel …

Zweiundzwanzig Jahre war er hinter diesem Sieg her gewesen. Endlich hatte sich der Kreis geschlossen: Etappenerfolge beim Giro, der Vuelta und nun bei der Tour.

Noch heute sagt Marcel: »Damals wusste ich hundert Meter vor dem Ziel, dass es klappen würde mit dem Sieg. Nur durfte mir nicht noch ein Reifen um die Ohren fliegen.«

Später erzählte er mir einmal, wie die Stimme des Streckensprechers an sein Ohr drang: »*Zabel, toujours Zabel, voilà Wüst, Wüst qui arrive, qui passe, Wüst, Marcel Wüst, vainqueur de cette étape du Tour de France à Vitré …*« »Zabel, immer noch Zabel, da ist Wüst, Wüst kommt näher, fliegt vorbei, Wüst, Marcel Wüst, Sieger dieser fünften Etappe der Tour de France in Vitré …«

Glücklicherweise hatte ich mit dem sympathischen Start- und Zielsprecher Daniel Mangeas inzwischen die Aussprache des Namens Wüst geübt.

Mit der Startnummer 109 und 109 Profisiegen war er in seine zweite Tour de France eingestiegen. Der Sieg Nummer 110 war der wichtigste seiner Karriere. Es sollte aber zugleich auch sein letzter bleiben.

Nicht nur Marcel Wüst empfand Freude, Glücksgefühle und grenzenlose Zufriedenheit. Ich konnte mich gut in seine Lage versetzen, denn immer wieder hatte er seinen Kindheitstraum anklingen lassen. Jetzt war es geschafft. Inzwischen hatte er auch zwei Tage lang das Grüne Trikot des besten Sprinters getragen. Dann rief ich ihn noch einmal an und wollte wissen, wie er alles verdaut hatte. Er fuhr inzwischen wieder, wie am Anfang der Tour, in seinem Festina-Trikot. Aber die Sekunden nach dem Etappensieg hatte er mir noch nicht geschildert.

»Die Sekunden nach dem Sieg sind – warum auch immer – aus meinem Gedächtnis verschwunden. Aber wie beim Gewinn des Bergtrikots einige Tage zuvor, war es wieder mein Masseur Chopi, der als einer der Ersten bei mir war.«

Dann wurde er von Interview zu Interview geschleppt, Fernsehen, Radio, die schreibenden Kollegen warteten im Pressesaal.

»Wie ist es dir als Sprachtalent eigentlich bei der internationalen Pressekonferenz ergangen?«, war meine nächste Frage.

»Das war ganz lustig«, begann er zu lachen. »Die Pressekonferenz erlebte ich wie auf Wolke sieben. Der Dolmetscherin raunte ich zu, sie könne sich beruhigt zurücklehnen, ich könne ohnehin mehr Sprachen als sie – was sie herzhaft lachen ließ.«

Das Lachen verging Marcel Wüst dann leider in den Tagen bis zum Ruhetag in Avignon. Er bekam eine Erkältung, starken Husten und Fieber, quälte sich auf der ersten Pyrenäen-Etappe nach Lourdes-Hautacam dreißig Minuten nach dem Sieger Javier Otxoa aus Spanien ins Ziel. Am Tag darauf wurde er Letzter der Etappe in Revel. Das Fieber blieb hartnäckig. Am nächsten Tag sollte es hinauf zum Mont Ventoux, 1909 Meter über dem Meer in der Provence gelegen, gehen. Eine Weiterfahrt wäre mit einem zu hohen Gesundheitsrisiko verbunden gewesen. Ich war mit meinem Kollegen Hagen Boßdorf am Ruhetag schon in Richtung Carpentras gefahren, damit wir am nächsten Tag nicht so eine lange Anfahrt zum Gipfel des Mont Ventoux hatten. Wir waren deshalb nicht in Avignon, als die Nachricht von Wüsts Ausstieg publik wurde. Eine persönliche Verabschiedung konnte daher leider nicht stattfinden. Die aufregenden Momente mit dem Bergtrikot und dem Etappensieg von Vitré und die angenehme, erfrischende Art des Kölners sind jedenfalls prägende Eindrücke von dieser Tour de France 2000.

Genau einen Monat nachdem er die Tour de France vorzeitig verlassen musste, startete Marcel am 11. August 2000 bei einem der zahlreichen Kriterien nach der Tour. Bei diesen Rundstreckenrennen war er als Etappensieger ein gefragter Mann. In Issoire bei Clermont-Ferrand im Zentralmassiv geschah dann das Unglück: Bei einem Massensturz kam Wüst zu Fall, prallte gegen ein Absperrgitter und verlor das Bewusstsein. Für einige Zeit war er nicht einmal transportfähig. Marcel Wüst verlor bei diesem Sturz schließlich sein rechtes Auge. Ein langer Leidensweg mit diversen Operationen begann. Aber mithilfe seiner lebenslustigen Frau Heike meisterte er bis heute diesen Schicksalsschlag. Nie verlor er seinen Humor und seine positive Einstellung zum Leben.

Noch in der Klinik in Köln fasste er seinerzeit die Geschehnisse zusammen: »Mir wird hier klar, wie gut es uns trotz allen Kummers geht, mit unserer intakten Familie und vielen guten Freunden. Der Blick nach unten lässt einen ja immer das eigene Leid relativieren – und unter den Blinden ist der Einäugige König.« Das war sein typischer Humor. Marcel Wüst hatte seine schweren Verletzungen mit eisernem Willen und viel Optimismus gemeistert.

Als wir uns nach seinen Augenoperationen zum ersten Mal wiedersahen, stellte Marcel Wüst seinen unerschütterlichen Witz unter Beweis. Ich klopfte ihm auf die Schulter und begrüßte ihn mit den Worten: »Hallo, Tünnes, wie geht es dir, hast du endlich alles gut überstanden?« Da antwortete er schelmisch: »Wieso Tünnes, du bist der Tünnes, und ich bin der Schäl!«

Für Menschen, die nicht mit dem rheinischen Dialekt und Brauchtum vertraut sind, sei gesagt: Tünnes und Schäl sind zwei Kölner Originale. Der Tünnes ist ein Schlendrian, langsam und vergesslich. Schäl ist, wer nicht gut sieht.

Inzwischen gehört Marcel als Experte zu unserem ARD-Team bei der Tour de France, der Deutschland-Tour und bei den klassischen Eintagesrennen. Er ist ein vielseitig interessierter Mensch, packt die ihm gestellten Aufgaben mit Schwung an und ist eine wertvolle Ergänzung auf vielen Gebieten. Als polyglotter Weltenbummler ist Wüst auf den Kontinenten dieses Erdballs unterwegs, um sich mit den Koryphäen des Radsports zu treffen und ihnen interessante Informationen zu entlocken.

Wir sind also wieder zusammen, diesmal als Kollegen. Marcel Wüst konnte dadurch ein weiteres Ziel erreichen, das er sich gesetzt hatte. Nachdem er mit Klaus Angermann bei Eurosport als Co-Kommentator die Flandernrundfahrt übertragen und seine Feuertaufe bestanden hatte, dann mit Hagen Boßdorf und Jürgen Emig als Radsport-Experte der ARD bei vielen Moderationen seinen Mann stand, fehlte nur noch ein Mosaiksteinchen, wie er selbst immer wieder betonte: »Einmal möchte ich auch mit

Herbert Watterott zusammen Radsport kommentieren. Das muss einfach irgendwann klappen.«

Am 2. Juli 2004 war es so weit, allerdings ganz anders, als wir es uns vorgestellt hatten. Auf dem Sender Phoenix sollte die Präsentation der Mannschaften vor dem Start der Tour in Lüttich gezeigt werden. Hagen Boßdorf und ich waren die ARD-Reporter für die anstehenden Tour-Wochen. Programmchefin Gabi Bohr vom federführenden Sender Saarländischer Rundfunk rief mich an, um uns mit dieser Zusatzaufgabe zu beauftragen, auf die keiner von uns Reportern besonders scharf war. Mit süßsaurem Gesicht nickte ich dennoch zustimmend. Hagen Boßdorf setzte allerdings eine wichtige Miene auf und erfand einen anderen, unaufschiebbaren Termin, um dieser ehrenvollen Aufgabe zu entgehen. Marcel Wüst war sofort bereit, in die Bresche zu springen und mit mir diese Arbeit für ein »Millionenpublikum« zu übernehmen.

»Ich freue mich, dass wir endlich einmal etwas zusammen machen können«, sprühte Marcel vor Begeisterung und kam gut vorbereitet zu unserem gemeinsamen Arbeitsplatz. Auch ich hatte meine kompletten Unterlagen dabei. Wir machten uns fröhlich ans Werk und hockten uns in einen kleinen Aufzeichnungs- und Übertragungswagen. Dort schwitzten wir bei schlechter Luft wie in der Sauna. Wir beobachteten, notierten, schnitten, diskutierten und machten uns Stichworte für die einstündige Sendung am nächsten Tag. Nach einem ausgiebigen Frühstück am nächsten Morgen saßen wir vor dem Rathaus in Lüttich wieder gemeinsam vor einem Monitor, der so groß war wie eine Postkarte und »husteten« unseren Live-Kommentar in ein gemeinsames Mikrofon. Die Verantwortlichen bei Phoenix waren sehr zufrieden, und unsere Kollegen empfingen uns mit den Worten: »Ja, wer sagt es denn! Das war eine runde Sache, eine gelungene Premiere von W und W, von Wüst und Watterott.«

Das baute uns sehr auf, und wir genehmigten uns ein frisches belgisches Pils mit viel Schaum. Selten hatten wir uns ein Bier derart verdient.

Die Fahndung nach dem Vogelmörder: Die Tour de France 2003

Eine Tour de France zu übertragen kann für Fernsehreporter eine äußerst gefährliche Mission sein. Im Sommer 2003, als das schwerste Radrennen der Welt sein 100-jähriges Bestehen feierte, machte ich unfreiwillig die Bekanntschaft mit der Staatsanwaltschaft. Ein einziger Satz während einer Live-Reportage hatte für größte Aufregung gesorgt.

Seit einigen Jahren hatten wir unsere Berichterstattung über das sportliche Geschehen bei Radsportereignissen mit anderen Elementen angereichert. Wir erzählten wissenswerte Dinge über Land und Leute, über die Geschichte und die Besonderheiten der Regionen, durch die der Tour-de-France-Tross auf den 21 Etappen unterwegs war. Wir versuchten dabei, auf berühmte Kirchen, Schlösser und andere herausragende Bauwerke und Denkmäler hinzuweisen. Und nicht vergessen wurden natürlich die kulinarischen Spezialitäten der jeweiligen Landstriche und Departements einschließlich der dazugehörigen Weine.

Das positive Echo aus der Heimat bestätigte, dass die meisten Zuschauer diese Art der Kommentierung mögen, genießen und inzwischen bevorzugen. Unzählige Radsport- und Frankreichfans sitzen mit dem Atlas oder mit Detailkarten der jeweiligen Region auf dem Sofa und verfolgen den Verlauf der Etappe mit dem Finger auf der Landkarte. Sie machen sich Notizen und bekommen so von uns während der Reportagen eine kleine kostenlose Reiseführung ins Haus geliefert. Die vielen Zuschriften während und nach der Tour de France lassen erkennen, dass die Fernsehzuschauer mit dieser Symbiose aus aktueller Schilderung des Rennverlaufes und interessanten Informationen über Land und Leute zufrieden sind.

So übertrugen wir am 20. Juli 2003 die 14. Etappe von St. Girons nach Loudenvielle in den Pyrenäen. Die Bergriesen Col de Latrape, Col de la Core, Col du Portet d'Aspet, Col de Mente und Col de Peyresourde standen auf dem Programm dieses schweren Tagesabschnittes. Für die Fahrer bedeutete das, vor dem Start am frühen Morgen mit einem kalorienreichen und kohlehydrathaltigen Frühstück eine wichtige Grundlage zu schaffen, um die Strapazen des Tages zu verkraften. Unterwegs gab es außerdem zwei Verpflegungsstellen, an denen den Radprofis von den Helfern der Rennställe prall gefüllte Säcke aus dünnem weißen Leinentuch gereicht wurden. Darin finden die Fahrer schnell verdauliche Powerdrinks, Limonade, Wasser und Tee, kleine ausgehöhlte Brötchen, gefüllt mit Weichkäse und gekochtem Schinken, Apfelstücke, Reistörtchen und vieles andere mehr.

Da wir diese Etappe im Ersten Programm über viele Stunden vom Start bis ins Ziel komplett übertrugen, war genügend Zeit für uns, Informationen über die Spezialitäten der Region zum Besten zu geben. Hagen Boßdorf und ich hatten ein Blatt Papier bereitgelegt, auf dem die besonderen Attraktionen der Pyrenäen notiert waren.

Als plötzlich ein großer Greifvogel majestätisch durch das Bild schwebte und von den Kameras des französischen Fernsehens in voller Größe beim Flug über die Pyrenäen-Gipfel gezeigt wurde, kam ich auf eine ganz besondere kulinarische Spezialität dieser Region nahe der spanischen Grenze zu sprechen. Es war die passende Gelegenheit, dem Zuschauer diese Gegend im wahrsten Sinne des Wortes ein wenig schmackhaft zu machen.

So erzählte ich: »Was das Essen in den französischen Pyrenäen anbelangt, ist guter Rat teuer. Denn die Küche ist nicht sehr vielfältig. Typisch für die Pyrenäen sind Schafe und Ziegen. Feines Hammelfleisch kommt von hier, aber auch ein hervorragender Käse. Einerseits Frischkäse, zum anderen gut gelagerter alter Käse wie Millesie.«

Dann formulierte ich einen Satz, der Folgen haben sollte: »Liebe Zuschauer, wann immer Sie hier in diese waldreiche Berglandschaft an der französisch-spanischen Grenze kommen, lassen Sie sich eine Besonderheit auf keinen Fall entgehen. Eine Köstlichkeit aus der Gebirgswelt ist die Ortolan-Taube, die zur Familie der Ammern gehört. Gebraten und zubereitet wird sie mit einer Rotweinsauce und mit Champignons verfeinert. Besonders die Jungtiere, über offenem Feuer gegrillt, sind eine Delikatesse.«

Dazu empfahl ich noch einen Wein aus der Region, einen Bordeaux oder ein Tröpfchen aus dem Baskenland, einen Dirouelli. »So können Sie essen wie Gott in Frankreich. Bon appétit!«, schloss ich meinen Fernsehkochkurs ab. Mir lief selbst das Wasser im Mund zusammen. Aber statt an Gaumenfreuden zu denken, hatte die Schilderung der spannenden Schlussphase der Etappe nach Loudenvielle absolute Priorität.

Ich hatte meinen Pyrenäen-Küchentipp schon längst vergessen, als zwei Tage später der Pressechef unseres Tour-de-France-Teams, Rolf Ganz, zu mir kam und mir »den Vogel zeigte«.
»Da hast du dir und uns ein dickes Ei ins Nest gelegt, mein Lieber«, sprach er reichlich rätselhaft.

Ich schaute ihn mit großen Augen an und entgegnete: »Rolf, ich bin kein Hellseher, wovon redest du überhaupt? Was ist passiert?«

Seine Miene wurde ernst, als er fortfuhr: »Das Komitee gegen den Vogelmord e. V. in Bonn hat sich bei der Staatsanwaltschaft gemeldet und will Untersuchungen gegen dich einleiten.«

Blitzschnell ging ich in Gedanken mein »Sündenregister« der letzten Zeit durch, aber mir fiel auf Anhieb beim besten Willen nichts ein.

»Du sollst den Verzehr des niedlichen Zug- und Singvogels Ortolan empfohlen haben«, sagte Pressechef Ganz.

Ich antwortete, ohne mir einer Schuld bewusst zu sein: »Das stimmt!«

Rolf Ganz weiter: »Das Problem ist, dass dieser Singvogel in Deutschland gesetzlich geschützt ist und auf der Liste der am meisten bedrohten Vögel unter ›stark gefährdet‹ geführt wird.«

Ich schwieg. Aber der Höhepunkt kam noch: »Indem du die Zuschauer zum Verzehr dieser Köstlichkeit animiert hast, hast du dich der Aufforderung zum Mord an geschützten Vögeln strafbar gemacht.«

Damit ich ihm auch wirklich glaubte, gab mir Rolf Ganz den genauen Wortlaut der ersten Nachrichtenagenturmeldung mit dem Protest der Vogelschützer. Da las ich also:

»*Skandal bei der Tour de France – ARD fordert zum Vogelmord auf, Kommentator empfahl ›Ortolane in Weißweinsauce‹, Vogelschützer protestieren!*

Bonn. Bei der Übertragung der 14. Etappe der Tour de France von Saint Girons nach Loudenvielle kam es bei der Übertragung der ARD zu einem peinlichen Zwischenfall. Kommentator Herbert Watterott ließ sich während der Übertragung ausführlich über die kulinarischen Freuden beim Verzehr von vom Aussterben bedrohten Singvögeln aus. Besonders lobte und empfahl der ARD-Reporter den Verzehr von Ortolanen in Weißweinsauce, die er als typische Spezialität der Pyrenäen-Region bezeichnete. Was der ARD-Mann nicht erwähnte, war die Tatsache, dass der Verkauf und das Anbieten von Ortolanen in französischen Restaurants streng verboten sind. Nach Angaben des Bonner ›Komitees gegen den Vogelmord e. V.‹ handelt es sich beim Ortolan zudem um eine vom Aussterben bedrohte Singvogelart. ›Herr Watterott trägt mit seinem gedankenlosen Kommentar dazu bei, dass Jagd und Verzehr bedrohter Arten wieder gesellschaftsfähig werden!‹, so Komitee-Sprecher Axel Hirschfeld.«

Ortolane sind Zugvögel und gehören zur Familie der Ammern. Die Art ist in Deutschland durch das Bundesnaturschutzgesetz streng geschützt und wird in der Roten Liste der vom Aussterben bedrohten Tier- und Pflanzenarten bundesweit als stark gefährdet eingestuft. In Deutschland existieren nach Angaben des Komitees noch etwa 1500 Brutpaare. Der Bestand ist stark rückläufig. Trotz internationaler Proteste erlauben die Behörden in einigen südfranzösischen Departements zwar noch vereinzelt den Fang, nicht jedoch den Verkauf von Zugvögeln durch Jäger und Restaurants. »*Das Komitee gegen den Vogelmord hat inzwischen die ARD-Verantwortlichen aufgefordert, diese ›unglaubliche Fehlinformation‹, so Hirschfeld, im Rahmen ihrer Berichterstattung bis zum Ende der Tour klarzustellen. Da sowohl in Frankreich als auch in Deutschland die Vermarktung von Ortolanen streng verboten ist, prüft das Komitee zurzeit, ob Watterott mit seinem Kommentar zu einer Straftat aufgefordert hat. ›Wir werden die zuständige Staatsanwaltschaft bitten, den Fall zu prüfen‹, so Hirschfeld.*«

Nun, eigentlich war ja nie die Rede von Weißweinsauce gewesen, sondern es hieß immer »Ortolane, gebraten in Rotweinsauce«. Man beachte, dass korrekte Recherche eben besonders wichtig ist. Diese Erfahrung hatte ich gerade selbst gemacht. Es dauerte nicht lange, und die Zeitungen bekamen Wind von der Sache.

Ich steckte mitten in den Vorbereitungen zur nächsten ARD-Live-Übertragung, als eine große Suche und endlose Grübelei begann.

»Woher habe ich diese Ortolan-Informationen?«, fragte ich mich. Sie standen natürlich auf jenem vorbereiteten Zettel mit den Randbemerkungen zum Sendetag. Aber das hatte ich mir doch nicht aus dem Fingern gesogen, das war kein spontaner Einfall, das hatten wir uns nicht ausgedacht. Wenn wir einmal die Quelle für diesen »Küchen-Tipp« finden würden, dann hätte ich ja eine Art Alibi. Aber ich hatte keine Ahnung, wer die Ortolane angepriesen hatte.

Die Untersuchung der zuständigen Staatsanwaltschaft Bonn ging inzwischen weiter. Sie verlangte die Herausgabe der aufgezeichneten Sendebänder vom 20. Juli. Das waren schwere Geschütze, die da aufgefahren wurden. Bei den Überschriften in einigen Zeitungen Deutschlands konnte einem schon der Appetit vergehen. Bundesweit wurde über diesen »Skandal« berichtet. In dicken Schlagzeilen war zu lesen:

»ARD-Moderator empfiehlt Verzehr von geschützten Vögeln.«
»Watterott schießt den Vogel ab.«

So sah es die tz in München ...

»Tour-Reporter: ›Singvogel ist lecker.‹«
»Skandal bei der Tour: Jan kämpft – und ARD rät uns zu Singvogel in Weißweinsauce.«
»ARD fordert zum Vogelmord auf.«

Allmählich verlor auch ich den Humor und erkannte den Ernst der Lage, denn die Quelle des Ortolan-Tipps war immer noch nicht gefunden. Ich durchsuchte sämtliche Bücher in unserem Tour-Auto. Diverse Reiseführer, Kochbücher, Tour-de-France-Literatur. Nirgendwo fand ich etwas. Es war wie verhext. Auf den langen Autofahrten von Pau über Bayonne, Bordeaux bis nach Saint Maixent l'Ecole, dem nächsten Etappenziel, gelegen zwischen Niort und Poitiers in der Region Poitou-Charentes, zerbrachen sich Hagen Boßdorf und ich den Kopf, wo wir diesen kulinarischen »Horror-Tipp« gelesen hatten. Wir hatten keine Ahnung.

Mich tröstete in dieser für mich bedrohlichen Situation, dass selbst der frühere französische Staatspräsident Mitterrand die Ortolan-Vögel zu seinen Lieblingsspeisen zählt. Von seiner Verhaftung ist bis heute nie etwas bekannt geworden.

Inzwischen wurde auf der Redaktionssitzung entschieden, dass ich in der nächstfolgenden ARD-Sendung die angeprangerte Behauptung klarstellen sollte. Rolf Ganz, unser Tour-de-France-Pressechef, verfasste ein Antwortschreiben mit dem Hinweis, dass der Reporter Watterott die Informationen bezüglich Ortolan-Verzehr einem veralteten Reiseführer entnommen hätte.

Als das Fahrerfeld auf der 18. und drittletzten Etappe von Bordeaux nach Saint Maixent l'Ecole an der Verpflegungsstelle vorbeifuhr, war das der geeignete Ort, um die Klarstellung loszuwerden. Ich holte tief Luft und begann:

»Wie immer enthalten die Verpflegungsbeutel verschiedene Dinge mit vielen Kalorien und Kohlehydraten für den Rest der Etappe. Natürlich auch heute nicht im Angebot: Die Ortolan-Taube in Rotweinsauce mit Champignons, deren Verzehr streng verboten ist. Es handelt sich dabei um eine geschützte Vogelart.«

Auch ohne die vom Aussterben bedrohten Ortolane flogen die Rennfahrer mit hoher Geschwindigkeit die lange Gerade in Saint Maixent l'Ecole hinunter ins Ziel. Und wir hofften alle, dass diese unangenehme Sache mit dieser »Gegendarstellung« nun endlich bereinigt war.

Am Abend ließen wir uns in einem kleinen, gemütlichen Restaurant ein Menü schmecken. Als Vorspeise wählten wir Foie de volaille, Geflügelleber; das Hauptgericht, übrigens nicht verboten, war Cailles aux cerises, geschmorte Wachteln mit Kirschen; als Dessert ließen wir uns eine Crème brûlée schmecken. Das war ein versöhnlicher Abschluss eines ereignisreichen Tages.

Bei einem kleinen Verdauungsspaziergang durch die bereits schlafende Stadt kam uns dann plötzlich die Erleuchtung: Im Kofferraum gab es neben dem Ersatzreifen ein Fach, in dem wir zwei Bücher verstaut hatten, die wir nicht jeden Tag benutzten. Alle anderen Nachschlagewerke hatten wir bereits durchforstet, dieses Fach war unsere letzte Chance.

Im Buch »Meine Tour de France durch Frankreich« von Rudolf Scharping, damals Bundesverteidigungsminister und heute Präsident des Bundes Deutscher Radfahrer (BDR), fanden wir auch nichts über Ortolane. Aber dann hallte der Jubelschrei durch die Nacht: »Ich hab es gefunden!«, rief ich zu Hagen Boßdorf hinauf ins Hotelzimmer und fügte in »perfektem Französisch« hinzu: »Wer cherchiert, der trouviert!« Wer suchet, der findet.

Der Lichtkegel der Taschenlampe erhellte die gelbe Titelseite eines Buches mit einer Vorschau und Tipps für die Tour de France. Dort stand geschrieben, dass es in den Pyrenäen eine besondere Spezialität gäbe: Ortolan, in Rotweinsauce gebraten. Auf Seite 84 fand ich den »schwer verdaulichen« Essens-Tipp, der für so viel Verwirrung, Aufregung und Medienrummel in den letzten Tagen gesorgt hatte. Pikant an des Rätsels Lösung war, wer dieses Buch herausgegeben hatte: Es war die ARD selbst. Aber ich möchte an dieser Stelle den Autor am liebsten »Ganz« und gar verschweigen, um ihm weiteren Ärger mit dem Staatsanwalt und dem Vogelschutz-Bund zu ersparen.

Als ich Ende Oktober 2003 anlässlich des Dortmunder Sechstagerennens in die Fahrerküche der Westfalenhalle kam, um vor der Arbeit als Hallensprecher etwas zu mir zu nehmen, überreichte mir Küchenchef Franz Hollinger mit einem diebischen Lächeln die Speisekarte. Die Rennfahrer unterbrachen für einen Augenblick ihre Mahlzeit und schauten gespannt zu mir herüber.

Ungeduldig und hungrig wie ein Wolf, schlug ich die »Menükarte« auf und traute meinen Augen nicht. Die Tagesempfehlung hieß: »Ortolan-Taube, gegrillt in Rotweinsauce«. Alle Rennfahrer lachten. Und ich? Ich lachte mit und bestellte Spaghetti carbonara.

Auf den Spuren der ersten Tour 1903 und andere kulinarische Höhepunkte einer Frankreichrundfahrt

Neben dem Archiv über die Rennfahrer und die Geschichte der Tour de France, neben den aktuellen Informationen über den Saisonverlauf und die neuesten technischen Entwicklungen und neben einigen Reiseführern werden auch in diesem Jahr Bücher über die kulinarischen Kostbarkeiten Frankreichs zu meinem Reisegepäck gehören. In den letzten Jahren haben die Fernsehzuschauer diese Mischung aus sportlichen, landeskulturellen und gastronomischen Informationen besonders zu schätzen gewusst.

Unvergesslich sind dabei für mich Erlebnisse, in denen Speisen und Getränke Frankreichs mit der Tour de France direkt in Verbindung stehen.

Eine besondere Erinnerung verbindet mich deshalb mit dem kleinen Dorf Burie. Die wenigen Häuser dieses Örtchens liegen an der schmalen Departement-Straße D 731 in einer wunderschönen Landschaft in der Region Poitou-Charentes. Hagen Boßdorf und ich fuhren im Juli 1999 durch das Weinbaugebiet »Grande Champagne«, aus dessen Weinen der berühmte Branntwein Cognac destilliert wird. Die 20 000 Einwohner von Cognac haben sich nahezu vollständig der Herstellung des weltbekannten Getränks verschrieben, Cognac – das Getränk der Götter.

Angefangen hatte dies im Jahre 1715, als ein gewisser Jean Martell aus Jersey in die Stadt kam, um Branntwein herzustellen. Ihm folgte etwas später der irische Soldat Hennessy. Man kann heute die Kellereien weltbekannter Marken wie Martell, Hennessy und Courvoisier besuchen, auch die von Otard im ehemaligen Schloss der Valois, wo 1494 François der Erste geboren wurde.

Auf Cognac und Schlösser mussten wir an diesem Tag aber zunächst verzichten, denn wir hatten noch einen langen Weg vor uns.

Wir befanden uns auf der Strecke von Bordeaux nach Futuroscope in Westfrankreich, wo die 18. Etappe der Tour 1999 zu Ende gehen sollte. Schon kurz hinter Bordeaux begann links und rechts der Straße der Schilderwald mit den kleinen verwitterten Hinweistafeln und der Aufschrift »En vente Armagnac«. So nennt man den edlen Branntwein, der in dieser Region produziert wird. Irgendwann konnten wir der verlockenden Einladung nicht mehr widerstehen, bogen von der Hauptstraße ab und erreichten nach einigen Hundert Metern eine Domaine, also einen Bauernhof mit Weingut, wo es normalerweise Armagnac zu kaufen gab.

Wir fuhren direkt auf ein altes Gemäuer zu. Nachdem das Knirschen der Reifen auf dem groben Kies verstummte, herrschte nur noch Stille. Mittagsruhe. Kein Hund kläffte, nicht einmal die Vögel zwitscherten. Wir klingelten mehrmals, aber nichts geschah. Wir wollten schon wieder gehen, als sich nach einer Weile doch noch quietschend eine schwere Holztür öffnete und eine junge Frau aus dem Haus trat. Wir hatten sie offensichtlich beim Mittagsschlaf gestört. Sie sah uns an, richtete ihr Haar und fragte. »Que desirez-vous, was wünschen Sie?«

»Wir möchten gerne Armagnac kaufen, Madame, in allen Variationen«, rief ich über den kleinen Innenhof.

Die junge Frau stutzte: »Was meinen Sie mit alle Variationen, Monsieur?« »Wenn möglich von verschiedenen Jahrgängen sowie mit und ohne Pflaumen.« Ich träumte schon von kalten Winterabenden am Kamin mit einem wärmenden und funkelnden Armagnac im Glas.

»Oui, bien sûr, natürlich, das geht«, war ihre Antwort.

Mein »Chauffeur« Hagen Boßdorf überließ natürlich mir das Probieren. Wir entschieden uns für eine kleine Auswahl der Angebote, die in einem alten, schwach erleuchteten, kühlen Gewölbe gelagert waren. Die Frau war sicher überglücklich, dass sie zu ungewohnter Mittagsstunde ein so gutes Geschäft gemacht hatte. Wir rollten weiter auf der Route Nationale 10 in Richtung Norden. Ich hatte die nächste »Promille-Etappe« bereits fest im Visier und annoncierte Hagen den nächsten Höhepunkt: »Wir sind hier in der Region Poitou-Charentes mit dem Hauptort Poitiers, wo es auch ein kleines Etappenrennen gibt«, versuchte ich meinen bereits leicht ermüdeten Fahrzeuglenker aufzumuntern.

»Hier gibt es den berühmten Pineau«, sagte ich beiläufig.

»Was ist das?«, fragte mein junger Kollege, den es in diese Gegend Frankreichs bisher selten verschlagen hatte. Er schien wieder hellwach zu sein.

Im Stil eines Kenners und Genießers erklärte ich: »Pineau ist ein Apéritif aus süßlichem Jungwein und Branntwein. Er wird nur in dieser Gegend produziert.«

»Kenne ich gar nicht«, antwortete der Mann hinter dem Lenkrad. »Hört sich aber gut an.«

Da übernahm ich das Kommando, und meine Parole lautete: »Am nächsten Gehöft, in dem noch Licht brennt, halten wir an.« Die Uhr zeigte bereits 21.30 Uhr.

Es gab zwar zahlreiche Domänen, diese Kombination aus Weingut und Bauernhof, direkt am Straßenrand, aber die fleißigen Weinbauern hatten sich anscheinend bereits alle zur Ruhe gelegt. Nirgendwo brannte noch ein Licht. Es dauerte eine ganze Weile, bis wir in dem kleinen Dorf Burie ein erleuchtetes Haus entdeckten.

Wir klingelten und klopften, bis uns ein altes Ehepaar die Haustür öffnete. Madame war eine kleine, fast zierliche Person im hellblauen Nylonkittel, und Monsieur trug zu seiner dunkelbraunen Cordhose ein weißes Feinrippunterhemd, typisch für Frankreich. Wir entschuldigten uns vielmals für die späte Störung. Aber Madame und Monsieur Pouzet baten uns mit größter Selbstverständlichkeit herein. Sie luden diese wildfremden deutschen Journalisten, die bei einbrechender Dunkelheit an das schmiedeeiserne Tor geklopft hatten, auch ganz spontan in ihren Weinkeller ein.

Wir hatten uns kaum vorgestellt, da stand auch schon das erste Glas zur Probe auf dem Tisch. Zunächst der weiße Pineau, dann der rote, dann ein älterer Jahrgang von besonderer Güte, schließlich die eingelegten Pflaumen. Da Hagen noch fahren musste, blieb mir nichts anderes übrig, als den größten Teil der Pineau-Probe im Alleingang zu bestehen. Ein Test, den ich gern und recht souverän bestand.

Inzwischen wurden die ersten Gastgeschenke zwischen uns ausgetauscht: ein Tour-de-France-Trikot von der ARD und das Tour-Buch mit detaillierten Informationen über Streckenverlauf und Zeitpläne. Eine perfektes Geschenk für einen ausgemachten Tour-Fan wie Monsieur Pouzet. Wir erhielten Original-Pineaugläser, in die das Wappen der Familie eingraviert war. Längst hatten wir auch das kleine Familienmuseum im Hinterhof kennen gelernt, in dem Fotos und Arbeitsgeräte davon erzählten, dass die Familie Pouzet auf eine jahrhundertelange Tradition als Weinbauern zurückblicken konnte.

Je später der Abend, umso gesprächiger wurde vor allem die kleine Madame Pouzet.

»Ecoutez, hören Sie«, sagte sie schließlich bedeutungsvoll, als hätte sie sich die beste Geschichte bis zum Schluss aufgehoben. »1903, also vor sechsundneunzig Jahren, führte eine Etappe der ersten Tour de France von Bordeaux nach Nantes, direkt vor unserer Haustür vorbei.«

Sie machte eine Pause, um die Bedeutung dieser Information wirken zu lassen. Ich dachte: »Vertrauen ist gut, die Tour-Chronik ist besser«, schlug schnell nach und fand tatsächlich die Bestätigung: 5. Etappe, Bordeaux–Nantes, 425 Kilometer.

»Meine Großmutter traute ihren Augen nicht, als plötzlich Radfahrer an ihrem Haus vorbeifuhren«, erzählte Madame.

Diese Rennfahrer mussten an diesem Regentag einen wahrlich bemitleidenswerten Eindruck auf die Großmutter von Madame Pouzet gemacht haben, denn immerhin waren diese dreckverschmierten Giganten der Landstraße schon am Vorabend um 23 Uhr in Bordeaux gestartet.

»Meine Großmutter eilte in die Küche, wo noch eine deftige Bohnensuppe auf dem Herd stand. Sie trug den Kübel an den Straßenrand und verteilte die Suppe an die Rennfahrer.«

So wurde eine unverhoffte »Verpflegungsstelle« für die sechzig Teilnehmer der Tour-Premiere eingerichtet. Wer wollte, bekam nach einer kurzen Rast in der Küche auch noch ein Wurstbrot geschmiert. Und weiter ging die Fahrt auf dieser Etappe in Richtung Nantes, die vom späteren Gesamtsieger Maurice Garin gewonnen wurde. Garin, der die französische Staatsangehörigkeit besaß und mit Beinamen der kleine Kaminfeger genannt wurde nach seinem erlernten Beruf, war nur 1,63 Meter groß, wog 61 Kilogramm, war bereits 32 Jahre alt und hatte am Ziel in Ville d'Avray bei Paris schließlich einen Vorsprung von fast drei Stunden.

Den großen Stolz auf ihre Großmutter, die immerhin eine Art »Geburtshelferin« der Tour de France war, konnte Madame Pouzet nicht verbergen. Natürlich haben wir diese besondere Geschichte von der »Privatverpflegung« in Burie, die sich nunmehr vor über einhundert Jahren abspielte, gleich am darauf folgenden Tag in unserer Reportage in der ARD erzählt.

»Besuchen Sie uns bald wieder«, verabschiedete uns erst nach Mitternacht das liebenswürdige Ehepaar Pouzet. »Wir öffnen Ihnen übrigens auch die Tür, wenn es noch hell ist«, konnten sie sich zum Abschluss einen charmanten Hinweis auf unsere späte Ruhestörung nicht verkneifen.

Wenn der Streckenplan der Tour es nur irgendwie zulässt, besuchen wir seitdem in jedem Jahr die Pouzets in Burie. Und es sei nicht verschwiegen, dass beim Weiterfahren immer einige Flaschen Pineau des Charentes im Kofferraum liegen. Auch bei meiner 41. und letzten Tour de France ist ein Abstecher zur Familie Pouzet bereits fest eingeplant, um einige begehrte Flaschen mit in die Heimat zu nehmen.

Wer gern vorzüglich speist, die Weine unseres Nachbarlandes bevorzugt und schon einmal in Frankreich war, verbindet die verschiedenen Regionen automatisch auch mit landestypischen Gaumenfreuden.

Der Kurs der Tour de France wechselt natürlich von Jahr zu Jahr. 2005 zum Beispiel hätte man ihn auch folgendermaßen beschreiben können, wenn man sich an regionalen Speisen und Getränken orientiert:

Start auf der Île de Noirmoutier (Pays de la Loire):
Die berühmten Austern aus Marennes und frischer Fisch, dazu ein Muscadet-Weißwein.
2. Etappe ab Challans (Pays de la Loire):
Eine knusprige Honigente und ein Rotwein aus Saumur oder Chinon.
4. Etappe zwischen Tours und Blois (Loire-Tal):
Ein deftiges Entrecôte und anschließend Tarte Tatin, die spezielle Apfeltorte aus der Region, dazu exzellente Rot- und Weißweine aus dem Loire-Tal.
6. Etappe nach Nancy (Lothringen):
Natürlich Quiche Lorraine, die Lothringer Specktorte, als Digestif ein aromatischer Mirabellenschnaps.
7. und 8. Etappe in Karlsruhe und Pforzheim (Deutschland):
Spezialitäten sind der Spargel, Spätzle, Wurstsalat, dazu Badische Weine und Schwarzwälder Kirschwasser.
9. Etappe nach Mülhausen (Elsass):
Das Choucroute alsacienne, Elsässer Sauerkraut mit Schweineschmalz, Weißwein und Äpfeln, dazu Bauchspeck, Kassler und Schweinswürste; und keinesfalls zu vergessen: die Elsässer Landweine.
10. Etappe nach Courchevel (Savoyen):
Das Raclette, ein Käsegericht mit Pellkartoffeln; Fondue savoyarde, Käsefondue aus Savoyen, dazu ein frischer Weißwein aus der Region.
13. Etappe nach Montpellier (Languedoc-Roussillon):
Die Bouillinade, ein Fischeintopf mit Kartoffeln, Öl, Zwiebeln, Knoblauch und mit Eigelb gebunden.

15. Etappe nach St. Lary-Soulan (Pyrenäen):
Das Filet d'Agneau, ein feines Lammfleisch; dazu Pyrénées pur Brebis et cérises, Schafskäse mit Kirschkonfitüre.
Achtung: Die Ortolan-Singvögel stehen wie 2003 weiterhin unter Naturschutz und sind daher für den Verzehr streng verboten!!!
20. Etappe in St. Etienne (Hauptstadt Departement Loire):
Ein Filet de Porc aux lentilles vertes, Schweinefilet mit grünen Linsen; dazu junger Rotwein aus dem Forez.
Ziel: Paris

Eine eigene Pariser Küche existiert nicht, aber Steak, Pommes frites und Salat ist das mittlerweile klassische Pariser Bistro-Gericht. Oder genießen Sie im Herzen von Montparnasse, in der Brasserie La Coupole, ein Plateau royal de fruits de mer, eine königliche Platte mit verschiedenen Meeresfrüchten wie Austern, Garnelen, Muscheln, Krabben, Hummer, Krebsschwänzen und Langusten, dazu Weißwein: ein Glas Muscadet, Sancerre oder Chablis.

Essen und trinken wie Gott in Frankreich – auch so lässt sich eine Tour de France genießen!

Pleiten, Pannen, Pantersprünge – es läuft nicht immer wie geplant

Nein, es läuft auch hinter den TV-Kulissen nicht alles rund. Das ist mal mehr, mal weniger ärgerlich, aber immer wieder atemberaubend – vor allem, wenn die Sendung gleich beginnen soll. Hier nun zwei ganz unterschiedliche Episoden mit hohem »Knapp daneben ist auch vorbei«-Faktor.

Der Weltmeister ist nicht in Stimmung
Die Fußball-Weltmeisterschaft fand 1994 vom 17. Juni bis zum 17. Juli in den Vereinigten Staaten von Amerika statt. Die nach den Olympischen Spielen zweitgrößte Sportveranstaltung der Welt überschnitt sich damals um einen halben Monat mit dem drittgrößten Ereignis in der Welt des Sports. Traditionell hatte die Tour de France Anfang Juli begonnen, sie startete im nordfranzösischen Lille und verließ am fünften Tag das französische Festland. Der ganze Tross unterquerte durch den gerade fertig gestellten und noch gar nicht offiziell eröffneten Euro-Tunnel den Ärmelkanal zwischen Calais und Dover. Für drei Tage war die Tour de France zu Gast auf englischem Boden.

Es lief nicht alles reibungslos ab, bis alle Begleit- und Journalistenfahrzeuge und die komplette Werbekarawane in den Waggons des Sonderzugs verstaut waren. Die lange Wartezeit von über zwei Stunden unmittelbar vor der unterirdischen Röhre zehrte an den Nerven aller Beteiligten. Es dauert eine kleine Ewigkeit, bis der Zug endlich abfuhr. Der Abstecher nach England führte uns nach Dover, zum Seebad Brighton und zum alten Kriegshafen Portsmouth. Irgendwie waren doch alle froh, als die Tour in Cherbourg endlich wieder im Mutterland der Frankreichrundfahrt angelangt war.

Inzwischen hatte ich einen Anruf aus der Sendezentrale der ARD bei der Fußball-Weltmeisterschaft aus dem fernen Dallas in Texas bekommen. Programmchef Klaus Schwarze und Senderedakteur Manfred Sellge planten, die Mutter von Lance Armstrong ins Studio einzuladen. Die Kollegen wollten damit zwischen der Heimatstadt Armstrongs und der Tour de France eine Verbindung herstellen.

»Kannst du uns ein Interview mit Lance Armstrong liefern?«, lautete die Bitte meiner beiden langjährigen WDR-Kollegen, die seit einem Monat jenseits des Großen Teiches die Sendungen von der Fußball-Weltmeisterschaft leiteten und planten.

»Es wäre mein erstes Gespräch mit ihm, aber ich werde einen Versuch starten.«

Ich war nicht nur skeptisch, weil Armstrong als unnahbar und schwierig galt: »Ihr wisst sicher, dass wir keinen eigenen Kameramann bei der Tour haben und auf die Hilfe der französischen Kollegen angewiesen sind«, fügte ich einschränkend hinzu.

»Okay, sieh zu, was sich machen lässt«, ließen die Fußball-Kollegen nicht locker.

Kurz nach dem Anruf pirschte ich mich vor dem Start in Portsmouth an Armstrong heran, trug höflich meine Bitte vor und erzählte ihm auch, dass seine Mutter demnächst bei der ARD im WM-Studio in Dallas säße.

Der jüngste Straßen-Weltmeister aller Zeiten hatte das Regenbogentrikot vor einem Jahr am 29. August in Oslo gewonnen. An diesem infernalischen Regentag distanzierte der Himmelsstürmer Armstrong die gesamte Weltelite und verwies den Spanier Miguel Indurain, der schon dreimal die Tour de France gewonnen hatte, auf Platz zwei. Olaf Ludwig aus Deutschland wurde Dritter und holte vierzehn Jahre nach dem Silber von Dietrich Thurau in Valkenburg erstmals wieder eine Medaille für Deutschland.

Einen Tag zuvor war übrigens ein gewisser Jan Ullrich bei strahlendem Sonnenschein neuer Straßen-Weltmeister der Amateure geworden. Nach dem Star-Trompeter Louis »Satchmo«

Armstrong und nach Neil Armstrong, der zur Besatzung gehörte, die als erste auf dem Mond landete, war der Name Armstrong wieder einmal in aller Munde.

Lance Armstrong gab grundsätzlich sein Einverständnis zum Interview und meinte: »Kommen Sie einfach auf mich zu, wenn Sie etwas von mir brauchen.« Ich war überrascht, wie unkompliziert Armstrong sich gab. Keine Spur von Arroganz. Stolz und zuversichtlich faxte ich also den Kollegen in den USA das Okay des Texaners. Umgehend erhielt ich die Antwort, dass das Interview spätestens bis zum 10. Juli überspielt werden musste, dem Tag des Besuches seiner Mutter im ARD-Studio in Dallas.

Ich besorgte mir also einen Kameramann des französischen Fernsehens, der jeden Tag auf dem Motorrad saß und spezielle Aufnahmen für die abendliche Magazinsendung »Journal du Tour« drehte. Pierre Le Petit kannten wir seit Jahren. Gegen ein kleines Honorar war der Tausendsassa immer wieder bereit, vor dem Start einige Aufnahmen für uns zu drehen oder ein Interview aufzunehmen. Auch das war also geklärt. Eigentlich konnte nichts mehr schief gehen.

Wir verabredeten uns für den Morgen des 8. Juli im Startbereich. Treffpunkt war der Eingang zum »Village du Tour«, dem Tour-Dorf, wo sich Begleiter, Journalisten und Fahrer vor einer jeden Etappe trafen, um Informationen auszutauschen oder einen letzten Moment der Ruhe zu finden, bevor die Etappe begann. Dort konnte ich einen Espresso trinken, die internationale Tagespresse lesen, mich mit den Fahrern unterhalten und mich somit auf den letzten Stand der Dinge bringen. Wer wollte, konnte sich auch kostenlos die Haare schneiden lassen.

Nach dem Transfer von England zurück nach Frankreich versammelten sich die Fahrer schon früh am Morgen gegen 8.30 Uhr auf dem Place Napoléon zur sechsten und zugleich längsten Etappe über 270 Kilometer von Cherbourg in die Hauptstadt der Bretagne, nach Rennes. Als ich zum Eingang des Tour-Dorfes ging, sah ich schon von weitem Kameramann Pierre Le Petit, der gerade sein Motorrad am Eingang abstellte, die Kamera präparierte und den Kassettenrekorder überprüfte.

»Bonjour, Pierre, ich gehe schnell ins ›Village du Tour‹ und schaue nach, ob Armstrong bereits angekommen ist«, kam ich gleich zur Sache, um diesen Extra-Auftrag möglichst schnell zu erledigen.

»Ich habe ihn schon gesehen, als er mit seinen Teamgefährten im Mannschaftswagen ankam«, beruhigte mich Pierre Le Petit, der baumlange Kameramann, der seinem Namen so gar keine Ehre machte, aber dafür mit allen Wassern gewaschen und ein Meister seines Faches war. Er kannte praktisch jeden Fahrer, und die Fahrer kannten auch ihn. Manche hielten mit ihm sogar während des Rennens ein Schwätzchen. Ich durchquerte schnellen Schrittes das für Zuschauer abgesperrte Areal und steuerte direkt auf den Weltmeister von 1993 zu, dessen Regenbogentrikot weithin in der noch fahlen Morgensonne leuchtete.

»Sorry, Lance – darf ich eine Frage stellen und für einen Moment Ihr Gespräch unterbrechen?«

Ich stellte mich noch einmal vor, erinnerte ihn an unsere Verabredung und meinen Interview-Wunsch. Er schaute mich zunächst fragend an. Ich erinnerte ihn daran, dass er mir dieses Interview schon vor einigen Tagen zugesagt hätte. Aber erst als ich ihm sagte, dass doch seine Mutter einen Tag später im ARD-Studio in Dallas sein würde, hellte sich seine Miene auf.

Er antwortete kurz und knapp: »I am ready!«

Ich tänzelte etwas unruhig hin und her und fuhr fort: »Es gibt da ein kleines Problem. Die Motorradkamera hängt an einem Kabel, das nur drei Meter lang ist. Und das Moto darf hier nicht durch diese Ruhezone fahren.«

Er schaute mich unfreundlich an. Ich fuhr tapfer fort: »Könnten Sie zum Interview für fünf Minuten bitte mit mir zum Eingang kommen?«

»Mister«, begann er barsch seine Antwort: »Wenn Sie mit Ihrer Kamera nicht zu mir kommen können, dann gibt es eben kein Interview. Ich habe keine Lust aufzustehen.«

»Warum?«, fragte ich ihn.

Die Antwort verschlug mir die Sprache: »Die Sonne scheint hier gerade so schön.«

Im ersten Moment dachte ich, dieser junge Texaner macht mit mir einen Scherz. Die anderen Rennfahrer an seinem Tisch verfolgten mit Aufmerksamkeit die Situation, schmunzelten, waren aber offenbar ebenfalls verwundert über die Antwort.

»Es ist alles vorbereitet«, wiederholte ich meinen Wunsch. Armstrong antwortete in einer Art und Weise, die keine weiteren Nachfragen erlaubte: »Mister, Sie haben wohl nicht verstanden. Entweder Sie kommen mit Ihrer Kamera zu mir, oder Sie haben kein Interview.«

Jetzt wusste ich, dass er tatsächlich keinen Scherz gemacht hatte. Ich war erbost, und die Zornesröte stieg in mir hoch. Was bildete sich dieser texanische Cowboy eigentlich ein?

»Danke für Ihr Entgegenkommen«, schleuderte ich ihm mit einem verachtenden Blick entgegen. »Ich werde meinen Kollegen in Ihrer Heimat sagen, wie texanische Freundlichkeit und Höflichkeit aussehen, have a nice day.«

Bei Pierre Le Petit bedankte ich mich für seine Hilfsbereitschaft, vertröstete ihn bis zum nächsten Mal. Der Kameramann zuckte nur mit den Schultern, murmelte ein »merde!« – »Mist!« durch seine von unzähligen Zigaretten bräunlich gefärbten Zähne, schwang sich auf sein Motorrad und trauerte dem entgangenen Honorar nach.

Am Ziel in Rennes ging ich sofort in den Pressesaal, verfasste ein Telegramm an meine Kollegen Schwarze und Sellge in Dallas: »Armstrong zu faul, zwanzig Meter bis zu unserer Kamera zu kommen – stopp – Interview streichen – stopp – beste Grüße ins Land der unbegrenzten Möglichkeiten – stopp – Herbert.«

Polizist im Pantersprung

Ich freute mich ganz besonders auf den Startort dieser 68. Tour de France, denn die Organisatoren hatten sich Nizza als Ausgangspunkt ausgedacht, diese quirlige Stadt an der Côte d'Azur mit mediterranem Flair. Hoffentlich blieb noch etwas Zeit, um dem berühmten Blumen- und Gemüsemarkt einen Besuch abzustatten, am Abend im Grand Café de Turin am Place Garibaldi die besten Meeresfrüchte in der ganzen Gegend zu essen und vielleicht einen kleinen Abstecher nach Villefranche-sur-Mer zu machen. Das ist ein kleines, malerisches und entzückendes Dorf, direkt am Wasser gelegen, mit einem unvergesslichen Antiquitätenmarkt in der Ortsmitte am Quai Courbet. Direkt daneben liegt das Welcome-Hotel, in dem der berühmte französische Dichter und Maler Jean Cocteau in den 1920er-Jahren gewohnt hat.

Günther Isenbügel, Jürgen Emig und ich waren zwei Tage vor dem Prolog angereist, um die letzten Vorbereitungen für eine dreiwöchige Fahrt durch Frankreich in Ruhe erledigen zu können. Die diversen Unterlagen für die Radio- und Fernsehreportagen fanden wir in der Permanence, dem organisatorischen Zentrum der Tour de France. Das Radiozusatzgerät musste eingebaut werden, mit dem wir während des Rennens den Streckenfunk hören konnten, und bei einigen Mannschaften holten wir neueste Informationen über die Rennfahrer ein.

Im Feld der fünfzehn Rennställe befand sich auch das Puch-Wolber-Team mit dem einzigen deutschen Fahrer Klaus-Peter Thaler, dem Österreicher Gerhard Schönbacher sowie acht Franzosen, darunter Bernard Thévenet, der zweimalige Tour-de-France-Sieger der Jahre 1975 und 1977. Die Sportlichen Leiter hießen damals Jean de Gribaldy aus Frankreich und Rudi Altig, der gebürtige Mannheimer, der in seiner Laufbahn acht Etappen bei der Tour de France gewonnen, das Gelbe Trikot getragen hatte und 1962 als erster Deutscher im traditionell grünen Sprintertrikot Paris erreichte.

Jürgen Emig drückte bei all den Vorbereitungen und Erledigungen derart aufs Tempo, als wäre der Start schon in wenigen Stunden. Ich ahnte schon, was er im Schilde führte. Er wollte sich ein Rennrad leihen, um entlang der Küstenstraße eine ausgedehnte Trainingsfahrt zu machen. Mit blumigen Worten versuchte er, mir seine Idee schmackhaft zu machen.

In Richtung Monte Carlo konnte Jürgen Emig (rechts) noch lachen. Die Rückfahrt nach Nizza hatte ein nicht alltägliches Ende.

»Wir fragen einfach Rudi Altig, ob er uns zwei Reservemaschinen für den Nachmittag zur Verfügung stellen kann, und dann fahren wir ganz gemütlich am Mittelmeer entlang nach Monte Carlo. Hast du Lust dazu?«

Nach kurzer Bedenkzeit sagte ich: »Na ja, Lust habe ich schon, etwas Bewegung kann nicht schaden. Wenn die Tour erst einmal begonnen hat, wird es sehr schwer sein, freie Zeit für eine Trainingsfahrt zu finden.« Er hatte ungefähr 60 Kilometer eingeplant auf einer zumeist flachen Strecke, auf der uns nur am Ende eine schwierige Steigung erwartete.

Ich schaute Jürgen ernst an: »Allerdings habe ich eine Bedingung: Bitte kein Privatrennen veranstalten. Wir fahren gemeinsam los und kommen auch zusammen wieder an.« Gesagt, getan. Wir verpflichteten Günther Isenbügel mit seinem Ford-Cabrio als Begleit-, Material- und Besenwagen zugleich. Er sollte direkt hinter uns fahren, um den nachfolgenden Verkehr auf Distanz zu halten. Günther nahm seine Aufgabe durchaus ernst und lud das Auto mit Trinkflaschen voll, die gefüllt waren mit Wasser und Energiedrinks. Sollte einem von uns die Puste ausgehen oder sonst etwas passieren, konnte er auch als Besenwagen tätig werden und Jürgen oder mich einsammeln. Aber daran dachte ich natürlich nicht ernsthaft nach Jürgens Versprechen einer gemütlichen Trainingstour.

Wir zogen unsere Renntrikots an und verkleideten uns als »Pseudo-Profis«. Von Rudi Altig bekamen wir zwei Rennmaschinen, die der Mechaniker auf unsere Körpergröße eingestellt und abgestimmt hatte. Mit von der Partie war auch der Rad-Profi Henry Rinklin, der mit seinem Rennstall an die Côte d'Azur gereist war, aber nicht zum Einsatz kam. Deshalb wollte er wenigstens eine längere Strecke fahren und die Beine lockern, um nicht völlig aus dem Rhythmus zu kommen. Günther Isenbügel hatte seine Position gewechselt und fuhr inzwischen als Pilot vor uns her. Er wollte uns durch den immer stärker werdenden Autoverkehr bis außerhalb von Nizza lotsen.

Von unserem Hotel West End, an der Promenade des Anglais, fuhren wir in Richtung Yachthafen, durchquerten Beaulieu-sur-Mer und quälten uns auf der dicht befahrenen Straße bis nach Monte Carlo. Dort sollte unser Wendepunkt sein. Aber auf dem Rückweg begann erst die wahre Tortur. Wir wählten die Route über die mittlere Corniche in Richtung Eze. Dadurch mussten wir bis kurz vor Nizza eine ständig ansteigende, breite Straße bewältigen. Das war alles andere als angenehm, weil durch die vielen Ampeln, Touristen und Autos eine gemütliche und entspannte Fahrt nicht möglich war. Ständige Aufmerksamkeit war wichtig, um nicht in eine Kollision oder einen Sturz verwickelt zu werden. Jürgen Emig und Henry Rinklin wechselten sich in der Führung ab, forcierten ab und zu schon einmal das Tempo und wollten wohl testen, was ich »auf der Nummer hatte«, wie sie sich ausdrückten. Na prima. Dass ich mit meinem Training im Rückstand war, hätte ich den beiden vorher sagen können.

Kurz nach dem Wendepunkt hielten wir noch schnell an einem Kiosk an und kauften uns einige Müsliriegel, die ich auch bitter nötig hatte.

Henry Rinklin versuchte mich aufzumuntern: »Die Hälfte ist geschafft«, sagte er, »nur die Steigung nach Eze kommt noch, und dann können wir es laufen lassen.«

Ich relativierte sofort seine etwas untertriebene Streckenbeschreibung: »Du bist ein Witzbold, die einzige Steigung ist aber fast zehn Kilometer lang und zieht sich wie Kaugummi.«

Schon nach zehn Minuten schwitzte ich wie Jazz-Pianist Herbie Hancock am Klavier und musste Jürgen und Henry ziehen lassen. Vor der langen Abfahrt hinunter nach Nizza warteten die beiden am höchsten Punkt der Strecke auf mich, während ich mich »verbotenerweise« einige Zeit am Begleitwagen von Günther Isenbügel festhielt und mich ziehen ließ. Meine Muskulatur brannte wie Feuer.

Es kam also zum »geplanten« Zusammenschluss über den Dächern von Nizza. Diesmal hießen die Hauptdarsteller aber nicht Grace Kelly und Gary Grant, sondern Jürgen Emig und

Henry Rinklin sowie Herbert Watterott in der Nebenrolle als Schlusslicht des Feldes, also mit der »Roten Laterne«.

Ich änderte meine Taktik auch bei der Abfahrt nicht und hielt mich immer in dritter Position im Windschatten von Henry Rinklin auf, während Jürgen Emig sich als Spitzenreiter, permanent im Wind fahrend, um das Tempo verdient machte, und zwar freiwillig. Wer einmal in dieser Region gewesen ist, weiß, dass sich in Richtung Nizza das Meer auf der linken Seite befindet und rechts das felsige, zerklüftete Corniche-Massiv.

Alles lief nach Plan. Ich sah mich in Gedanken schon unter der wärmenden Dusche stehen und später bei einem leckeren Abendessen mit Fisch und Weißwein die Strapazen vergessen. Als wir schließlich in die Außenbezirke von Nizza kamen, überschlugen sich jedoch die Ereignisse. Jürgen Emig raste wie der französische Schnellzug TGV in Richtung Nizza. Nichts konnte ihn aufhalten. Auch zwei rote Ampeln nicht, an denen er vorbeiflog, als hätte es sie nicht gegeben. Etwa fünfzig Meter dahinter stand jedoch ein französischer Verkehrspolizist in seiner schmucken dunkelblauen Dienstuniform mitten auf einer Kreuzung und beobachtete mit zunehmender Aufmerksamkeit, was da auf ihn zukam. Er konnte die schnurgerade, abschüssige Straße gut einsehen und wurde allmählich unruhig, dann hektisch, fuchtelte schließlich wild mit den Armen. Er wollte Jürgen Emig ganz offenbar früh signalisieren, die Fahrt zu verlangsamen, zu bremsen und anzuhalten. In Gedanken hatte der Polizist wahrscheinlich bereits das unvermeidliche Protokoll ausgefüllt und die Strafe wegen Überfahrens von zwei roten Ampeln verhängt.

Emig sah den immer nervöser werdenden Polizisten schon von weitem und kam näher und näher. Der Polizist hielt seine Position mitten auf der Straße. Jürgen Emig versuchte auszuweichen, denn der Polizist wollte ihm anscheinend unter allen Umständen den Weg versperren und ihn so zum Anhalten zwingen. Gerade als der rasende Abfahrer den Polizisten passieren wollte, sprang ihn der Ordnungshüter todesmutig an. Ich sah und hörte alles aus respektvollem Abstand zum Geschehen:

Schreie, ein dumpfer Aufprall, zwei durch die Luft fliegende Körper. Das Rad prallte in hohem Bogen gegen eine Bruchsteinböschung. Die Mütze des Polizisten rollte, wie von Geisterhand geführt, in den Graben, sein Notizbuch und der Kugelschreiber landeten etwas weiter entfernt. Emig schlug auf den Asphalt, eine klaffende und blutende Kopfwunde, Hautabschürfungen an den Ellbogen und an beiden Knien waren die Folge. Der Franzose rappelte sich schnell wieder auf, sah sein zerrissenes Hemd und die zerfetzte Hose. Er wusste dies alles nicht richtig einzuordnen, fasste sich vorsichtig an den Kopf, spürte eine dicke Beule und manch weitere Blessuren am ganzen Körper.

Henry Rinklin konnte rechtzeitig vor dieser Kreuzung bremsen. Ich hatte in dritter Position genügend Abstand, um zum Stehen zu kommen. Günther Isenbügel rollte mit seinem Wagen heran und schlug die Hände vor sein Gesicht, denn Blut konnte er nicht sehen.

Wir packten Jürgen und das verbeulte Rennrad ins Auto und fuhren ins Hospital zur Untersuchung. Den Polizisten hatte es nicht so schwer erwischt.

Er war aber zu keiner Widerrede fähig, als Henry Rinklin ihn verwundert fragte: »Monsieur, wie kamen Sie denn auf die verrückte Idee, mit so einem filmreifen Sprung einen Radfahrer zu stoppen?« Er schwieg.

Henry fragte weiter: »Sind Sie verletzt, ist etwas gebrochen, haben Sie Schmerzen?« »Non, non, Monsieur, merci, mein Rücken tut etwas weh, aber sonst fehlt mir nichts«, sagte er leise. »Allerdings vermisse ich meine Dienstmütze, meinen Block mit den Strafmandaten und meinen silbernen Kugelschreiber.«

Henry Rinklin versuchte, den immer noch am ganzen Körper zitternden Polizisten zu beruhigen und ihm zu helfen: »Sollen wir Sie ins Krankenhaus bringen?«

»Nein, ich habe noch eine Stunde Dienst und kann diesen Platz unmöglich ohne Ersatz verlassen«, lautete die entschiedene Antwort.

An ein Strafmandat für Jürgen Emig dachte er anscheinend aber nicht. Er vergaß es schlichtweg. Wir wünschten ihm viel Glück, gute Besserung und folgten so schnell wir konnten dem Wagen von Günther Isenbügel. Auf der Rückbank saß der lädierte Jürgen Emig, im Kofferraum die dringend überholungsbedürftige Rennmaschine aus dem Bestand der Puch-Mannschaft. Auf die Gesichter der Sportlichen Leiter Jean de Gribaldy und Rudi Altig war ich schon gespannt, wenn wir sie zurückbringen würden.

Gut, dass Jürgen Emig hart im Nehmen war und nicht zum Profi-Team der beiden gehörte, das einen Tag später zum Eröffnungszeitfahren über knapp sechs Kilometer in Nizza an den Start ging. Die gemeinsame Hörfunkreportage von Isenbügel und Emig verlief ohne Zwischenfälle, und ich konnte auf der Fernsehtribüne den Sieg des Tour-de-France-Favoriten Bernard Hinault aus Frankreich vor dem Niederländer Gerard Knetemann vermelden.

Mit einem Glas Rotwein stießen wir am Abend auf den glimpflichen Ausgang dieses ungewöhnlichen Zusammenstoßes an. Günther Isenbügel hatte das letzte Wort: »Lieber Jürgen, mit dieser Nummer heute Nachmittag könntest du getrost als Attraktion im Zirkus auftreten.«

Noch einmal werden die Koffer gepackt ...

Es ist eigentlich jedes Jahr das Gleiche, und doch ist es immer wieder neu: das Kofferpacken. Ich spüre langsam, aber sicher dieses Kribbeln, und es packt mich das Tour-de-France- und Reisefieber. Nur noch wenige Wochen bleiben bis zu meiner Abreise nach Frankreich. In diesem Jahr ist die Fahrtstrecke nicht besonders lang. Mit dem Auto geht es von meiner Heimatstadt Bensberg an der deutsch-französischen Grenze entlang nach Straßburg im Elsass, wo am 1. Juli die 93. Tour de France mit einem Prolog-Zeitfahren beginnt.

Es wird bald Zeit, mit dem Kofferpacken zu beginnen, denn ich darf nichts vergessen für die fast vierwöchige Rundfahrt quer durch Frankreich, Deutschland, Luxemburg, die Niederlande, Belgien und Spanien.

Aus dem Keller hole ich meinen dunkelgrünen Schalenkoffer, der mit einigen Aufklebern der wichtigsten Radrennen aus aller Welt beklebt ist. Während ich ihn öffne, denke ich daran, wie oft ich diese Prozedur des Packens meiner »sieben Sachen« nun schon erlebt habe. Allein 40-mal für die Tour de France seit meiner Premiere im Jahre 1965 in Köln. 2005 stand deshalb ein Jubiläum an: Ich nahm meine 40. Tour de France in Angriff!

40-mal durch unser Nachbarland Frankreich, mit Ausflügen nach Belgien, in die Niederlande, nach Luxemburg, in die Schweiz, nach England, Irland, Spanien, Italien, Andorra und Monaco. Zu Beginn meiner Reporterlaufbahn wollte ich die Tour nur ein einziges Mal bestreiten, erleben und mitfahren. Und nun bin ich praktisch das »Auslaufmodell« unter den Kollegen auf der Fernsehtribüne – aber unverändert motiviert wie ein junger »Himmelsstürmer«.

Seit über 40 Jahren packe ich meinen Koffer immer wieder nach demselben Ritual, und in enger Abstimmung mit meiner Frau Maria, die sich professionell um die geschmacklich korrekte Zusammenstellung von Hemden, Pullovern und Hosen kümmert. Jedes Teil hat seinen bestimmten Platz, und auch diesmal verändere ich nichts. Der Aberglaube spielt dabei durchaus eine Rolle.

Am besten beginne ich mit den größeren Kleidungsstücken. Während der Tour wechseln Gebirge und flache Landstriche, Hitze und Kälte, Nebel und Regen einander ab. Für alle diese Fälle muss ich gewappnet sein und entsprechende Bekleidung mitnehmen. Eine warme Daunenjacke, ein Regencape, einen Anorak und drei dicke Pullover, dazu festes Schuhwerk, denn in den vergangenen Jahren habe ich es immer wieder erlebt, dass in den Alpen, im Zentralmassiv und in den Pyrenäen plötzlich schlechtes Wetter aufzog und bei den zahlreichen Bergankünften Kälte und Nässe herrschten.

Für die flachen und hoffentlich auch sonnigen Regionen der Großen Schleife durch Frankreich habe ich leichte Sommerhosen, Jeans und Cordhosen dabei. Jede Menge Oberhemden, kurzärmelige Polo- und T-Shirts, leichte Schuhe, dünne Slipper und Sandalen. Badeschlappen, Badehose und Shorts komplettieren die Palette.

Die Kulturtasche ist wie immer prall gefüllt, unter anderem mit zwei Rasierapparaten: einem für die Steckdose, der andere läuft auf Batterie. Selbst an einen Notfall mit eventuellem Stromausfall muss ich bei diesem Vagabundenleben denken. Einen Föhn darf ich nicht vergessen, um meine drei Haare in die richtige Richtung zu dirigieren, wenn der Wind am Atlantik und am Mittelmeer meine Haarpracht zerzaust hat. Mit Kopfbedeckung sehe ich aus wie eine Vogelscheuche, aber trotzdem stecke ich eine Mütze in den Koffer. Vorsicht ist besser als ein »eingefrorenes« Gehirn oder ein Sonnenbrand auf der Schädeldecke.

Die Bestückung der Reiseapotheke bereitet mir ein wenig Kopfzerbrechen. Nehme ich zu wenig mit, verletze ich mich garantiert an allen Ecken und Enden, falle über ein TV-Kabel und stehe mit Hautabschürfungen da. Packe ich aber reichlich Verbandszeug ein, passiert mir meist nichts. Reichlich Pflaster, Mullbinden und Gazestoff für meine empfindliche Haut verstaue ich noch in der Tasche.

Ich erinnere mich, dass ich einmal ohne Erste-Hilfe-Material mitten in Frankreich stand, oder besser gesagt lag. In Millau in der südfranzösischen Region Languedoc-Roussillon wollte ich auf dem Weg zur Fernsehtribüne eine Abkürzung nehmen und ein Gitter elegant überspringen. Ich blieb zwischen den Gitterstäben hängen, prallte mit dem Kopf gegen die Metallstreben und blutete aus dem Mund. Hautabschürfungen im Gesicht und am Knie kamen hinzu, das Zahnfleisch und das Gesicht waren sofort geschwollen. Ich sah aus wie der Glöckner von Notre Dame und konnte nur unter Schmerzen kommentieren. Nach dem Rennen hatte ich Mühe, den Namen des französischen Staatspräsidenten François Mitterrand, der an diesem Tag der Tour einen Besuch abstattete, richtig auszusprechen. Es hörte sich an, als hätte ich zwei heiße Kartoffeln im Mund.

Auf alle Fälle bestücke ich also meine Privatapotheke mit Medikamenten gegen Schnupfen, Kopfschmerzen und Durchfall, vor dem man nie gefeit ist, wenn man jeden Tag in einem anderen Restaurant isst oder sich am Straßenrand an einer Bude ein Schnellgericht gegen den plötzlichen Hunger holt. Bei Fischspeisen habe ich schon so manches erlebt. Auch Hans Junkermann aus Krefeld, Tour-Held früherer Jahre, kann ein Lied davon singen, nachdem er im Jahre 1962 eine Fischvergiftung erlitt, geschwächt ausschied und den berühmten Ausspruch tat: »Hätt isch misch doch nitt der Fisch jejesse!«

Wann immer sich ein wenig Freizeit zwischen den einzelnen Reiseabschnitten ergibt, halte ich Ausschau nach einem Park oder einem Waldstück, um joggen zu gehen. Also stopfe ich die Trainingssachen in eine Sporttasche: Windjacke, Thermohemd und Joggingschuhe. Zu einer Ausfahrt mit dem Rad bleibt leider zu wenig Zeit.

Dann folgt der aufwändigere Teil der Vorbereitung: Die Arbeitsunterlagen müssen vollständig sein, nur nichts vergessen. Zuerst präpariere ich mein »Gehirn«, gemeint sind ein kleiner und ein großer Kasten mit meinen berühmten kleinen gelben Karteikarten, auf denen die Details aller Rennfahrer, ihre Siege und persönlichen Daten stehen. Als Reserve stecke ich noch einhundert kleine Karten im DIN-A6-Format dazu. Es gibt jeden Tag in diversen Zeitungen kleine Geschichten und Fakten, die ich dann am Abend fein säuberlich notiere. Zwei Briefblöcke im DIN-A4-Format, 100 Blatt stark, kariert, müssen auch noch in die Tasche. Ein kleiner brauner Lederbeutel mit folgendem Inhalt ist ganz wichtig: zehn verschiedenfarbige Textmarkerstifte, eine Schere, um jeden Morgen die französische Sportzeitung *L'Équipe* auszuschlachten und zu zerschneiden als Vorbereitung auf die nächste Reportage am Nachmittag; Radiergummi, Bleistifte, Filz- und Kugelschreiber, eine Stoppuhr und Klarsichtfolien, zahlreiche Tesa-Klebestifte, um die Ausschnitte in einem Heft mit der Tages-Chronik der einzelnen Etappen zu archivieren; und ein Lineal darf nicht fehlen, um einen Strich unter das Ganze machen zu können.

Was fehlt noch? Das altehrwürdige Klemmbrett als feste Schreibunterlage, um lose Blätter fest zu bündeln. Mein geliebtes so genanntes Kölner Brett gehört zum festen Bestandteil meiner Utensilien. Dieses unverzichtbare berühmte Brett wurde in Köln erfunden und wird bei mir auch als Gardinenstangen-Abdeckblende verwendet.

Damit ist das mobile Schreibwarengeschäft von Herbert Watterott gut sortiert.

Nächster Punkt sind die verschiedenen Wörterbücher in französischer, italienischer, spanischer, englischer und flämischer Sprache. Die muss ich auf alle Fälle mit dabeihaben, denn unterwegs kaufe ich mir die *L'Équipe, Marca, Gazzetta dello Sport* und *Het Laatste Nieuws,* um auch über das im Bilde zu sein, was die ausländischen Kollegen über die Tour berichten.

Fast habe ich es nun geschafft, aber ich laufe noch einmal in den Keller, um einen kleinen, handlichen Koffer zu suchen. Den stopfe ich nämlich mit einer Menge von Büchern voll. Schließlich hat die Erfahrung gezeigt, dass die Zuschauer sehr gern informiert werden wollen über Land und Leute, über Kultur und Natur in der jeweiligen Region, wo sich die Fahrer gerade befinden. Es entsteht meine kleine Reisebibliothek: der rote Michelin-Hotel- und Restaurantführer, fürs leibliche Wohl und für einen tiefen Schlaf in einem guten Bett. Das ist besonders wichtig, um die täglichen Strapazen verkraften zu können. Diverse Reiseführer müssen mit. Dann nehme ich die Radsport-Nachschlagewerke Velo 2005 und Velo Gotha mit, die Informationen über frühere Größen der Tour-de-France-Geschichte enthalten, weiterhin den Almanacco del Ciclismo aus Italien, von Lamberto Righi und dem früheren Profi Davide Cassani erstellt, und dann noch einen kompletten Satz der gesamten Ergebnisse der letzten Tour de France 2005.

»Jetzt reicht es aber langsam«, denke ich bei mir. Aber egal, wie schwer der Koffer wird: Um den Frankreich- und Tour-de-France-Fans den Mund so richtig wässrig machen zu können, suche ich im geordneten Chaos meines Arbeitszimmers zu Hause noch nach einem Gourmetführer mit dem Titel »Endlich essen können wie Gott in Frankreich«. Ein französisch-deutsches Wörterbuch, ein Schlemmerlexikon mit mehr als 15 000 französischen Begriffen, unverzichtbar für jeden Frankreichreisenden, den Hotelgast, die Gastronomie und für den Lebensmitteleinkauf.

Aber ohne meine »Gesundheitsabteilung« fahre ich keinen Meter in Richtung Frankreich. Ein Heizkissen und eine Wärmflasche müssen noch her, für alle Fälle eine Rotlichtlampe, wenn mein lädierter Rücken vom langen Sitzen im Auto und auf der Tribüne während der Reportagen besonders schmerzt. Der blaurote Stützgurt, wie ihn die Motorradfahrer tragen, rundet das Wohlfühlpaket ab. Vor elf Jahren, 1995, bekam ich beim Verlassen der Tribüne von drängelnden spanischen Kameraleuten, die Miguel Indurain begleiteten, einen plötzlichen Stoß in den

Rücken, musste notgedrungen vier Treppenstufen überspringen, um nicht zu stürzen, und landete unsanft auf dem rechten Bein, und das mit einer schweren Tasche über der Schulter. Die kleinen Wirbelkörper und elastischen Bandscheibchen hatten das überhaupt nicht gern.

Meine liebenswerten Kollegen zählen mich nun schon lange mit Recht zur alten Garde und erwarten nicht, dass ich mit einem Computer oder Laptop ausgerüstet bin. Darauf werde ich mich auch nicht mehr einstellen und sage bei entsprechenden Fragen immer: »Kollege Hagen Boßdorf hat die ›Hammondorgel‹ dabei, um mit der Internetwelt verbunden zu sein. Das reicht für uns beide.«

Das Handy allerdings gehört inzwischen seit einigen Jahren zur Standardausrüstung, und die Aufladeschnur ist wichtig, um am nächsten Morgen neuen »Saft« zu haben.

So, einige Autogrammkarten packe ich noch ein, falls mich tatsächlich Fans erkennen sollten.

Zum Schluss darf ich meine Reservebrille nicht vergessen, damit ich nicht als »blinder Passagier« durch Frankreich und Deutschland irre und womöglich noch Zabel mit Ullrich verwechsele.

Jetzt ist das Gepäck bereit, oder habe ich doch noch etwas vergessen? Nur gut, dass ich nicht mit dem Flugzeug unterwegs bin. Die Extrakosten für das Übergepäck möchte ich nicht abrechnen müssen.

Zum Schluss, und auch das ist seit vielen Jahren Tradition und ein wenig Aberglaube zugleich, bekommen noch zwei Dinge ihren Platz obendrauf: die kleine lilafarbene Maus von zu Haus und Tolima, der Gott der Liebe, den ich 1995 aus Kolumbien mitgebracht habe.

Nun kann nichts mehr schief gehen bei meiner 41. Tour de France. Jetzt schleppe ich das Gepäck ins Auto und melde mich dann wieder aus Frankreich. Vive le velo, vive le Tour – es lebe das Rad, es lebe die Tour!

Die Tour de France und ich ...

1902	November: Die Idee einer »Tour de France« für Radsportler wird geboren.
1903	1. Juli: Start der ersten Tour de France.
1905	Erstmals steht der Ballon d'Alsace (Elsässer Belchen) in den Vogesen auf dem Programm.
1910	Die Tour führt erstmals durch die Pyrenäen (Tourmalet, Aubisque).
1911	Die Tour erobert die Alpen (Galibier).
1913	Umstellung von Punktewertung auf Zeitwertung.
1919	Einführung des Gelben Trikots. Erster Träger: Eugène Christophe.
1928	Erster Tour-Start außerhalb von Paris (in Évian). Längste Gesamtstrecke: 5745 km.
1930	Nationalmannschaften und Werbekarawane werden eingeführt.
1933	Einführung der Bergwertung.
1934	Erste Etappe mit einem Einzelzeitfahren (mit Ziel in Nantes).
1937	Zulassung der Kettenschaltung.
1941	Keine Tour, aber die Geburt von Herbert Watterott.
1947	Wiederaufnahme der Tour nach siebenjähriger Unterbrechung. Erste Etappe in einer Hauptstadt außerhalb Frankreichs (Brüssel).
1952	Erste Bergankünfte (Alpe d'Huez, Sestriere, Puy de Dôme).
1953	50. Jubiläum der Tour. Einführung des Grünen Trikots.
1954	Erster Tour-Start außerhalb Frankreichs (Amsterdam).
1956	Watterotts erste Träume von der Tour de France.
1962	Die Tour führt zum ersten Mal über den Col de Restefond, den mit 2802 Metern höchsten Pass in der Geschichte der Tour.

1965	Die Tour startet in Köln – zum ersten Mal mit dabei: der Autor.
1967	Einführung des Prologs (in Angers). Freitag, 13. Juli: Tom Simpson stirbt am Mont Ventoux.
1969	Endgültige Abschaffung der Nationalmannschaften zu Gunsten von firmengesponserten Teams.
1971	Erste Transfers per Flugzeug (Le Touquet–Paris und Marseille–Albi). Merckx distanziert Isenbügel und Watterott bei der Etappenankunft in Marseille.
1973	Erste Live-Reportage des Autors von der Tour de France.
1974	Erste Etappe in Großbritannien (Plymouth). Transfer per Schiff.
1975	Erste Tour-Ankunft auf den Champs-Élysées. Einführung des Bergtrikots (weißes Trikot mit roten Punkten).
1979	Ein »Geisterauto« verwirrt die deutschen Korrespondenten.
1983	Erster gemeinsamer Start von Profis und Amateuren.
1987	Tour-Start in Berlin.
1988	Gründung des »Village Départ«, eines Zeltdorfs für Journalisten, Sponsoren, Fahrer und Gäste am Startort jeder Etappe.
1992	»Europa-Tour« mit Start in Spanien (San Sebastián).
1994	Die Tour führt durch den Eurotunnel.
1998	Tour-Start in Irland (Dublin).
2000	Start der Tour 2000 im Zukunftspark Futuroscope. Der Autor wird in Freiburg für seine 35. Teilnahme geehrt.
2003	Die Tour feiert ihr hundertjähriges Bestehen.
2006	41. Tour mit Herbert »Speiche« Watterott am Mikrofon.
2007	Premiere: Die Tour startet in London.

Abbildungsnachweis

Alle Abbildungen stammen von Herbert Watterott und aus seinem Privatarchiv; mit Ausnahme von:
Anneliese Baldewig: Farbseiten 12 (unten), 14 (unten)
Deschamps: Seite 149
dpa (Frankfurt): Schutzumschlagtitel oben und -rückseite (beide Gero Breloer), Seite 102
Sportfoto Pfeil (Köln): Farbseite 6 (oben)
Hans A. Roth (Köln): Schutzumschlagtitel unten, Farbseiten 7 (unten), 8 (unten), 11 (beide), 12 (oben), 14 (oben), 15 (oben)
Artur Tabat (Köln): Farbseite 9 (oben)
Herbert Tretter (Waldkirch): Farbseite 15 (unten)
Westdeutscher Rundfunk WDR: Seiten 7, 27; Farbseiten 1 (alle bis auf eins), 16 (Herbert Sachs)